Gütersloher Taschenbücher / Siebenstern 779

Christentum und Weltreligionen

I Islam
GTB 779

II Hinduismus
GTB 780

III Buddhismus
GTB 781

Hans Küng
Josef van Ess

Christentum und Weltreligionen

I

Islam

Gütersloher Verlagshaus
Gerd Mohn

CIP-Kurztitelaufnahme der Deutschen Bibliothek
Küng, Hans:
Christentum und Weltreligionen / Hans Küng; Josef van Ess. – Gütersloh: Gütersloher Verlagshaus Mohn

NE: Ess, Josef van:

1. Islam. – 1. Aufl. d. Taschenbuchausg. – 1987.
(Gütersloher Taschenbücher Siebenstern; 779)
ISBN 3-579-00779-3

NE: GT

ISBN 3-579-00779-3

1. Auflage der Taschenbuchausgabe, 1987
Lizenzausgabe mit freundlicher Genehmigung des Piper Verlages, München

Gesamtherstellung: Clausen & Bosse, Leck
Umschlagentwurf: Dieter Rehder, Aachen unter Verwendung eines Fotos von Gerhard Schweizer, Wien
Printed in Germany

Inhalt

Hans Küng: Zum Dialog

4,2 Milliarden Menschen leben auf dieser Erde. Davon sind 1,4 Milliarden nominell Christen – exakt ein Drittel der Weltbevölkerung. Ihnen stehen gegenüber 723 Millionen Muslime, 583 Millionen Hindus und 274 Millionen Buddhisten. Schon diese Zahlen, errechnet in vieljähriger mühseliger Forschung vom Stab der »World Christian Encyclopedia« (Oxford 1982), zeigen, was hier auf dem Spiel steht.

Ob als Christ oder Nichtchrist: Wie ist meine Einstellung zu den anderen Religionen? Diese Frage wird ständig drängender, seitdem sich nicht nur unser religionsgeographischer Horizont (mit dem Zeitalter der Entdeckungen), sondern auch unser religionshistorischer Horizont (mit der modernen Religionsgeschichte) gewaltig erweitert hat und seitdem in einer zusammengewachsenen Welt die alten Religionsgrenzen sich immer mehr verwischen und Andersgläubige in großer Zahl sich auch in unserem Land, in der eigenen Stadt, Fabrik, Schule, ja oft in derselben Straße finden. Ja, wie ist meine Einstellung zu den anderen Religionen?

Auf dem Weg zu einem globalen ökumenischen Bewußtsein

Unsere Kenntnisse von den anderen sind, sehen wir von einigen Spezialisten ab, noch immer sehr beschränkt. Wenn wir den interreligiösen Dialog (zwischen den Weltreligionen) vergleichen mit dem interkonfessionellen Dialog (zwischen den christlichen Konfessionen), so wird man sagen müssen: Wir stehen heute im interreligiösen Dialog ungefähr dort, wo wir im interkonfessionellen Dialog vor etwa 50 Jahren standen.

Langsam freilich überwinden wir die Isolation und lernen die

Realität der anderen begreifen. Das heißt: nach einer Periode heißer, dann kalter Kriege und schließlich einer Periode der mehr schiedlichen als friedlichen Koexistenz dürften wir heute am Anfang einer vierten neuen *Epoche der Proexistenz* stehen. Trotz aller offenkundigen Hemmnisse und Schwierigkeiten scheinen wir zum erstenmal in der Weltgeschichte vor dem langsamen *Erwachen eines globalen ökumenischen Bewußtseins* zu stehen und am Beginn eines ernsthaften Dialogs der Religionen zwischen führenden Fachleuten und Repräsentanten auf breiter Ebene. Möglicherweise ist dies eine der wichtigsten Erscheinungen des 20. Jahrhunderts, die sich wohl erst im 21. Jahrhundert auswirken wird – falls die Menschheit es erlebt. »Ökumene« darf deshalb heute weniger denn je eng, verengt, ekklesiozentrisch verstanden werden: Ökumene darf sich nicht auf die *Gemeinschaft der christlichen Kirchen* beschränken, sie muß die *Gemeinschaft der großen Religionen* einbeziehen, wenn Ökumene – nach dem ursprünglichen Wortsinn verstanden – den gesamten »bewohnten Erdkreis« meint.

Christentum und Weltreligionen: Ein *Dialog* soll hier vorgestellt werden zwischen dem Christentum und jenen *Weltreligionen*, die aufgrund ihrer Lebendigkeit, ihrer Verbreitung und großen Mitgliederzahl in der Welt ein besonderes Gewicht haben. Als Weltreligionen gelten im allgemeinen neben dem *Christentum* in jedem Fall *Islam, Hinduismus* und *Buddhismus*. Vor allem aus Zeit- und Raumgründen konnte weder den Religionen Chinas noch dem Judentum die gebührende Aufmerksamkeit geschenkt werden. Während die Religionen *Chinas* – neben dem Buddhismus vor allem Konfuzianismus und Taoismus – sich zur Zeit, da in der Volksrepublik Religionsfreiheit nur theoretisch gewährt wird, kaum Ausdruck verschaffen können, müßte das *Judentum* – trotz seiner nur 0,4 Prozent Anteil an der Weltbevölkerung eine geistige Weltmacht – gesondert behandelt werden, da der jüdisch-christliche Dialog wegen der Herkunft des Christentums vom Judentum ganz spezifische Probleme aufwirft (ich habe selber in verschiedenen Publikationen dazu Stellung genommen). Doch werden manche Anliegen (Ein-Gott-Glaube) und Probleme (Gesetzesfrömmigkeit) des Judentums im Zusammenhang mit dem Islam zur Sprache kommen. Darüber hinaus soll versucht werden, die Antwort auf die aus Indien stammenden großen Religionen – Hinduismus und

Buddhismus – soweit wie möglich von der gemeinsamen jüdisch-christlich-islamischen Tradition her anzugehen.

Das Gespräch zwischen Christentum und Islam, Christentum und Hinduismus, Christentum und Buddhismus ist erst in unserem Jahrhundert ernsthaft in Gang gekommen. Angestrebt ist hier so etwas wie eine *Zwischenbilanz* des Gesprächs – als Anregung zur weiteren Diskussion.

Dieser Dialog ist der schriftliche Niederschlag eines tatsächlichen Dialogs, der im Sommersemester 1982 an der Universität Tübingen im Rahmen ihres Studium generale vor einer großen Zuhörerschaft in der Form von zwölf Dialogvorlesungen stattgefunden hat: Diese wurden für die Veröffentlichung gründlich überarbeitet und zum Teil erweitert, möglichst unter Berücksichtigung der an die Doppelvorlesung anschließenden Diskussion; doch blieb der Charakter der lebendigen Vor-Lesung weitgehend erhalten. Der Mitautor Heinz Bechert hat sich über die endgültige und stark erweiterte Form der Texte der »christlichen Antworten« zu den Buddhismus-Beiträgen mit mir nicht mehr verständigen können; um den vorgesehenen Erscheinungstermin des Bandes nicht zu gefährden, hat dankenswerterweise Lic. phil. Alois Payer in diesem Stadium die fachliche Beratung des Verfassers übernommen.

Diese Dialogvorlesungen, von zwei Professoren verschiedener Disziplinen direkt nacheinander gehalten, waren und sind – didaktisch und sachlich – ein gewagtes *Experiment*. Aus grundsätzlichen wie technischen Erwägungen empfahl es sich, den Dialog mit den jeweiligen akademischen Fachvertretern der Islamkunde, der Indologie und der Buddhologie und einem Vertreter der christlichen Theologie zu beginnen. Später wird man gewiß auch an einer europäischen Universität an Dialogvorlesungen von christlichen Theologen nicht nur mit Kultur- und Religionswissenschaftlern, sondern auch mit gläubigen Vertretern der betreffenden Religionen denken können. Aber man soll den zweiten Schritt nicht vor dem ersten tun! Dabei waren wir uns im klaren, daß die jeweiligen Religionen in nicht nur sachlicher, sondern auch sympathischer Weise präsentiert werden sollten. Ein solches Dialogunternehmen hat ja nur Sinn, wenn die einzelnen Religionen sich in ihren Porträts wiedererkennen. Aber hat dieser Dialog auch für die christliche Theologie einen Sinn?

Was ist Religion?

Immer mehr Theologen begreifen es heute als verhängnisvoll, daß sich infolge des theologischen Umbruchs nach dem Zweiten Weltkrieg und des Einflusses von Karl Barth christliche Theologie einerseits und Religionshistorie, Religionsphänomenologie, Religionswissenschaft überhaupt auseinander und oft sogar gegeneinander entwickelt haben; Barths berechtigten großen Intentionen kann die Theologie nachkommen, ohne daß sie sich der Religionswissenschaft verweigert und sich gegenüber den »Religionen« als christlicher »Glaube« abkapselt und einigelt. Eine »splendid isolation« ist heute keiner Religion mehr möglich. Die religiösen, sittlichen, ästhetischen Werte von Milliarden Menschen außerhalb des Christentums können und dürfen nicht länger ignoriert werden. Umgekehrt erkennen aber auch immer mehr Religionswissenschaftler – und auch hier sind Amerikaner führend –, daß auch sie auf die Dauer normativen Fragen nach Wahrheit und Werten nicht ausweichen dürfen.

Was *Religion* ist, läßt sich so schwierig definieren wie Kunst. »Ich wußte es, bis du mich fragtest, es zu erklären«, könnte man mit Augustin (auf die Frage, was »Zeit« sei) antworten. Oft völlig Verschiedenes wird im einen wie im anderen Fall unter einen Begriff gebracht. Der Ausdruck »Religion« ist in vielfacher Hinsicht problematisch und wird von Religionswissenschaftlern wie von Theologen kritischer Betrachtung unterzogen. Auf die weitverzweigte Debatte muß hier nicht eingegangen werden. Es genügt zu sehen, daß »Religion«, wenn auch nicht ein völlig äquivoker, so doch ein analoger Begriff ist, der Unähnlich-Ähnliches umschließt. Die Unähnlichkeit zeigt sich vor allem darin, daß der Begriff vom Glauben an viele Götter über den Glauben an den einen Gott bis hin zur Ablehnung eines Gottesglaubens (im frühen Buddhismus) beinahe alle Optionen abdecken muß. Auch diese Dialogvorlesungen zwischen Religionswissenschaftlern und einem christlichen Theologen setzen keinen normativen Begriff von Religion voraus. Und doch ist es wichtig, daß der christliche Theologe für sich Rechenschaft ablegt über seinen Gebrauch des Begriffs der Religion – gleichsam in Form einer Arbeitshypothese. Dies ist möglich, weil bei aller Unähnlichkeit sich doch auch Ähnlichkeiten feststellen lassen, die ich nur skizzieren kann.

Immer geht es in der Religion um eine erlebnishafte *»Begegnung mit dem Heiligen«* (R. Otto, F. Heiler, M. Eliade, G. Mensching) – mag diese »heilige Wirklichkeit« nun als Macht, als Mächte (Geister, Dämonen, Engel), als (personaler) Gott, (apersonales) Göttliches oder irgendeine letzte Wirklichkeit (Nirvāna) verstanden werden. »Religion« läßt sich deshalb für die Zwecke dieses Dialogunternehmens wie folgt umschreiben: Religion ist die *in einer Tradition und Gemeinschaft sich lebendig vollziehende* (in Lehre, Ethos und meist auch Ritus) *sozial-individuell realisierte Beziehung zu etwas, was den Menschen und seine Welt übersteigt oder umgreift:* zu einer wie immer zu verstehenden allerletzten wahren Wirklichkeit (das Absolute, Gott, Nirvāna). Im Unterschied zur Philosophie geht es in der Religion um *Heilsbotschaft* und *Heilsweg* zugleich.

Denn dies haben gerade auch die religionswissenschaftlichen Darlegungen deutlich gemacht: Religion ist mehr als eine rein theoretische Angelegenheit, gar nur eine Sache der Vergangenheit, Aufgabe für Urkundenforscher und Quellenspezialisten. Nein, Religion, wie sie hier geschildert wird, ist immer auch *gelebtes Leben,* eingeschrieben in die Herzen der Menschen und von daher für alle religiösen Menschen eine höchst gegenwärtige und durchaus den Alltag bestimmende Angelegenheit. Man kann sie mehr traditionell, oberflächlich, passiv leben oder aber tief empfunden, engagiert, dynamisch: Religion ist eine *gläubige Lebenssicht, Lebenseinstellung, Lebensart,* ist deshalb ein Menschen und Welt umgreifendes individuell-soziales *Grundmuster,* durch das der Mensch (ihm nur teilweise bewußt) alles sieht und erlebt, denkt und fühlt, handelt und leidet: ein transzendent begründetes und immanent sich auswirkendes *Koordinatensystem,* an dem sich der Mensch intellektuell, emotional, existentiell orientiert. Religion vermittelt einen umfassenden Lebenssinn, garantiert höchste Werte und unbedingte Normen, schafft geistige Gemeinschaft und Heimat.

Keine Frage, die Tübinger Dialogvorlesungen unter Kollegen, die sonst durch strenge Fakultätsgrenzen voneinander getrennt sind, haben ihre eigenen Reize und Beschwernisse. Für den Theologen insbesondere sind sie ein Abenteuer des Geistes, bei dem er nicht von vornherein weiß, wohin die Dynamik der Diskussion ihn treibt. Und wenngleich ein Rollenkonflikt vermutlich beiden Seiten droht, so dürfte den schwierigeren Part dabei doch der Theologe haben, der in anderer Form existentiell betroffen ist, der in einer bestimmten Glaubenstradition und Glaubensgemeinschaft steht und der nicht alle Wege der Religion gleichzeitig gehen kann. Der Religionswissenschaftler kann in einem solchen Gespräch primär narrativ, deskriptiv und komparativ vorgehen, er kann die große, bunte, spannende Geschichte des Islam, des Hinduismus, des Buddhismus schildern, ihre ewigen Themen im Wechsel der Zeit herausarbeiten, vergleichen und Kritik bestenfalls am Rande milde antönen lassen. Dem Dialog wäre zweifellos nicht gedient, wenn der Theologe Paralleles täte und nun seinerseits die wohlbekannte Geschichte des Christentums und die traditionelle Lehre schilderte, ohne sich im übrigen zu diesem Glauben und Leben zu bekennen. Dabei wirkt sich ja eher belastend aus, daß der christliche Theologe eine Position rechtfertigen muß, die ein christliches Publikum zu kennen meint, während für viele die fernen Religionen noch den Reiz des Neuheitserlebnisses haben.

Trotz aller Schwierigkeiten muß der christliche Theologe versuchen, statt narrativ und deskriptiv primär *argumentativ* vorzugehen: Er muß die Punkte mühselig herausarbeiten, wo Konsens und Dissens mit den anderen Religionen deutlich werden. Mißverständnisse sind da fast unumgänglich: Stellt man etwa – um einige Beispiele herauszugreifen – die Meriten Muhammads und seines Prophetentums heraus, wird man hinterher bestimmt gefragt werden, ob man denn eigentlich Muslim werden wolle. Versucht man, auf solider neutestamentlicher Grundlage sein Verständnis von Gottessohnschaft und Trinität so zu entwickeln, daß es auch einem Juden oder Muslim vielleicht nicht von vornherein als völlig absurd erscheinen muß, wird einem bestimmt vorgehalten werden, dies sei nicht mehr die übliche Trinitätslehre. Äußert man sich aber umgekehrt als stets zur Selbstkritik bereiter christlicher Theologe kritisch, beispielsweise auch zur Problematik des Gesetzes im Islam, der Mythologie im Hinduismus oder des Mönchtums im Buddhismus, dann setzt man sich leicht dem Verdacht aus, man treibe hier theologische Apologetik, christliche Eigenprofilierung, gar anmaßende Verurteilung.

Dieser Problematik bin ich mir als Theologe von vornherein bewußt, und ich versuche deshalb in meinen Antworten ein Doppeltes anzustreben:

1. christliche Selbstkritik im Spiegel der anderen Religionen;
2. christliche Kritik an den anderen Religionen im Licht der eigenen Botschaft, wobei freilich nicht Beliebiges miteinander, sondern nur Gleiches mit Gleichem verglichen werden soll.

So versuche ich, den schwierigeren Mittelweg zwischen zwei Extremen zu gehen. Einerseits möchte ich einen bornierten, eingebildeten *Absolutismus* (christlicher oder islamischer Provenienz) vermeiden, der die eigene Wahrheit »ab-solut« setzt: »los-gelöst« von der Wahrheit der anderen. Es soll hier weder ein *Exklusivitätsstandpunkt* verteidigt werden, der die nichtchristlichen Religionen und ihre Wahrheit global verurteilt, noch auch ein *Superioritätsstandpunkt,* der die eigene Religion als die von vornherein bessere (in Lehre, Ethik, Verfassung) ansetzt. Ein solcher Standpunkt führt nur zu bequemer Apologetik, zu Lernunfähigkeit und Rechthaberei, kurz, zu jenem Dogmatismus, der die volle Wahrheit von vornherein zu besitzen meint und sie gerade deshalb nicht findet.

Zugleich aber wird von mir als christlichem Theologen auch niemand einen oberflächlichen und unverantwortlichen *Relativismus* (christlicher, hinduistischer oder buddhistischer Provenienz) erwarten, der alle Wahrheit »relativiert« und alle Werte und Maßstäbe »vergleichgültigt«. Unhaltbar scheint mir ein *Beliebigkeitspluralismus,* der undifferenziert die eigene und die anderen Religionen billigt und bestätigt, ohne wie bei uns selbst, so auch bei den anderen auf die Unwahrheit trotz aller Wahrheit aufmerksam zu machen; unhaltbar scheint mir ein *Indifferentismus,* der bestimmte religiöse Positionen und Entscheidungen von der Kritik ausnimmt. Ein solcher Standpunkt führt nur zu billiger Toleranz, zum Alles-gelten-lassen-Wollen, zum »anything goes«, einem falsch verstandenen Liberalismus, wo man die Wahrheitsfrage bagatellisiert oder gar nicht mehr zu stellen wagt.

Davon ist freilich auszugehen: die Grenze zwischen wahr und falsch verläuft heute auch nach christlichem Verständnis nicht mehr einfach *zwischen* Christentum und den anderen Religionen, sondern, zum Teil mindestens, *innerhalb* der jeweiligen Religionen. Wobei als Grundsatz zu gelten hat: Nichts Wertvolles soll in den anderen Religionen negiert, aber auch nichts Wertloses unkritisch akzeptiert werden. Darüber sollte ein Konsens zwischen den Vertretern der verschiedenen Religionen möglich sein. Wir brauchen einen Dialog in gegenseitigem Geben und Nehmen, in den die tiefsten Intentionen der Religionen eingebracht werden müssen: einen kritischen Dialog also, in dem alle Religionen herausgefordert sind, nicht einfach alles zu rechtfertigen, sondern ihr Bestes und Tiefstes zu sagen. Kurz, wir brauchen einen Dialog in *gegenseitiger* Verantwortung und im Bewußtsein, daß wir alle die Wahrheit nicht »fertig« besitzen, sondern auf dem Wege sind zur »je größeren« Wahrheit.

Es ist zu erwarten, daß uns dies verändern wird: nicht nur unsere Antworten, sondern auch schon unser Fragen, nicht nur unser Selbst- und Weltverständnis, sondern auch unser Gottesverständnis. Davor sollten wir keine Angst haben; gerade dies macht uns nicht ärmer, sondern reicher. Die Wahrheit kann in verschiedenen Religionen keine verschiedene, sondern nur die eine sein; durch alle Kontradiktionen hindurch haben wir das Komplementäre zu suchen: durch alles Exklusive hindurch das Inklusive.

Dabei müssen wir uns in erster Linie auf Ideen, Lehren und Doktrinen konzentrieren, müssen Texte, Daten, Ereignisse zur Kenntnis genommen werden, ohne zu verkennen, daß Religion mehr ist als »Ideen«. Und doch: oft trennen nicht religiöse Praktiken die Religionen (wir werden viele erfreuliche und auch erschreckende Parallelen feststellen), sondern die Ideen, Lehren, Dogmen und alles, was aus ihnen folgt. Man kann deshalb nicht genug voneinander wissen. Aber nicht weniger wichtig als das Wissen sind die Empathie und Sympathie, das Einfühlen und Mitfühlen mit den Menschen der verschiedenen Religionen, die, wenngleich auf sehr verschiedene Weise, mit uns Menschen in dieser Welt sind.

Worum also geht es in diesen Dialogvorlesungen? In einer Zeit, wo der Friede in der Welt und das Zusammenleben der Menschheit in Freiheit und Gerechtigkeit so oft gerade von religiösen Spannungen bedroht werden, muß es in erster Linie darum gehen, unseren *Verständnis- und Informationshorizont zu erweitern:* Für den das Weltgeschehen heute aufmerksam verfolgenden Zeitgenossen soll hier auf dem gegenwärtigen Stand der Forschung, aber in der Form des großen, allgemein verständlichen Überblicks das absolut unabdingbare Wissen über die großen Religionen der Welt – Islam, Hinduismus und Buddhismus – geboten werden. Dies ist für den Spezialisten, wie man weiß, oft schwieriger als die Ausbreitung von viel Detailwissen (auf Fußnoten wurde möglichst verzichtet und statt dessen für jede Religion, zusammen mit einer Zeittafel, eine kurze, ausgewählte Bibliographie über weiterführende Literatur geboten).

Mit der Information soll sich dann aber zweitens die *Diskussion* verbinden: Die Antwort des christlichen Theologen soll deutlich machen, wie das Gespräch heute gesucht – oft wird es noch immer nur gesucht – werden kann und wo die neuralgischen Punkte eines solchen Gesprächs liegen. Es geht also weniger darum, alle Detailfragen zu beantworten und alle Gegeneinwürfe zu formulieren, vielmehr sollte im Verlauf der Darlegungen so etwas wie eine *Darstellung des Christentums im Spiegel der Weltreligionen* entstehen.

Wechselseitige Information, wechselseitige Diskussion und wechselseitige Transformation: So wird es langsam nicht zur unkritischen Vermischung, wohl aber zur *gegenseitigen kritischen Erhellung, Anregung, Durchdringung und Bereicherung* der verschiedenen religiösen Traditionen kommen, wie sich dies zwischen den verschiedenen konfessionellen Traditionen im Christentum selbst schon seit längerem abzeichnet – in Theorie und Praxis. Ja, dies dürfte der Weg sein, der zu jener Verständigung zwischen den Religionen führt, die keine Welteinheitsreligion kreieren, wohl aber – nach so vielen heißen und kalten Kriegen mit ungezählten Opfern – eine echte Befriedung herbeiführen will.

Zur Aussprache indischer und arabischer Wörter

Islam: Arabisch und Persisch. – Hinduismus: Sanskrit. – Buddhismus: Sanskrit und Pāli. (Die hier verwendete Schreibweise folgt weitgehend dem Gebrauch in englischsprachigen Publikationen.)

a, i, u	kurze Vokale (wie deutsch: Sack, Sitz, Ruck)
ā, ī, ū	lange Vokale (wie deutsch: wagen, wiegen, suchen)
e, o, ai, au	(wie deutsch: legen, Ofen, weisen, laufen) Die Betonung von Sanskritwörtern ergibt sich größtenteils aus genauer Beachtung von langen und kurzen Vokalen.
bh, dh usw.	Im Sanskrit und Pāli haben *alle* aspirierten Konsonanten einen deutlichen Hochlaut: (*Bhakti* sprich B-hakti, *Buddha* sprich Budd-ha, usw.)
c	wie *tsch* auf Italienisch: *cena, Cesare* (Sanskrit: *Candra* sprich Tschandra)
gh	im Arabischen: Reibelaut (ähnlich wie g im Holländischen)
h	ist niemals Längungszeichen, sondern immer konsonantisch auszusprechen (arabisch: Rahmān sprich Ra*h*mán)

j	wie *dsch* auf Italienisch: *giorno* (Sanskrit: *Jaina* sprich Dschaina; arabisch: *Hijra* sprich Hidschra)
kh	arabisch: wie deutsches *ch* in machen
r	Zungen-r
s	stimmloses (scharfes) *s* wie im Deutschen: Biß
sh	wie deutsches *sch:* *Shiva* sprich Schiwa; *Vishnu* sprich Wischnu; *Sharī'a* sprich Scharía
th	im Arabischen wie stimmloses englisches *th* (wie in *thing)*
v	wie *w* (*Veda* sprich Weda)
y	wie *j* (*Yoga* sprich Joga; *Ahmadiyya* sprich Ahmadíja)
z	im Arabischen: stimmhaftes *s* (wie in suchen)
'	im Arabischen: fester Stimmansatz (wie in *ver-achten* oder in *mein Eid* (gegenüber *Meineid*)
'	im Arabischen: stimmhafter Kehllaut (keine Parallele in europäischen Sprachen)

Zeittafel

um 570	Geburt Muhammads
um 613	Beginn von Muhammads Sendung
622	Auswanderung Muhammads nach Medina (Hijra); Beginn der islamischen Zeitrechnung
630	Eroberung von Mekka
632	Tod Muhammads
632–661	die vier »rechtgeleiteten« Kalifen (Abū Bakr, ʿUmar, ʿUthmān und ʿAlī)
635	Eroberung von Damaskus
638	Eroberung Jerusalems
639–642	Eroberung Ägyptens und Persiens; Beginn der Eroberung Nordafrikas
661–750	das umaiyadische Kalifat
711–714	Eroberung Spaniens; Überquerung des Jaxartes (heute: Syr-Darya); Einfall in das Industal
732	Schlacht von Poitiers
750–1258	das abbasidische Kalifat
756	Beginn der Umaiyadendynastie in Spanien
762	Gründung von Baghdad
um 850	erste Zeugnisse für die Verbreitung des Islam in Indonesien und China
873	Verschwinden des letzten (12.) schiitischen Imam
970	Bau der Azhar-Moschee in Kairo
1096–1099	erster Kreuzzug
1099	die Kreuzfahrer erobern Jerusalem
1058–1111	al-Ghazzālī (Algazel)
1187	Rückeroberung Jerusalems durch Saladin

1212	Schlacht von Las Navas de Tolosa; Beginn des Niedergangs der islamischen Herrschaft auf der Iberischen Halbinsel
1258	Eroberung Baghdads durch die Mongolen; Ende des abbasidischen Kalifats
seit dem 13. Jh.	Ausbreitung mystischer Orden
1453	die Osmanen erobern Konstantinopel; Ende des Byzantinischen Reiches
1492	Fall des Königreiches von Granada; Ende der islamischen Herrschaft in Spanien; Vertreibung der Juden und Muslime aus Spanien
1501–1732	Herrschaft der Safaviden in Iran; endgültige Schiisierung Irans
1798	Bonaparte in Ägypten; erste Kontakte der islamischen Welt mit europäischer Wissenschaft
zweite Hälfte des 19. Jh.s	Schwächung des Osmanenreiches; Gründung europäischer Kolonien und Protektorate auf islamischem Gebiet (Indien, Ägypten, Nordafrika)
1817–1892	Bahā'ullāh, Begründer der Bahāi-Religion
ca. 1840–1908	Mīrzā Ghulām Aḥmad, Begründer der Ahmadiyya
1917	Balfour Declaration: England verspricht während des Ersten Weltkrieges den Menschen jüdischen Glaubens eine »nationale Heimstätte« (national home) im arabisch besiedelten Palästina
1923–1938	Säkularisierung der Türkei unter Atatürk
seit ca. 1945	Black Muslims in den USA

I. Muhammad und der Koran: Prophetie und Offenbarung

1. Josef van Ess: Islamische Perspektiven

Ein schlechtes Image und seine Folgen

Das Interesse am Islam ist alt. Aber es wird nicht von verläßlicher Information getragen. Was man in den Medien über den Islam hören oder lesen kann und was Intellektuelle überhaupt über ihn sagen, ist erschreckend. Erschreckend im doppelten Sinne: zum ersten wegen der Schiefheiten und Vorurteile, die sich in diesen Urteilen verraten, und zum zweiten wegen des dämonisierenden Tones, in dem sie vorgetragen werden. Kein Mensch hat Angst vor dem Buddhismus oder dem Hinduismus; gegenüber dem Islam ist Angst hingegen die normale Haltung. Und dies nicht erst seit der Ölkrise und der islamischen Revolution; auch im Mittelalter oder in der frühen Neuzeit blühte in der breiten Öffentlichkeit das Interesse am Islam dann am besten, wenn es etwas zu fürchten gab: als die Eroberungswelle der Kreuzzüge verebbte und später während der Türkenkriege. In einem solchen Klima gedeihen die Stereotypen; das Bedürfnis nach Information wird allzuschnell von Verallgemeinerungen und voreiligen Schlüssen überdeckt. Als Guibert von Nogent zu Beginn des 13. Jahrhunderts in seinen »Gesta Dei per Francos« kurz auch auf Muhammad zu sprechen kam, ordnete er ihn zwar einige Jahrhunderte zu spät ein und verballhornte auch seinen Namen, aber er ließ es sich doch nicht nehmen, das Feindbild zu wiederholen. Er wußte, daß er seine Angaben nicht überprüft hatte; seine einzige Quelle war, wie er sagt, die »plebeia opinio«, die Meinung des Mannes von der Straße. Aber, so meinte er, »es macht nichts, wenn man übel spricht von jemandem, dessen Bosheit ohnehin alle Maße übertrifft«.

Nun, wir wissen, daß so etwas heute in den Medien nicht mehr vorkommt, und wir wissen auch, daß wir alle, die Theologen voran, ökumenisch denken. In der Tat: das Zweite Vatikanische Konzil hat eine Deklaration über die Muslime veröffentlicht, und man kann sicher sein, daß sie dort, wo katholische Christen und Muslime zu einem Dialog sich treffen, schon in der Eröffnungsansprache zitiert wird. Aber die »plebeia opinio« ist damit noch nicht aus der Welt geschafft; die Klischees sitzen tief im Unterbewußten und stoßen häufig auf einhellige Zustimmung, zum Beispiel in den Karikaturen der Zeitungen. Das liegt daran, daß der Islam nicht zum Bildungsgut gehört. Auf der Schule war bis vor kurzem nahezu nie von ihm die Rede, weder im Geschichts- noch im Religionsunterricht, auch nicht in der Sozialkunde, obwohl seit dem Beginn der Gastarbeiterwelle die Zahl der Muslime in Deutschland auf etwa 1,7 Millionen gestiegen war. Die Lehrer waren – und sind – auf dieses Thema kaum vorbereitet. Dies gilt natürlich ähnlich auch für die übrigen Weltreligionen. Nur kommt beim Islam hinzu, daß er nicht von jener verklärenden Distanz und dem exotisierenden Zauber profitiert, die das Bild der indischen Religionen in der breiteren Öffentlichkeit bestimmen; er war uns immer zu nahe. Dieses Schicksal teilt er mit dem Judentum; Judentum, Christentum und Islam haben seit jeher eng beieinander gelebt und sind sich auch strukturell, als Offenbarungsreligionen, so nahe verwandt, daß Spannungen und Eifersüchteleien zum Alltag gehören. Zwar hat es sich in der letzten Zeit eingebürgert, das gemeinsame abrahamische Erbe aller drei Religionen zu betonen; aber es fällt jeder von ihnen auf ihre Weise schwer, ihren Absolutheitsanspruch aufzugeben, und es scheint mir noch gar nicht sicher, daß sie dazu überhaupt imstande sind. Was das Christentum angeht, so wird man sagen können, daß sich vor allem das Verhältnis zum Judentum gewandelt hat. Jedoch ist dieser Wandel nicht durch die Theologie eingeleitet worden, sondern durch historische und politische Ereignisse, für die gerade Deutschland besondere Verantwortung trägt. Er beschränkt sich im übrigen auf das abendländische Denken; wenn man Islam und Judentum weiterhin einträchtig dämonisiert nebeneinander sehen will, genügt es, mit orientalischen Christen zu reden.

Die Zeitstellung als Wertmaßstab

Für das Verhältnis der drei Religionen zueinander ist nicht unwichtig, daß sie in einer zeitlichen Reihenfolge stehen. Die beiden späteren verstehen sich jeweils als Aufhebung oder Überhöhung der vorhergehenden; die älteste, das Judentum, geht demgegenüber davon aus, daß Gott nur einmal zu einem bestimmten Partner gesprochen und ihn damit für immer auserwählt habe. Heikel ist diese Betrachtungsweise vor allem für die mittlere Religion, das Christentum; die vertrauten Formeln, mit denen es sich als »neuer Bund« vom Judentum absetzt und dessen Gesetz verdrängt, werden sinngemäß vom Islam an das Christentum zurückgegeben.

Auch der Islam interpretiert Gottes Plan mit dem Menschen geradlinig; da gibt es kein Zuspätkommen, sondern nur Fortschritt. Frühere Religionen sind Vorstufen, nicht unnütz, aber unvollkommen. Der Islam fühlte sich darin lange Zeit durch seine Geschichte bestätigt; das Kerngebiet des Judentums und weite Zonen jenes Weltreiches, von dem das Christentum sich damals in erster Linie repräsentiert sah, nämlich Byzanz, waren von ihm besetzt. Diese »imperialistische« Sicht ist uns aus dem Christentum vertraut, nur entsprechend auf die Juden bezogen: Sie wurden, so sagte man, durch ihre Zerstreuung in alle Welt und ihre politische Ohnmacht dafür bestraft, daß sie Jesus getötet hatten. Allerdings sind beide Geschichtsbilder durch die Entwicklung seit dem 19. Jahrhundert durcheinandergeraten: Die islamische Welt wurde von Europa abhängig und ist erst seit der Selbstzerstörung Europas, nach dem Zweiten Weltkrieg, wieder erstarkt; das Judentum konnte durch seine, jetzt mehr als eine Generation zurückliegende, erneute Landnahme in Palästina in dem von ihm beherrschten Gebiet Christen und Muslime ihrerseits in die Rolle der Geduldeten und Unterworfenen versetzen; die christliche Welt, einst schwach gegenüber dem Islam und stark gegenüber dem Judentum, hat ihre Positionen vertauscht.

Aber das sind späte und vielleicht ephemere Entwicklungen; das Selbstverständnis der Religionen ist weitgehend von ihrer Vergangenheit her bestimmt. Das gilt vor allem für den Islam. Bei ihm deckt sich diese Vergangenheit, mit der er sich identifiziert und die er immer wieder neu erlebt, im wesentlichen mit dem Schicksal der Urgemeinde und den Ereignissen des ersten Jahrhunderts nach der Hijra; damals hat er seine großen Erfolge verwirklicht und seine Erwähltheit erfahren. Nur von dieser Epoche soll darum in dem kurzen historischen Exposé, das ich der systematischen Darstellung voranstelle, die Rede sein.

Muhammad, ein »arabischer Prophet«

Muhammads Leben ist ganz anders verlaufen als das Jesu. Jesus ist in seiner irdischen Existenz gescheitert; Muhammad hat Erfolg gehabt. Die Enttäuschungen, die Muhammad erlebte, fallen in den Anfang seiner Laufbahn; am Ende stehen die Eroberung Mekkas und die Einigung der Arabischen Halbinsel unter seiner Hand. Er kam nicht aus so kleinen Verhältnissen wie Jesus; sein Vater war Kaufmann. Allerdings war dieser bereits vor der Geburt seines Sohnes gestorben; Muhammads Mutter war auf die Unterstützung der Sippe angewiesen. In dieser Umgebung gewann auch er erste kaufmännische Erfahrung. Indes erlaubte seine Situation es ihm nicht, sich selbständig zu machen; er trat in den Dienst einer Kaufmannswitwe, deren Vertrauen er bald erwarb. Sie hätte ohne ihn ihr Geschäft kaum weiterführen können; er hat für sie die Handelsreisen, angeblich bis nach Syrien, unternommen. So verwundert es nicht, daß sie ihm auf die Dauer die Ehe anbot. Er war zu diesem Zeitpunkt etwa 25, sie um die 40, eine für die damaligen Verhältnisse etwas ungewöhnliche Kombination. Dennoch hatte er von ihr mehrere Kinder, vier Töchter und zwei oder drei Söhne. Die letzteren starben allerdings allesamt früh – für die Entwicklung des Islam ein recht wichtiges Faktum. Die Erfahrungswelt Muhammads war also nicht die eines Nomaden, sondern die eines seßhaften Bürgers; der Islam entsteht nicht in der Wüste, sondern in der Stadt – einer Stadt zudem, die im Schnittpunkt mehrerer Karawanenstraßen lag. Über Mekka führte der Weihrauchhandel, ein ausgesprochenes Luxusgeschäft, in dem sich vom Jemen bis zum Mittelmeerraum, wo man den Wohlgeruch in Tempeln und Kirchen, aber auch in Privatwohnungen schätzte, die Gewinne akkumulierten.

Mit dem Handel kam darum der Reichtum und mit dem Reichtum die soziale Unzufriedenheit. Denn obgleich die Mekkaner keine Beduinen waren, so waren sie doch in die Stammesstruktur der sie umgebenden Welt einbezogen; deren Hierarchie aber und die mit ihr gegebene Solidarität wurden nun durchkreuzt von einem sich ausbreitenden Egoismus, der sich auf persönlichen Besitz stützte. Die Antwort auf diese Spannung kleidete sich in diejenige Sprache, in der man damals von Werten und existentiellen Nöten redete: die der Religion.

Der altarabische Polytheismus war dem Problem nicht gewachsen; er war durch die lokalen Kulte selber an die Stammesordnung gebunden. Vor allem aber war er rein diesseitig orientiert; »die Ungläubigen«, so heißt es im Koran, »sagen: es gibt nur unser diesseitiges Leben. Wir sterben und leben, und nur die Zeit läßt uns zugrunde gehen« (Sure 45, 24). Seit längerem hatte es zwar Menschen gegeben, die diese Einstellung und die Religion, welche sie stützte, als unzulänglich empfanden. Jedoch sah die Mehrheit keinen Grund, den alten Glauben aufzugeben; denn die Stammesheiligtümer und die Wallfahrten, die man zu ihnen unternahm, gewährten ein gewisses Gefühl der Identität und – in Verbindung mit den Märkten, die sich zur Zeit der Wallfahrten abspielten – auch manche wirtschaftliche Vorteile. Aber der Gedanke an ein jenseitiges Gericht brach sich Bahn, an eine Abrechnung außerhalb dieser Welt, in der jeder für die Übergriffe, die er begangen hatte, zur Rechenschaft gezogen werden würde.

Das war die Botschaft der Hochreligionen, die sich rund um die Arabische Halbinsel ausgebreitet hatten und auch auf ihr selbst einzelne Gemeinden hatten bilden können: des Judentums, das seine Zentren in Palästina und im Irak besaß, aber seit der Zerstörung Jerusalems durch Titus und dem Zusammenbruch des Bar-Kochba-Aufstandes unter Hadrian sich auch in verschiedenen Oasen des nordwestlichen Arabien festgesetzt hatte; und des Christentums, das in Syrien und in Äthiopien herrschte und auf der Halbinsel selber weiter gegen Süden, in der Oase von Najrān, einen Bischofssitz hatte gründen können. Dort, auf dem Gebiet des alten Sabäerreiches, im heutigen Jemen, standen beide Religionen seit langem in feindlicher Konkurrenz. Sie waren Instrumente in der Machtpolitik der beiden Großmächte der damaligen

Zeit: Byzanz und des Sasanidenreiches. Die Byzantiner stützten sich auf das christliche Äthiopien und griffen von dort her auf den Jemen über; die Perser kamen zur See oder von Oman und verbündeten sich dabei mit den Juden. Beiden ging es um das Weihrauchgeschäft, den Byzantinern zudem um den Handel durch das Rote Meer, mit dem sich, seitdem man die Monsunwinde zu beherrschen gelernt hatte, Anschluß an den Indienhandel gewinnen und damit der teure, mit Zöllen gespickte Landweg über Iran vermeiden ließ.

Diese Konstellation läßt erkennen, was es für einen Araber bedeutete, wenn er sich zu einer der beiden Religionen bekehrte: Er gewann Anschluß an eine der großen Zivilisationen der ihn umgebenden Welt; aber er gab sich auch einer fremden Macht anheim, er bezog Stellung im politischen Kräftespiel seiner Zeit, und er verlor in gewissem Sinne seine Selbständigkeit. Selbständig aber wollte man sein auf der Arabischen Halbinsel und vor allem in Mekka; darauf beruhte der Wohlstand der Stadt, und das entsprach auch dem Freiheitsideal der Beduinen.

Form und Inhalt der neuen Offenbarung

Mochten also gewisse Elemente jüdischen oder christlichen Denkens an Boden gewinnen, zu Konversionen ist es dennoch nur in begrenztem Maße gekommen. Und wenn Muhammad den Gerichtsgedanken aufnahm, so tat er es zwar in dem Bewußtsein, damit ein jüdisches und christliches Modell zu wiederholen, aber doch auch in der Überzeugung, es neu zu formulieren. Denn diese Formulierung bediente sich des Arabischen; zum erstenmal kleidete sich Offenbarung in ein unmittelbar verständliches Gewand. Eine arabische Bibelübersetzung gab es damals noch nicht; christliche Mönche sprachen ihre heiligen Texte auf aramäisch (syrisch), die Juden auf hebräisch. In der Sprache hat Muhammad lange Zeit die Originalität seiner Botschaft gesehen; er war ein arabischer Prophet, seine Offenbarungsschrift ein »arabischer Koran«.

Gegenüber seinen polytheistischen Zeitgenossen in Mekka brachte er natürlich auch inhaltlich etwas Neues: den Monotheismus und, damit verbunden, die Eschatologie. Mit ihr nimmt er Bezug auf die sozialen Mißstände, von denen ich sprach: Er hält den mekkanischen Kaufleuten vor Augen, daß sie selber dereinst in einer großen Abrechnung ihre Bücher präsentieren müssen. Er klagt darüber, daß die Menschen auf ihren Besitz pochen und in ihrer Gier immer noch mehr haben wollen, daß sie Witwen und Waisen noch um das Geringe berauben, das ihnen geblieben ist. Er weiß, was es heißt, arm zu sein; denn, so wird ihm in einer frühen Offenbarung bestätigt: »Hat (Gott) dich nicht als Waise gefunden und (dir) Aufnahme gewährt, dich auf dem Irrweg gefunden und recht geleitet, dich bedürftig gefunden und reich gemacht? Gegen die Waise sollst du deshalb nicht gewalttätig sein, und den Bettler sollst du nicht anfahren« (Sure 93, 6–9). Apokalypse kam damals gut an, aus ähnlichen Gründen wie heute.

Dennoch: wir müssen der modernen Marotte widerstehen, alles auf die soziale Frage zu reduzieren. Muhammad ist kein Revolutionär, sondern ein Prophet. Er will die Besitzverhältnisse gar nicht ändern; »er predigt nicht gegen den Reichtum an sich, sondern gegen die Gesinnung derer, die glauben, nur auf sich selbst gestellt zu sein und keine höhere Macht über sich zu haben« (Paret, »Mohammed und der Koran«, [5]1980, S. 42). Und er sammelt zwar die Schwachen um sich, viele junge Leute und sogar Sklaven; aber er weiß auch, daß es ohne die Mächtigen nicht geht, und die Sklaverei hat er als naturgegebene Einrichtung verstanden. Neben und in allen irdischen Ungerechtigkeiten ist immer Gott im Spiel; Gott aber wird Gerechtigkeit erst im Jenseits spenden. Die Erwartung eines Jüngsten Gerichtes verknüpft sich von Anfang an mit dem Glauben an den gütigen Schöpfer. Man hat sich eine Zeitlang auf einen Streit darüber eingelassen, welches dieser beiden Theologoumena früher da war; aber es lohnt nicht: beide sind Korrelate ein und derselben religiösen Grunderfahrung. Weder aus den gesellschaftlichen Verhältnissen noch aus dem Systemzusammenhang der älteren Offenbarungsreligionen läßt sich Muhammads Botschaft ohne Rest ableiten. Und wenn man sich das Gespräch mit Muslimen offenhalten will, sollte man dies auch gar nicht erst versuchen.

Muhammad ist sich seiner Berufung erst spät bewußt geworden; er war, wie die Tradition sagt, schon um die Vierzig – ein Alter, das Jesus gar nicht erreicht hat. Der prophetische Typus, den er repräsentiert, ist nicht leicht zu fassen. Von Visionen ist im Koran die Rede; aber wir wissen nicht, ob sie am Anfang seines Auftretens standen. Ekstatische Erlebnisse werden berichtet; Muhammad hat sich dabei anscheinend verhüllt, wie wir dies auch sonst von Visionären wissen. Aber der Koran gibt nur Andeutungen, und die spätere Exegese hat sie manchmal weiter verdunkelt. Störend macht sich dabei vor allem bemerkbar, daß der Koran, im Gegensatz zu den Evangelien, nicht chronologisch angeordnet ist.

Das einzige sichere Kriterium, das wir in Händen halten, ist die Diktion: kurze, häufig elliptisch verkürzte Aussagen, an Aufschreie erinnernd und von rätselhaften Schwurformeln eingeleitet, zusammengehalten von eindringlichen Prosareimen, packende Bilder, in Engführung hintereinander gebracht – der Stil der Wahrsager, wie die Araber sie kannten. Ihnen ist Muhammad wohl auch in seinem Auftreten am ehesten verwandt; von Prophetie im alttestamentlichen Sinne wußte er gar nichts. Figuren wie Jeremia oder Amos, die uns so sehr beeindrucken, haben in seinem Denken nie eine Rolle gespielt; sie standen im übrigen auch für das Judentum damals ganz am Rande. Mit Wahrsagern oder Besessenen haben ihn darum auch seine Zeitgenossen meist verglichen – oder mit den Dichtern, die man sich gleichfalls als besessen, von einem Jinn inspiriert vorstellte. Er selber hat dies entrüstet von sich gewiesen, wohl gerade deswegen, weil er sich der bedrückenden Nähe dieser falschen Vorbilder bewußt war. Natürlich hatte er recht, wenn er den Unterschied betonte: Was er vorbrachte, war keine Zeichendeuterei mehr, und vor allem ließ er sich für seine Gesichte nicht bezahlen. Er handelte unter heiligem Zwang.

Die Gemeinde in Mekka blieb klein; der Widerstand der einflußreichen Kreise versteifte sich. Muhammad begann von seinen Vorläufern zu reden: von Mose und Jesus, aber auch von Noah, Abraham, Lot und sogar von prophetischen Gestalten der arabischen mythischen Vergangenheit. Und er formte sie alle nach seinem Vorbild: Alle hatten sie ihren Zeitgenossen eine Botschaft von Gott gebracht, und alle waren sie dennoch zurückgewiesen worden; schließlich aber waren ihre Gegner von einem Strafgericht ereilt worden. Ein Prophet hat es schwer, aber Gott ist auf seiner Seite und wird dies letztendlich auch zeigen. Auf diese Weise entstanden die Straflegenden, die für den Koran so charakteristisch sind. Auf den christlichen Leser wirken sie manchmal befremdlich; er meint die Zusammenhänge aus dem, was er im Alten Testament gelesen hat, anders und besser zu kennen. Aber wir haben es hier nicht mit historischer Darstellung zu tun; sie war ja vorgegeben, und Muhammad konnte sie zum Teil wohl auch als bekannt voraussetzen. Vorbild ist vielmehr ein typologisches Verständnis der Heilsgeschichte, wie es damals auch im Christentum und im Judentum gängig war. Da werden dann nur einzelne – und in diesem Fall immer die gleichen – Punkte herausgehoben; andere treten zurück oder werden entstellt.

Der Aufbruch nach Medina

Das Strafgericht über die heidnischen Mekkaner allerdings nahm sich Zeit. Muhammad wäre vergessen worden wie vor ihm und nach ihm viele andere namenlose Propheten oder wie diejenigen von der islamischen Tradition mit böswilligen Kommentaren registrierten Konkurrenten, die neben ihm und ungefähr zur gleichen Zeit unter den arabischen Stämmen auftraten – er wäre wie sie zugrunde gegangen, wenn er nicht seine Basis gewechselt hätte.

Dieser Schritt ist unter dem Namen Hijra bekannt, und er war so entscheidend, daß die Muslime bis heute – abgesehen von den Libyern, die sich kürzlich (und wahrscheinlich nur vorübergehend) ein anderes Datum gesucht haben – ihre Zeitrechnung damit beginnen lassen. Hijra wird manchmal im Deutschen mit »Flucht« wiedergegeben; aber das ist eine falsche Übersetzung und trifft auch den Sachverhalt nicht. Gemeint ist Emigration; Hijra war seit jeher der Modus, mit dem eine dissidente Gruppe ihre Zugehörigkeit zu dem bisherigen Stammesverband aufkündigte und sich anderswo niederließ. Das bedeutete auch, daß beide Gemeinschaften im Verhältnis zueinander sich nicht mehr an die innerhalb eines Stammes geltenden Normen und Rücksichten gebunden fühlten; es war mit Krieg zu rechnen.

Diese Konsequenz war jedem klar, als Muhammad seine Anhänger nach und nach auf den Weg in das etwa 350 Kilometer entfernte Medina schickte und schließlich selber nachfolgte. Die Mekkaner haben darum die Auswanderung auch nicht einfach geschehen lassen, erleichtert darüber, das unangenehme Gerede vom jenseitigen Gericht nun nicht mehr hören zu müssen; sie haben sie vielmehr nach Kräften zu verhindern versucht. Muhammad aber mußte sich erst einmal mit seinen neuen Verbündeten arrangieren. Er hatte den Ort geschickt gewählt. Die beiden wichtigsten arabischen Stämme von Medina waren miteinander verfeindet; man sah in ihm einen Schiedsrichter, der Frieden zwischen ihnen hielt und dem sie darum beide verpflichtet waren.

Aber neben ihnen gab es ein anderes Bevölkerungselement: drei jüdische Stämme, die von alters her dort seßhaft waren und Landwirtschaft betrieben. An ihnen mußte sich Muhammads Selbstverständnis bewähren. Denn bisher, in Mekka, hatte er es nur mit Polytheisten zu tun gehabt; daß auch Monotheisten nicht mit ihm übereinstimmen könnten, war ihm gar nicht in den Sinn gekommen. Aber genau dies geschah: Die Juden begegneten ihm mit eisiger Zurückhaltung und überlegener Ironie; auch politisch zeigten sie kaum Solidarität. Der Kampf gegen Mekka ist darum begleitet von immer erbitterteren Auseinandersetzungen mit den halbherzigen jüdischen Bundesgenossen. An beiden Fronten hat Muhammad schließlich gesiegt: Mekka hat er nach wechselhaften Erfolgen und aufgrund einer sehr geschickten Isolierungspolitik gegen Ende seines Lebens erobert; die Juden sind aus Medina vertrieben und zum Teil nach damaligem Kriegsrechtsusus in die Sklaverei verkauft oder hingerichtet worden.

Dieses Geschehen soll hier nicht im einzelnen nachgezeichnet werden; es geht uns nicht um historisches Detail. Wichtig ist für unsere Absicht *erstens*, daß Muhammad am Ende tatsächlich jener Erfolg beschieden war, an den er von Anfang an, selbst in den Augenblicken auswegloser Einsamkeit, geglaubt hat. Als er starb, hatten nicht nur die beiden Städte Mekka und Medina, sondern auch die Stämme in der Wüste und die Bewohner Südarabiens den Islam angenommen, und es war zu den ersten Scharmützeln mit byzantinischen Grenztruppen im Ostjordanland gekommen. Wichtig sind *zweitens* die Konsequenzen, die Muhammads Verhältnis zu den medinensischen Juden und zu der mekkanischen Aristokratie für seine Lehre gehabt hat. Die Enttäuschung über die Juden führte zur Änderung der Gebetsrichtung; während sich die Muslime bisher nach Jerusalem hin verneigt hatten, wählte Muhammad nun statt dessen Mekka.

Darin zeichnet sich bereits ab, daß er auch nach dem Bruch auf seine alte Heimatstadt und deren Kult, das religiöse und politische Zentrum der Halbinsel, nicht verzichten konnte. Die Pilgerfahrt zur Kaʿba wurde mitsamt den meisten ihrer heidnischen Bräuche zum Bestandteil des islamischen Rituals; die übrigen Heiligtümer wurden zerstört, die Kaʿba dagegen nach dem Einzug in Mekka nur gereinigt. Selbst das Geschichtsbild wurde auf sie ausgerichtet, mit Hilfe einer Kultlegende, die sich wohl seit längerem schon mit ihr verbunden hatte. Die Kaʿba ist, so heißt es im Koran, von Abraham gegründet; Abraham hat sich mit seinem Sohn Ismael in grauer Vorzeit in Mekka aufgehalten. Mit Ismael, nicht mit Isaak – der Sohn der Hagar, den sie in der Wüste zur Welt brachte, war bereits von den vorislamischen Arabern in die Stammesgenealogie aufgenommen worden; darin drückt sich wohl eine Machtverschiebung aus, welche zugunsten der herrschenden Familie in Mekka, der Quraish, verlaufen war.

Abraham aber, der Vater, ist jetzt nicht mehr ein Prophet unter vielen – und erst recht nicht bloß ein Patriarch, so hat ihn Muhammad nie gesehen –, sondern der erste Monotheist, noch bevor Mose und Jesus die beiden großen monotheistischen Religionen verkündigten. An ihn knüpft Muhammad an, geographisch und theologisch. Der Islam ist damit nicht mehr der Nachkömmling unter den Offenbarungsreligionen, der ihre Gedanken aufnimmt und mit ihnen übereinstimmt, sondern die Uroffenbarung, die von Mose und Jesus aufgenommen wurde und von deren Anhängern, den Juden und Christen, soweit sie sich nicht zum Islam bekehren, logischerweise nur verfälscht worden sein konnte.

Das prophetische Selbstverständnis Muhammads

Es bleibt deswegen dabei: Muhammad glaubte nicht, *grundsätzlich* etwas Neues gebracht zu haben; er hatte nur *seinem Volk* etwas Neues gebracht – und auch dies nur, weil die erste Verkündigung in Vergessenheit geraten war. Der Islam hat Reformcharakter.

Das Neue ist zugleich das Älteste, eine Urwahrheit, die Gott in einem himmlischen Buch aufgezeichnet hat und die daraus sozusagen immer wieder einmal abgepaust wird. Die Propheten sind dabei nur Boten, ein Sprachrohr, durch das Gott selber redet; zwar sind sie auserwählt, aber sie bleiben Menschen mit all ihren Schwächen. Die Offenbarung wandelt sie nicht, sie geht vielmehr durch sie hindurch. »Ich bin nur ein Mensch wie ihr«, so spricht Muhammad im Koran auf Geheiß Gottes, »einer, dem eingegeben wurde, daß euer Gott ein einziger Gott ist« (Sure 41, 5). Die Offenbarung wurde ihm nur durch unverdiente und unerklärliche Gnade zuteil: »Wenn wir wollen«, so hört er Gott sagen, »nehmen wir weg, was wir dir eingegeben haben ... (es ist) nichts als Barmherzigkeit von deinem Herrn« (Sure 17, 86 f.).

Verborgene Dinge, die außerhalb der Offenbarung liegen, weiß darum auch er nicht: »Sprich!«, so redet Gott ihn an, »ich bin kein Wunder von einem Gesandten. Ich weiß nicht, was mit mir und was mit euch geschehen wird. Ich folge nur dem, was mir eingegeben wird, und bin nichts als ein deutlicher Warner« (Sure 46, 9). Er läuft Gefahr, in Irrtum und Sünde zu fallen. Als er in Mekka gar nicht weiterkam, soll er einmal der Versuchung nachgegeben haben, einen Kompromiß mit dem polytheistischen Pantheon zu schließen, und danach von Gott selber in einer Offenbarung – die auf uns ziemlich verschlüsselt wirkt – zur Ordnung gerufen worden sein (vgl. Sure 17, 73 ff.). Wunder zu tun vermag er nicht: »Und sie (die ungläubigen Mekkaner) sagten: Wir werden dir nicht glauben, solange du uns nicht aus der Erde eine Quelle hervorkommen läßt oder einen Garten mit Palmen und Weinstöcken hast und dazwischen lauter Bäche hervorsprudeln läßt, oder den Himmel, wie du behauptet hast, in Stücken auf uns herabfallen läßt, oder Gott und die Engel leibhaftig herbeibringst ... Sprich: Mein Herr sei gepriesen! Bin ich denn etwas anderes als ein Mensch und ein Gesandter?« (Sure 17,90–93)

Diese Selbstzeugnisse sprechen eine deutliche Sprache. Man muß, so wird jeder Muslim ihnen entnehmen, zwischen dem Boten und seiner Botschaft deutlich trennen. Hier liegt, so wird er weiter sagen, der Fehler, den die christliche Theologie beging: Sie hat zugelassen, daß die Botschaft den Boten infizierte, daß das Wort Gottes aus Jesus selber das göttliche Wort, den Logos, werden ließ. Das hindert nicht daran, Jesu Wunder zuzugestehen; auch der Koran nimmt auf sie Bezug. Aber sie sind nur Zeichen, die Gott an Jesus gewirkt hat, Bestätigungswunder; sie bezeugen nicht seine übermenschliche Natur. Ein Prophet muß nicht Wundertäter sein; die Offenbarung selbst ist das Wunder. »Und sie (die Ungläubigen) sagen: Warum sind denn auf ihn (Muhammad) keine Zeichen von seinem Herrn herabgesandt worden? Sprich: Über die Zeichen verfügt Gott allein. Ich bin nur ein deutlicher Warner. Genügt es ihnen denn nicht, daß wir die Schrift auf dich herabgesandt haben, damit sie ihnen verlesen wird?« (Sure 29,50 f.)

Der Inspirationsbegriff

Die Schrift – sie ist das Wesentliche; Gott offenbart sich in einem Buch. So sieht der Islam auch die Religionen vor ihm: Judentum und Christentum sind »Buchreligionen«, ihre Anhänger »Schriftbesitzer«, wörtlich »Leute des Buches«. Das gibt ihnen ihren Adel; sie haben teil an der ewig gleich geoffenbarten Wahrheit, die ebenfalls in einem Buch, der himmlischen Urschrift, enthalten ist. Aber das raubt ihnen auch ihre geschichtliche Konkretheit. Das Alte Testament schrumpft auf den Pentateuch und den Psalter (der auf David, gleichfalls einen Propheten nach islamischer Auffassung, als Offenbarung herabgesandt wurde); daneben erstarrt aller geschichtliche Fluß zum bloßen Beispiel. Jesu Handeln und Leben treten zurück vor seiner Predigt, und was er predigt, ist das, was alle Propheten predigten: Monotheismus.

Allerdings ist auch dies als Phänomen nicht neu; die Tendenz zur Verschriftlichung hatte die beiden großen Religionen spätestens erfaßt, seitdem es einen Kanon gab. Der Islam folgt wiederum nur einem Modell, das er, wie den Monotheismus, radikal zu Ende denkt. Nirgendwo ist, wenn wir der muslimischen Tradition glauben wollen, der Kanonisierungsprozeß schneller abgeschlossen worden als im Islam. Eine Generation nach dem Tode des Propheten – unter dem dritten Kalifen ʿUthmān und auf seine Initiative hin – lag der Text des Koran zumindest in seinem Konsonantengerüst so vor, wie wir ihn heute kennen; die abweichenden Versionen, ehrwürdige Exemplare, die manchmal weniger vollständig waren und von denen wir allzu gerne wüßten, ob sie irgendwelches unwillkommene Sondergut enthielten, wurden angeblich allesamt verbrannt.

Seither hat Gott aufgehört zu reden; es gibt keinen Heiligen Geist, der im Leben seiner Gemeinde weiterwirkte – oder es gibt ihn zumindest nicht im christlichen Sinne. Muhammad war, wie es im Koran heißt, das »Siegel der Propheten«, und man verstand dies bald schon so, daß nach ihm kein anderer mehr kommen werde. Aber die Muslime sind vom Wort Gottes nicht abgeschnitten; denn der Koran interpretiert ja nicht nur, was Gott gesagt hat, sondern er enthält Gottes »ipsissima verba«. Der Islam glaubt – und dies quer durch alle Denominationen hindurch – an die Verbalinspiration Muhammads. Dies ergab sich logisch aus seiner Vorstellung von Prophetie, und es schien auch im Koran selber vorausgesetzt, immer dann nämlich, wenn Gott, wie wir hörten, sich mit einem imperativischen »Sprich!« an Muhammad wandte. Die islamische Theologie kann es sich darum sparen, im Koran nach echten Logia Muhammads zu suchen; auch daß der Glaube der Urgemeinde sich in koranischen Aussagen spiegeln könne, vermag nur ein ungläubiger Islamist zu behaupten.

Gott hat also nicht eigentlich aufgehört zu sprechen; er sagt nur nichts Neues mehr. In seinem Wort, dem Koran, kommt der Muslim Gott nahe wie nirgendwo sonst. Für den Christen vollzieht sich Gotteserfahrung auf intimste Weise in der Eucharistie; denn in Christus ist das Wort Fleisch geworden. Der Muslim erlebt Gott in der Koranrezitation; denn im Koran ist das Wort Buch geworden. Er gibt sich darum dem Wort in viel stärkerer Weise hin, als wir das zu tun pflegen. Wir haben uns, zumindest seit der Liturgiereform, daran gewöhnt, daß religiöse Texte manipulierbar sind; man will immer wieder einmal etwas Neues hören – und dies nicht nur im tropisierten Kyrie oder in den Fürbitten, sondern manchmal selbst im Kanon. Der Muslim dagegen geht darin auf, dem immer Gleichen zu lauschen und es in der Rezitation ständig neu zu meditieren.

Der Christ kennt die Schrift seit jeher nur in Übersetzung; die Kirche benutzte das Alte Testament nur in der Form der Vulgata, und selbst der Protestantismus kehrte nicht zum Urtext zurück, sondern schuf nur eine neue Übersetzung. Die Evangelien sind zum Teil in ihrer Urfassung gar nicht erhalten. Der Muslim dagegen hält den Koran für grundsätzlich unübersetzbar; wenn in der letzten Zeit Übersetzungen, etwa ins Türkische, angefertigt worden sind, so gelten sie nur als Verständnishilfe, so wie im alten – und wohl mittlerweile vergessenen – Schott neben dem Meßtext die deutsche Wiedergabe stand. In die Liturgie ist diese Übersetzung nur zur Zeit Atatürks eingedrungen; der Schritt wurde mittlerweile rückgängig gemacht. Ich will nicht unterschlagen, daß manche Übersetzungen im Christentum ähnlich sakrosankten Charakter angenommen haben wie der Koran im Islam: die Luther-Bibel, die King-James-Version. Aber sie sind, wie die Entwicklung gezeigt hat, ersetzbar; sie lassen sich dem Zeitgeist anpassen, und sie fordern geradezu dazu heraus.

Dem Christen ist, etwas überspitzt gesagt, die Interpretation näher als der Text; es ist gewiß kein Zufall, daß die Liturgiereform den Katholiken auch die Predigt beschert hat. Natürlich kennt der Islam ebenfalls die Predigt; aber sie spielt als Bestandteil der Liturgie eine andere Rolle. In der Frühzeit hatte sie politische Funktion; sie war die Prärogative des Herrschers oder des Gouverneurs, und sie diente dazu, mit religiösen Formeln den Gehorsam der Untertanen vor Gott und den Menschen zu sichern. Heute ist sie manchmal das Werkzeug religiöser Revolution; aber das ist ja nur die andere Seite der gleichen Medaille. Exegetische Funktion hat sie kaum je gehabt; ebenso wie im Gebet geht es nicht darum, die Schrift auszulegen, sondern sie erneut mit vertrauten Formeln ins Gedächtnis zu rufen. Uns wundert es kaum, von der Kanzel her mit Heidegger, Bloch und anderen falschen Heiligen eingeseift zu werden; für einen Muslim wäre dies eine unverzeihliche Grenzüberschreitung.

Die Wunderbarkeit des Koran

Exegese gibt es an sich im Islam genauso wie bei uns, und in manchen Randgruppen, die sich durch ein allegorisches Schriftverständnis legitimiert haben, ist sie zu bestimmten Zeiten auch in die Predigt eingedrungen. Wie überall bot sie die Möglichkeit, die Schrift jederzeit aktuell erscheinen zu lassen oder zum Vehikel neuer Ideen zu machen, und die Gelehrten haben diese Möglichkeit nach Kräften genutzt. Auf der anderen Seite aber verstärkte sich die Tendenz, den Wortlaut des Koran selber aus der Zeit herauszunehmen und als unveränderliches, schlechthin vollkommenes Dokument göttlicher Sprache zu verstehen.

Man dachte darüber nach, was denn Gott gemeint haben mochte, als er Muhammad die Schrift als das einzige Wunder bezeichnen ließ. Zuerst bezog man dies auf den Inhalt, auf wunderbare Vorhersagen, Prophezeiungen im vulgären Sinne des Wortes. Hieß es doch zu Beginn von Sure 30: „Die Byzantiner sind besiegt worden im nächstliegenden Gebiet (das heißt in Syrien oder Palästina). Aber sie werden, nachdem sie besiegt worden sind, ihrerseits siegen, in etlichen Jahren", und so war es auch gekommen: Die Perser waren weit auf byzantinisches Gebiet vorgestoßen, hatten sogar Jerusalem erobert und dort das Kreuz Christi gestohlen; aber Herakleios hatte sie kurz darauf in einem grandiosen Siegeszug wieder niedergeworfen und die heilige Reliquie zurückgeführt. Für die Araber, die bis dahin von diesen beiden Großmächten teilweise abhängig gewesen waren, ein bewegendes Ereignis – und ein zukunftweisendes dazu: Die Erschöpfung der beiden Großreiche hat ihnen die blitzartige Expansion des Islam erst ermöglicht.

Aber so auffällig zutreffend diese Vorhersage auch war, als Wunder reichte sie nicht aus. Nicht den Inhalt, sondern die sprachliche Form hat man auf die Dauer als übernatürlich und damit schlechthin unnachahmlich angesehen. Gott spricht Arabisch, und Gott macht keine Fehler. Die Konsequenzen waren unabsehbar: Grammatik, Rhetorik und Poetik richteten sich am Beispiel des Koran aus; was einmal die Sprache eines Ekstatikers gewesen war, der später seinem Gemeinwesen hatte Gesetze geben müssen, was zudem durch die Redaktion unter ʿUthmān völlig umgeordnet und vielfach nur mit Brüchen und Kanten zusammengefügt worden war, das wurde jetzt zur stilistischen Norm. Sprache konnte sich, da von Ewigkeit her fixiert, nicht mehr wandeln, es sei denn zum Schlechteren. Die Araber kämpfen mit diesem Dilemma bis heute: Sie verehren eine Sprache, die die meisten von ihnen nicht vollkommen, manche gar nicht beherrschen, und sie sprechen Dialekte, die sie nur als Dekadenz, nicht als natürlich gewachsen ansehen können. Eben darum aber hat sich andererseits das Hocharabische bis heute erhalten; der Koran ist »eine Schrift, die *in arabischer Sprache* (das) bestätigt (was als Offenbarung vorausgegangen ist)« (Sure 46, 12). Das Latein hat sich demgegenüber zu einer Vielzahl von Einzelsprachen fortentwickelt; schon beim Pfingsterlebnis „hörte ein jeglicher, daß (die Apostel) *mit seiner Sprache* redeten" (Apg 2, 6).

Die Überhöhung des Propheten

Auch das Bild des Propheten hat sich im Laufe der Jahrhunderte gewandelt. Aber hier ist die Entwicklung nicht so geradlinig verlaufen. Eine Zeitlang schien die Gleichung zu stimmen, wonach das, was man dem Koran an Prestige zufügte, dem Propheten genommen wurde. Um jede Möglichkeit auszuschließen, daß Muhammad auf die Offenbarung mit eigenen Ideen Einfluß nehmen konnte, stellte man sich vor, er sei Analphabet gewesen. Man las dies aus einer etwas problematischen Vokabel im Koran heraus, die wohl nur bedeutet, daß Muhammad aus dem Kreis derjenigen kam, denen keine eigene Schrift geoffenbart worden war. Der Prophet konnte, so meinte man, nicht lesen und nicht schreiben; darum hätte er sich auch nie Kenntnis früherer Offenbarungsschriften, des Alten oder des Neuen Testamentes, verschaffen können. Wenn sich dennoch zahlreiche Parallelen mit diesen Büchern im Koran finden, so können sie ihm also nur von Gott eingegeben worden sein. Auch von daher ist, aus muslimischer Sicht, einer religionshistorischen Ableitung der koranischen Botschaft ein Riegel vorgeschoben.

Diese Linie ist jedoch nicht weitergeführt worden. Man hätte erwarten sollen, daß der Prophet, als man den Koran nicht nur inhaltlich, sondern auch formal über alles menschliche Maß hinaushob, nun sogar in seiner natürlichen Sprachbeherrschung abgewertet worden wäre; so wie Gott Hocharabisch redet, hätte er dann Dialekt sprechen müssen. Das aber widerstritt zu sehr der Vorstellung, die man sich von der Entwicklung des Arabischen machte: Araber, vor allem solche der Arabischen Halbinsel, sprechen gutes Arabisch; die Fehler sind durch die vielen Ausländer: Aramäer, Perser, Türken, Berber, hineingekommen. Und der Prophet war ja gerade ein »arabischer Prophet« gewesen.

Auch Wunder hat man ihm später nicht mehr so konsequent abgesprochen, wie er selber dies getan hatte. Dafür war, so scheint es, unter anderem die christliche Polemik verantwortlich. Sie insistierte immer wieder darauf, daß Jesus durch seine Wunder seine Erwähltheit doch viel besser beweise – und die muslimische Theologie hat tatsächlich nachgezogen, vergessend, daß sie damit einer Grundtendenz des Koran zuwiderhandelte. Dabei kam ihr die volkstümliche Tradition zu Hilfe, welche die Lücken des Koran mit Wundergeschichten aller Art ausfüllte. Daß der Prophet einfach Mensch gewesen sei, war auf die Dauer zuwenig. Daß er 40 Jahre lang selber Heide gewesen war, hat man ganz überspielt; daß er Sünden tun konnte, hat man nicht mehr geglaubt. Die islamische Mystik hat dann am meisten dazu beigetragen, ihn zu überhöhen; in ihr wird Muhammad manchmal geradezu als der »vollkommene Mensch« gesehen, der »anthropos téleios«, den Gott vor aller Schöpfung schuf und in dem alle Schöpfung mikrokosmisch vorgebildet ist. Aber von der Mystik möchte ich erst später sprechen. Wichtig bleibt das eine: Auch in der letzten Idealisierung ist Muhammad immer noch Geschöpf; wer ihn Gott anglich oder mit diesem identifizierte, hätte damit eine Schwelle überschritten, jenseits derer das muslimische Selbstverständnis nicht mehr trug. Inkarnation, »Einwohnung«, wie man sagte (hulūl, wohl eine Lehnübersetzung des griechischen »enoíkesis«), ist dem Islam immer ein Greuel geblieben.

2. Hans Küng: Eine christliche Antwort

Es ist schon eine wahrhaft beeindruckende Erfolgsgeschichte, von der wir gehört haben: diese Geschichte Muhammads, seines Wollens und Lehrens, seines Kämpfens und Siegens, und damit des Koran und seiner Bedeutung – der Anfang einer Weltreligion. Wir sollten sie von innen, vom Standpunkt des gläubigen Muslim, nicht nur von außen zu verstehen suchen. Der Islam, der so oft in der Geschichte für die Christenheit eine befremdliche, bedrohliche, beängstigende Wirklichkeit war, bleibt für die meisten Christen in der Tat – fast 2000 Jahre nach Christus und 1400 Jahre nach Muhammad – noch immer ein sehr unheimliches Phänomen, trotz und gerade wegen der geographischen Nähe, die wir zu ihm haben. Jüngste populäre Darstellungen machen denn auch in sicherem Gespür für die Zeitstimmung den erneuten Aufstieg des Islam wieder einmal zu einem bedrohlichen Wendepunkt in der Geschichte des Abendlandes. Doch geben wir es zu: der Islam bleibt für uns zunächst einmal fremd, politisch-wirtschaftlich bedrohlicher als Hinduismus oder Buddhismus, ein Phänomen jedenfalls, mit dessen Verständnis wir uns schwertun. Und es ist ja bestimmt nicht nur Kennern bewußt, daß eine so informative und dichte Darstellung, wie wir sie eben gehört haben, nur dann ein so hohes Maß an Verständlichkeit erreicht, wenn die Mühen des Durcharbeitens von so ungeheuer diffizilem Material schon geleistet sind. Und doch: trotz all unserer notwendigen Assimilierungsprobleme – es ist Aufgabe gerade einer ökumenischen christlichen Theologie, sich auch dieser islamischen Herausforderung zu stellen und angesichts der riesigen Probleme für Verständigung zu arbeiten.

Von der Ignoranz über die Arroganz zur Toleranz

Etwas schematisiert ist das die Formel, mit der sich die Haltung der westlichen Christenheit gegenüber dem Islam umschreiben läßt. Mehr als 400 Jahre nach dem Auftreten Muhammads wußte man im westlichen Europa noch immer nichts Authentisches über den Islam. Erst als der bedeutende Abt von Cluny Petrus Venerabilis 1142 das damals von den Arabern besetzte Spanien besuchte und weitsichtig die Notwendigkeit authentischer Quellenstudien erkannte, setzten genauere Studien des Islam ein. Auf seinen Auftrag hin kam es 1143 zur ersten (lateinischen) *Koranübersetzung*. Aber noch weitere 500 Jahre – bis zu des Schotten Alexander *Ross* bahnbrechendem religionsgeschichtlichen Werk »Pansebeia« 1650 (deutsch: »Unterschiedliche Gottesdienste in der ganzen Welt«, 1668) – hatte man ein völlig *verzerrtes Bild vom Islam,* wie Norman Daniels Studie »Islam and the West: the Making of an Image« (1960) reichlich belegt: Eine solche Religion konnte nur Irrlehre und bewußte Verfälschung der Wahrheit sein, ein Gemisch aus Gewalt und Genußsucht! Und Muhammad? War er nicht ein Betrüger, ein vom Teufel Besessener, ja der Antichrist schlechthin? Leicht war es dann, diesem Zerrbild von Islam ein Idealbild vom Christentum als einer Religion der Wahrheit, des Friedens, der Liebe und der Enthaltsamkeit entgegenzuhalten. Um die eigenen Anhänger gegen konkurrierende Glaubenssysteme zu immunisieren, diffamierte man die Konkurrenten.

Zwar hatte man noch im Hochmittelalter der überlegenen arabischen Kultur, Philosophie, Naturwissenschaft und Medizin und natürlich auch der wirtschaftlichen und militärischen Macht des Islam größte Bewunderung entgegengebracht; und eine Theologie wie die des Thomas von Aquin ist ohne die Araber gar nicht denkbar. Doch bereits mit der Renaissance setzte eine Abwertung und Ablehnung alles Arabischen bis hin zur Sprache ein – trotz der Bemühungen so bedeutender Gelehrter und Staatsmänner wie Juan de Segovia, Nikolaus von Kues und des späteren Papstes Enea Silvio Piccolomini, die sich zwischen 1450 und 1460 in einem »Moment of Vision« (R. W. Southern, »Western Views of Islam in the Middle Ages«, 1962) in neuer friedlicher Perspektive mit dem Problem des Islam auseinandergesetzt hatten. Rund hundert Jahre später ließ dann der *Papst* angesichts der ständig wachsenden militärischen Bedrohung der Christenheit durch die Türken (1529 vor Wien!) im Jahr der Lutherischen Confessio Augustana 1530 den arabischen Text des Koran sogleich nach der Publikation verbrennen; er war in Venedig veröffentlicht worden, das man damals »Die Hure der Türken« nannte. *Luther* seinerseits hatte sich zwar für Übersetzung und Publikation des Koran ausgesprochen, aber nur, damit jeder sehen könne, was für ein verfluchtes, schändliches, verzweifeltes Buch dies sei, voll von Lügen, Fabeln und allerlei Greueln! Noch Adrian *Relands* »De religione mohammedica« (1705) – nach Ross' »Pansebeia« das erste einigermaßen sachliche Werk über den Islam – wurde prompt auf den römischen Index der verbotenen Bücher gesetzt, erhielt dann aber Unterstützung durch George Sales englische Übersetzung des Koran und dessen berühmten »Preliminary Discourse« (1734).

Denn unterdessen hatte die *Aufklärung* den Toleranzgedanken zu Ehren gebracht, in Deutschland ad oculos demonstriert durch Lessings Stück »Nathan der Weise« mit der berühmten Parabel von den drei Ringen oder Religionen, von denen niemand sicher sein könne, welche der oder die echte sei (1783), und der Figur des Muslim Saladin als Idealbild des weisen Herrschers. Kaum einer hatte in Europa freilich so viel zur Aufwertung gerade des Islam – gegen Voltaires Verhöhnung – beigetragen wie *Goethe* mit seinem »West-östlichen Divan« (1819), dem in England Thomas *Carlyle* mit dem aufsehenerregenden Vortrag »The Hero as Prophet« (1840) – Muhammad ein aufrichtiger Prophet! – folgte.

Das 19. Jahrhundert – das Jahrhundert der Geschichte und der europäischen kolonialen Expansion – brachte schließlich den ungeheuren Aufschwung der Orientalistik und damit der historisch-kritischen Islamkunde, die zur Voraussetzung wurde für eine weniger polemische Einschätzung des Islam von seiten der christlichen Theologie und Kirche. In vierfacher Hinsicht zeichnete sich im *19. und 20. Jahrhundert ein entscheidender Fortschritt* ab:

- eine historisch-kritische Würdigung des Propheten Muhammad durch Forscher wie Gustav Weil, Aloys Sprenger, William Muir, Leone Caetani, Tor Andrae, Régis Blachère und W. Montgomery Watt;

- eine bis heute grundlegend gebliebene Geschichte des Koran von Theodor Nöldeke sowie historisch-kritische Ausgaben des Koran und adäquater moderner Übersetzungen, verbunden mit den Namen Gustav Flügel, Richard Bell und dem Tübinger Islamisten Rudi Paret;
- eine umfassende Erforschung der islamischen Kultur von Gottesdienst und Mystik über Recht und Sitte bis hin zu Literatur und Kunst durch so bedeutende Gelehrte wie Ignaz Goldziher, C. Snouck Hurgronje und vor allem den großen Orientalisten Louis Massignon, der von den Christen eine »geistige kopernikanische Wende« forderte und für die Versöhnung zwischen der Religion der Hoffnung (Judentum), der Religion der Liebe (Christentum) und der Religion des Glaubens (Islam) warb.
- Eine historisch-kritische Würdigung des koranischen Jesusbildes, die – von G. F. Gerock vor 150 Jahren eingeleitet und von traditionsgeschichtlichen Untersuchungen weitergeführt – mit den umfassenden neueren Arbeiten von Henri Michaud, Geoffrey Parrinder, Heikki Räisänen und Claus Schedl (für die spätere arabisch-islamische Literatur von Olaf H. Schumann) die apologetisch-missionarische Betrachtungsweise endgültig abgelöst hat.

Diese auch für Außenstehende erkennbare fruchtbare Entwicklung der Islamkunde, die heutzutage immer mehr von westlichen und islamischen Wissenschaftlern gemeinsam betrieben wird, war – zusammen mit der politischen und ökonomischen Aufwertung der islamischen Nationen und der islamischen Immigration in Westeuropa und Amerika – die Voraussetzung für die zweifellos *epochale Neuorientierung der katholischen Kirche,* die in der Religionserklärung des Zweiten Vatikanischen Konzils (1965) dokumentiert wurde und die nach dem Konzil in verschiedenen inoffiziellen und offiziellen islamisch-christlichen Zusammenkünften zum Ausdruck kam.

Nein, ein Zurück zur alten »christlichen« Polemik, zu Immunisierung durch Diffamierung, gibt es nicht. Die jahrhundertelange Isolation und Unkenntnis wird für immer mehr Menschen unmöglich: Bücher, Massenmedien, Reisen, Hunderttausende von Andersgläubigen im eigenen Land tun ihre Wirkung. Und langsam weicht die Verachtung der anderen Religion dem Verständnis, die Unkenntnis dem Studium, die Missionierung dem Dialog.

Doch damit ist erst ein Anfang gemacht. Viel zu sehr betrachten Christen (und oft auch die Muslime selbst) den Islam noch als eine starre Größe, ein geschlossenes Religionssystem, denn als lebendige Religion, als religiöse Bewegung, die sich durch die Jahrhunderte ständig veränderte, zu großer innerer Mannigfaltigkeit auswuchs und an der konkrete Menschen mit einem breiten Spektrum von Haltungen und Gefühlen teilhatten. Heute muß es darum gehen, langsam *von innen her zu verstehen*, warum der Muslim Gott und Welt, Gottesdienst und Menschendienst, warum er Politik, Recht und Kunst mit anderen Augen sieht, mit anderem Herzen erlebt als etwa Christen. Und als erstes muß man verstanden haben, daß der Islam als Religion für Muslime auch heute noch nicht einfach eine andere Sparte des Lebens ist, das, was säkularisierte Menschen gerne den »religiösen Faktor« neben anderen »kulturellen Faktoren« nennen. Nein, Leben und Religion, Religion und Kultur sind lebendig ineinander verwoben. Der Islam will eine alles umfassende Lebensschau, eine alles durchdringende Lebenshaltung, ein alles bestimmender Lebensweg – und so mitten in diesem zeitlichen Leben ein Weg zum ewigen Leben sein: ein *Weg zum Heil*. Zum Heil? Was kann ein christlicher Theologe zu diesem Anspruch sagen?

Der Islam – ein Heilsweg?

Dies frage ich so deutlich, nicht zuletzt angesichts der zwiespältigen Haltung des Weltrats der Kirchen, der weder in seinen »Leitlinien zum Dialog mit Menschen verschiedener Religionen und Ideologien« (1977/1979) noch auf der neuesten Vollversammlung in Vancouver (1983) die heute doch zweifellos höchst drängende Frage nach dem Heil außerhalb der christlichen Kirchen wegen gegensätzlicher Standpunkte der Gliedkirchen zu beantworten vermochte. Was aber soll ein »Dialog« mit solchen, die ohne Bekehrung allesamt in die Hölle gehen?!

Die *traditionelle katholische Position* – schon in den frühen christlichen Jahrhunderten vorbereitet durch Origenes, Cyprian und

Augustin – ist allgemein bekannt: Extra Ecclesiam nulla salus! Außerhalb der Kirche kein Heil! Deshalb auch für alle Zukunft: Extra Ecclesiam nullus propheta! Außerhalb der Kirche kein Prophet! Unzweideutig hatte das ökumenische *Konzil von Florenz 1442* definiert: »Die heilige römische Kirche ... glaubt fest, bekennt und verkündet, daß niemand außerhalb der katholischen Kirche, weder Heide noch Jude noch Ungläubiger oder ein von der Kirche Getrennter, des ewigen Lebens teilhaftig wird, vielmehr dem ewigen Feuer verfällt, das dem Teufel und seinen Engeln bereitet ist, wenn er sich nicht vor dem Tod ihr (der katholischen Kirche) anschließt« (Denz 1351). Ist damit der Anspruch des Islam für Katholiken nicht erledigt? Er war es, so schien es, mehr als 1200 Jahre lang.

Katholische Theologie hat freilich in den letzten Jahrzehnten versucht, jenes kompromißlose *»Extra«-Dogma* »neu zu verstehen«, und das hieß meistens: umzuinterpretieren, ja in sein Gegenteil zu kehren. Offen korrigiert wurde es, weil »unfehlbar«, nie. Freilich hatte Rom schon gegen die rigorosen Jansenisten im Frankreich des 17. Jahrhunderts den Satz verurteilen müssen: »Extra Ecclesiam nulla gratia« (außerhalb der Kirche keine Gnade; Denz 1295. 1379). Wenn es also außerhalb der Kirche doch »gratia«, »charis«, »charisma« gibt, könnte es dann nicht sein, daß es auch Prophetie – nach dem Neuen Testament eindeutig ein Charisma – außerhalb der Kirche gibt?

Jedenfalls ist die traditionelle katholische Position heute *nicht mehr die offizielle katholische Position.* Schon 1952 hatte die Römische Glaubenskongregation, paradox genug, jenen Studentenpfarrer in Harvard, *P. L. Feeney SJ, exkommuniziert,* der mit den alten Kirchenvätern und dem Konzil von Florenz die Verdammnis aller Menschen außerhalb der sichtbaren katholischen Kirche behauptete. Das *Zweite Vatikanische Konzil* schließlich erklärte in seiner Konstitution über die Kirche (1964) ganz unzweideutig: »Diejenigen Menschen, die das Evangelium Christi und seiner Kirche ohne ihre Schuld nicht kennen, Gott jedoch aufrichtigen Herzens suchen und seinen im Gewissensgebot erkannten Willen in Taten unter dem Wirken seiner Gnade zu erfüllen trachten, können das ewige Heil erlangen« (Art. 16).

Und hier werden nun gerade diejenigen ausdrücklich genannt,

die schon von ihrer Herkunft her mit Juden und Christen am allermeisten gemeinsam haben durch den Glauben an den einen Gott und das Tun seines Willens – die Muslime: »Der Heilswille umfaßt aber auch die, welche den Schöpfer anerkennen, unter ihnen besonders die Muslime, die sich zum Glauben Abrahams bekennen und mit uns den einen Gott anbeten, den Barmherzigen, der die Menschen am Jüngsten Tag richten wird« (Art. 16). Auch die Muslime brauchen also nach dem Vatikanum II nicht mehr »dem ewigen Feuer zu verfallen, das dem Teufel und seinen Engeln bereitet ist«; sie »können das ewige Heil erlangen«! Das heißt: *Auch der Islam kann Weg zum Heil sein,* Heilsweg: vielleicht nicht der normale, gewissermaßen »ordentliche«, aber vielleicht ein geschichtlich »außerordentlicher«.

In der Tat unterscheidet man in der heutigen katholischen Theologie aufgrund dieser Kehrtwendung zwischen dem *»ordentlichen« = christlichen Heilsweg* und den *»außerordentlichen« = nichtchristlichen Heilswegen* (manchmal auch zwischen »dem Weg« und den verschiedenen »Pfaden«). Sollte man dann aber, gleichsam als Bedingung der Möglichkeit, nicht vielleicht auch zwischen »ordentlichen« (christlichen) und »außerordentlichen« (oder wie immer) *Propheten* unterscheiden können? Ist also vielleicht auch Muhammad nicht mehr von vornherein ein falscher, lügnerischer Pseudoprophet, ein Wahrsager, Zauberer, Fälscher, bestenfalls ein arabischer Poet, wie man durch Jahrhunderte behauptete, sondern ein echter, etwa gar ein wahrer Prophet? Aber: war denn Muhammad wirklich ein echter, sogar ein wahrer Prophet?

Muhammad – ein Prophet?

Gestalt und Botschaft des Muhammad sind im geschichtlichen Kontext zu sehen, sind mitten im riesigen Strom der einen religiösen Geschichte der Menschheit; davon kann man bei heutiger Forschung ausgehen. Und ein so bedeutender Islam-Kenner wie Wilfred Cantwell Smith fordert dazu auf, diesen riesigen Strom als ein *historisches Kontinuum* zu verstehen, wo man zwischen den zwar verschiedenen, aber keineswegs disparaten Religionen in der Tat überall zahlreiche Übergänge und Überschneidungen, Interdependenzen und Interaktionen, ein Nehmen und Geben feststellen kann. Ist es doch gerade Muhammad, der – historisch betrachtet – an einer weltgeschichtlichen Kreuzung steht, wo die altarabische Stammesreligion sich mit Judentum und Christentum überschneidet und sich so von vornherein gewisse Elemente eines gemeinsamen religiösen Erbes (von der Gottesidee bis hin zum religiösen Brauchtum) versammelt haben.

Und doch: gerade der Fall Muhammads macht deutlich, daß dieses historische Kontinuum der religiösen Geschichte der Menschheit – dialektisch! – als ein Kontinuum *in Diskontinuität* zu verstehen ist. Gewiß ist eine »Big-Bang-Theorie«, wie sie Smith ironisch nennt, zur Deutung der Religionsgeschichte ungeeignet: Weder für Muhammad und den Islam noch auch für Buddha und den Buddhismus noch schließlich für Jesus Christus und das Christentum steht am Anfang eine »creatio ex nihilo«, eine plötzliche Schöpfung aus dem Nichts, sondern steht immer ein ganz bestimmter historischer Kontext, aus dem heraus gesprochen und gehandelt wird und der eine Verbindung mit allem Vorausgegangenen und allem Gleichzeitigen garantiert.

Andererseits aber dürfte es wohl auch nicht, wie Smith meint, um so etwas wie eine »creatio continua« gehen, um eine gleichmäßig kontinuierliche Schöpfung, um einen einzigen großen religiösen Strom. Organische Bilder wie die vom Strom oder Baum lassen leicht übersehen, daß auch die religiöse Geschichte der Menschheit kein organisches »Fließen« oder »Wachsen« ist. Ganz ohne »Dialektik« (Hegel), ohne die »Kategorie Novum« (Ernst Bloch) und die »maßgebenden Menschen« (Karl Jaspers) läßt sich diese religiöse Geschichte eben doch nicht erklären. Geschichte ist immer Entwicklung und Verwicklung, ein Prozeß mit nicht nur quantitativen, sondern qualitativen Sprüngen, mit Übergängen und Brüchen, Absterben und Neuwerden. Und Muhammad – genauer der Koran – bedeutet in der Geschichte der arabischen Völker unübersehbar einen epochalen Einschnitt: Muhammad gleichsam das Dis-continuum in Person, eine letztlich irreduktible Gestalt, die nicht einfach aus dem Vorausgegangenen abgeleitet werden kann, sondern die, durchaus disparat, mit dem Koran neue bleibende Maßstäbe setzt. Insofern bedeutet Muhammad, bedeutet der Koran für die Religiosität der arabischen Völker eine

Scheidung, eine Entscheidung: Abkehr von der Vergangenheit, Hinkehr auf eine neue Zukunft. In der Tat zu Recht: der Beginn einer neuen Zeitrechnung! Ohne diese Quelle kein Fluß, ohne dieses Reis kein Baum!

Es ist also nicht so, als ob in der religiösen Geschichte der Menschheit alles kreiste: so wie etwa die Übung des ursprünglich hinduistisch-buddhistischen, dann islamischen und schließlich christlichen Rosenkranzes oder die Wanderlegende des christlichen Heiligen »Josaphat«, der ursprünglich niemand anders ist als der »Boddhisattva«, der Buddha! Zu ganz bestimmten Zeiten taucht nun einmal unableitbar aus dem kontinuierlich dahinfließenden Strom die Gestalt des Prophetischen auf, oder besser: steigt der Prophet in den trägen Strom religiöser Geschichte und versucht mit aller Kraft, ihm eine andere Richtung zu geben. Erreicht er es, gehört er eben zu jenen »maßgebenden Menschen«, die dann auch für alle folgenden Jahrhunderte ihrer Religion das Maß vorgegeben haben, an dem sie stets zu messen sind. Daß freilich Muhammad – angeblich wegen Mangels an Originalität – bei Karl Jaspers keine Beachtung findet, ist ein schweres Mißverständnis. Hat dieser Prophet doch für einen großen Teil der Menschheit wie ein religiöser Archetyp gewirkt, hat man doch durch alle die Jahrhunderte immer wieder bewußt auf ihn, die Urgemeinde, den Koran, zurückgegriffen.

Bekanntlich gibt es viele Religionen, die keine Propheten im strengen Sinn kennen: Die Hindus haben ihre Gurus und Sadhus, die Chinesen ihre Weisen, die Buddhisten ihre Meister; sie alle haben nicht wie *Juden, Christen* und eben auch die *Muslime* ihre Propheten. Kein Zweifel indessen, wenn einer in der gesamten Religionsgeschichte schlechthin »*der* Prophet« genannt wird, weil er behauptete, *dies* zu sein, aber auf keinen Fall *mehr* – dann war es Muhammad. Und war er es? Wir hörten es, und ich kann mich kurz fassen. Auch der rechtgläubige Christ (oder Jude) kann, falls er sich orientieren läßt, bestimmte Parallelen nicht bestreiten:

- Wie die *Propheten Israels* wirkte auch Muhammad nicht kraft eines von der Gemeinschaft (oder ihren Autoritäten) verliehenen Amtes, sondern aufgrund einer besonderen persönlichen Beziehung zu Gott.

- Wie die Propheten Israels war Muhammad eine willensstarke Persönlichkeit, die sich von ihrer göttlichen Berufung völlig durchdrungen, total beansprucht, exklusiv beauftragt sah.
- Wie die Propheten Israels, so hat auch Muhammad in eine religiös-gesellschaftliche Krise hineingesprochen, stand er mit seiner leidenschaftlichen Frömmigkeit und seiner umstürzenden Verkündigung in Opposition zur vermögenden herrschenden Kaste und zu der von ihr gehüteten Tradition.
- Wie die Propheten Israels will Muhammad, der sich meist »Warner« nennt, nichts als Sprachrohr Gottes sein und Gottes Wort, nicht sein eigenes, verkünden.
- Wie die Propheten Israels kündet Muhammad unermüdlich den einen Gott, der keine anderen Götter neben sich duldet und der zugleich der gütige Schöpfer und barmherzige Richter ist.
- Wie die Propheten Israels, so fordert auch Muhammad gegenüber diesem einen Gott unbedingten Gehorsam, Unterwerfung, »Hingabe« (»Islam«): alles das, was Dankbarkeit gegenüber Gott und Großzügigkeit gegenüber den Mitmenschen einschließt.
- Wie die Propheten Israels verbindet auch Muhammad seinen Monotheismus mit einem Humanismus, den Glauben an den einen Gott und sein Gericht mit der Forderung nach sozialer Gerechtigkeit: Gericht und Erlösung, Drohungen den Ungerechten, die in die Hölle gehen, und Verheißungen den Gerechten, die zu Gottes Paradies versammelt werden.

Wer immer die Bibel, das Alte Testament zumal, und den Koran nebeneinander legt und nebeneinander liest, der fragt sich: Haben nicht die drei *Offenbarungsreligionen* semitischen Ursprungs – Judentum, Christentum und Islam –, haben nicht insbesondere Altes Testament und Koran *dieselbe Basis*? Redet nicht in beiden überdeutlich der eine und selbe Gott? Entspricht das »So spricht der Herr« des Alten Testaments nicht dem »Sage« des Koran, das alttestamentliche »Geh hin und künde!« nicht dem koranischen »Stell dich auf und warne!«? In der Tat: auch die Millionen arabisch sprechender Christen kennen für »Gott« kein anderes Wort als – »Allah«!

Ist es also nicht vielleicht doch nur ein dogmatisches Vorurteil, wenn wir zwar Amos und Hosea, Jesaja und Jeremia als Propheten anerkennen, Muhammad aber nicht? Was immer man vom Standpunkt westlich-christlicher Moralität gegen Muhammad einwenden mag (Waffengewalt, Polygamie, Sinnenleben), es ist nun einmal unbestreitbar,

daß noch heute bald 800 Millionen Menschen in den riesigen Räumen zwischen Marokko im Westen und Bangladesch im Osten, den Steppen Zentralasiens im Norden und der indonesischen Inselwelt im Süden alle durch die fordernde Kraft eines Glaubens geprägt sind, der wie kaum ein anderer seine Bekenner zu einem einheitlichen Typus hat werden lassen;

daß alle diese Menschen verbunden sind durch ein einfaches Glaubensbekenntnis (»Es gibt keinen Gott außer Gott, und Muhammad ist sein Prophet«); verbunden sind durch fünf Grundpflichten (Glaubensbekenntnis, Gebet, Armensteuer, Fastenmonat, Wallfahrt); verbunden sind durch die alles durchdringende Ergebenheit in Gottes Willen, als dessen unabänderliche Entscheidung auch das Leid hinzunehmen ist;

daß in allen diesen Völkern ein Sinn lebendig geblieben ist für eine grundsätzliche Gleichheit der Menschen vor Gott und eine übernationale Brüderlichkeit, welche die Rassen (Araber und Nichtaraber) und sogar die indischen Kasten mindestens grundsätzlich zu überwinden vermochte.

Ich bin sicher, es wächst in der Christenheit heute die Überzeugung: Wir kommen angesichts des welthistorischen Faktums Muhammad nicht darum herum, *Korrekturen* vorzunehmen. Die aus dogmatischer Unduldsamkeit stammende »Exklusivitätsseuche«, die der liberale britische Universalhistoriker Arnold Toynbee geißelte, ist aufzugeben, und in bezug auf die Figur des Propheten ist zuzugeben:

- daß die Menschen im Arabien des 7. Jahrhunderts zu Recht auf die Stimme Muhammads gehört haben;
- daß sie – gemessen am sehr diesseitigen Polytheismus der altarabischen Stammesreligionen – auf ein ganz anderes religiöses Niveau, eben das einer monotheistischen Hochreligion, gehoben wurden;

- daß sie allesamt von Muhammad – besser: vom Koran – unendlich viel Inspiration, Mut und Kraft zu einem religiösen Neuaufbruch empfangen haben: zum Aufbruch in größere Wahrheit und tiefere Erkenntnis, zum Durchbruch auf Verlebendigung und Erneuerung der überlieferten Religion. Der Islam als die große Lebenshilfe!

Wahrhaftig, für die Menschen des arabischen Raumes und schließlich weit darüber hinaus war und ist Muhammad *der* religiöse Reformator, Gesetzgeber und Führer: *der* Prophet schlechthin. Ja, im Grunde ist Muhammad, der immer nur ein Mensch sein wollte, für diejenigen, die ihm nachfolgen (»imitatio Mahumetis«), mehr als für uns ein Prophet: Er ist ein Lebensmodell für jene Lebensform, die der Islam sein will. Und wenn die katholische Kirche nach der Erklärung über die nichtchristlichen Religionen des Vatikanum II (1964) – man möge mir in diesem Kontext die nicht nur rituelle Zitation gestatten – »auch die *Muslime* mit Hochachtung betrachtet, die den alleinigen Gott anbeten . . ., der zu den Menschen gesprochen hat«: *dann* müßte meines Erachtens dieselbe Kirche – und müßten alle christlichen Kirchen – auch *den einen* »mit Hochachtung betrachten«, dessen Namen in jener Erklärung aus Verlegenheit verschwiegen wird, obwohl doch er und er allein die Muslime zur Anbetung dieses einen Gottes geführt hat und nun einmal durch *ihn* dieser Gott »zu den Menschen gesprochen hat«: Muhammad, den Propheten!

Es wird ja oft übersehen: Schon in alttestamentlicher Zeit gab es sehr verschiedene Propheten; und vielleicht waren auch sie nicht alle große Heilige. Nach Aussagen des Neuen Testaments indessen gibt es auch *nach* Jesus echte Propheten: Menschen, die ihn und seine Botschaft bestätigen, deuten und in eine neue Zeit und Situation hinein aussagen. So nahmen die »Propheten« etwa in den paulinischen Gemeinden (wie aus dem ersten Korintherbrief hervorgeht) die zweite Stelle nach den Aposteln ein. Doch ist die Prophetie – ein Phänomen vor allem judenchristlichen Ursprungs – bald nach dem Ende der paulinischen Mission und mit dem Zurücktreten des Judenchristentums aus dem Erscheinungsbild der meisten christlichen Gemeinden verschwunden; nach der montanistischen Krise im 2./3. Jahrhundert (die urchristlich-apokalyptisch inspirierte Lehre des Montanus gab sich als »die neue Prophetie«) sind die Propheten (und Prophetinnen!) weithin in Verruf geraten. Aber vom Neuen Testament her gesehen muß man sich nicht von vornherein dogmatisch dagegen wehren, wenn sich Muhammad als ein echter Prophet *nach* Jesus verstand, der beanspruchte, mit ihm in grundlegender Übereinstimmung zu sein. Freilich: das Verhältnis zwischen Jesus, dem Christus, und Muhammad, dem Propheten, bleibt im einzelnen noch zu klären. Doch hätte nicht schon diese Zuerkennung des Prophetentitels für Muhammad schwerwiegende Konsequenzen, besonders für die Botschaft, die er verkündet hat, die niedergelegt ist im Koran?

Der Koran – Wort Gottes?

Der Koran ist mehr als mündlich überliefertes und deshalb leicht veränderbares Wort: Er ist das ein für allemal niedergelegte und deshalb nicht mehr nachträglich zu verändernde *schriftliche Wort;* insofern ist er der Bibel ähnlich. Durch seine schriftliche Fixierung hat der Koran in der so wechselhaften und vielfältigen Geschichte des Islam von Jahrhundert zu Jahrhundert, von Land zu Land, von Generation zu Generation, von Person zu Person für eine erstaunliche Konstanz gesorgt. Was geschrieben ist, bleibt geschrieben. Bei all den verschiedenen Interpretationen und Kommentierungen, bei aller Ausgestaltung des islamischen Rechts, der Sharīʿa, bleibt der Koran der gemeinsame Nenner, bleibt er so etwas wie der durchgängige »grüne Faden«, der in alle islamischen Formen, Riten und Institutionen eingewoben erscheint. Will man wissen, was nicht nur der geschichtlich gewachsene Islam ist, sondern was der *normative Islam* ist, kommt man nicht darum herum, auf den Ursprung, auf den Koran des 7. Jahrhunderts, zurückzugehen, auch heute. Er ist für den Islam und seine ganze Gesetzgebung so etwas wie die Verfassung, das Grundgesetz, das – trotz aller Auslegungsbreite je nach Ort, Zeit und Person – nicht beliebig interpretierbar ist.

Gewiß, der Koran hat die Entwicklung des Islam keineswegs prädeterminiert, wohl aber inspiriert. Er hat die ganze Sharīʿa durchdrungen, hat die Gesetzgebung ebenso geformt wie die Mystik, die Kunst und die ganze Mentalität. Kommentatoren kamen und gingen, der Koran aber blieb: Bei all den zahllosen Variablen ist er im Islam die große *Konstante*. Er vermittelte dem Islam die moralische Verpflichtung, die äußere Dynamik, die religiöse Tiefe, aber auch ganz bestimmte sich ständig durchhaltende Glaubenslehren und moralische Prinzipien: die Verantwortlichkeit des Menschen vor Gott, soziale Gerechtigkeit und muslimische Solidarität. So ist der Koran das heilige Buch des Islam, und er ist dies, insofern er, gerade als niedergeschriebenes Wort, nicht als Menschenwort, sondern als *Gotteswort* verstanden wurde. Ja, für die Muslime ist Gottes Wort Buch geworden. Aber – das ist die Frage der Christen – ist dieses Buch wirklich Wort Gottes?

Jahrhundertelang war es verboten, diese Frage überhaupt ernsthaft zu stellen: Muslimen wie Christen drohte die Exkommunikation mit allen Folgen. Und wer wollte nicht sehen, daß seit den ersten islamischen Eroberungen, den Kreuzzügen, der Einnahme Konstantinopels und der Belagerung Wiens bis hin zur persischen Revolution unter Khomainī diese Frage politisch die Menschheit tief gespalten hat? Denn so selbstverständlich wie Muslime von Westafrika bis Zentralasien und Indonesien diese Frage bejahten und ihr Leben und Sterben vom Koran her orientierten, so selbstverständlich sagten gläubige Christen überall auf der Welt nein; und nicht nur sie, sondern später auch die säkularistischen westlichen Religionswissenschaftler, die den Koran ebenso selbstverständlich nicht als Wort Gottes, sondern stets als Wort Muhammads verstanden haben.

Es war wiederum der kanadische Religionswissenschaftler *Wilfred Cantwell Smith*, der als erster 1963 diese für viele Gläubige auf beiden Seiten noch immer bedrohliche Frage klar gestellt und die Fragestellung scharfsinnig analysiert hat (vgl. »On Understanding Islam«, Kap. 16). Und es ist ihm zuzustimmen: Beide Antworten, die ja merkwürdigerweise beide auch von intelligenten, kritischen und durchaus redlichen Menschen gegeben wurden, beruhen letztlich auf einem unbefragten, dogmatischen *Vor-Verständnis* (»pre-conviction«). Die gegenteilige Auffassung erschien dann entweder als Unglaube (die christliche Negation der Frage für die Muslime) oder als Aberglauben (die muslimische Bejahung für die Christen).

Stimmt es also, was Smith' kanadischer Kollege Willard Oxtoby (»The Meaning of Other Faiths«, 1983) als Faustregel beim Studium der Religionen festzustellen meinte: »You get out what you put in«, oder auf deutsch: »Was einer zuerst hineinlegt, holt er dann heraus«? Wer somit den Koran von vornherein für das Wort Gottes hält, wird sich bei der Lektüre immer wieder bestätigt sehen – und umgekehrt?

Und doch: soll es immer bei diesem Widerspruch bleiben, der auf Dauer intellektuell keinesfalls befriedigen kann? Gibt es nicht immer mehr Christen und vielleicht auch immer mehr Muslime, die sich über die eigene Position und über den Glauben der anderen bessere Information verschafft haben und deshalb selbstkritische Fragen stellen? Ich versuche, zuerst einige kritische Fragen für die Christen, dann aber auch einige ebenso kritische Gedanken für die Muslime zu skizzieren.

Offenbarung außerhalb der Bibel

Je mehr sich Christen und Muslime kennenlernen und sich nicht mehr einfach zu »bekehren« versuchen (die christliche Muslim-Mission war völlig erfolglos, und auch die muslimische Christen-Mission wird erfolglos bleiben), um so mehr wachsen bei den Christen die Zweifel, ob die eigene negative Einstellung zum Koran richtig war. Für unsere theologische Problemstellung ist nicht primär entscheidend, *wie* Muhammad die Offenbarung empfangen hat, für unsere Fragestellung ist entscheidend, *ob* Muhammad eine Offenbarung Gottes erhalten hat.

Doch darf man als Christ überhaupt so fragen? Muß man dies vom Alten und Neuen Testament her nicht von vornherein ablehnen? Findet sich in der Bibel und auch im Neuen Testament nicht eine Fülle negativer Aussagen über Irrtum, Finsternis und Schuld der nichtchristlichen Welt? In der Tat, diese Urteile gelten Menschen, die sich der biblischen Botschaft schuldhaft verweigern. Sie sind freilich weniger definitive Verdammungsurteile denn deutliche Aufforderungen zur Bekehrung. Und daneben finden sich, dies darf nicht übersehen werden, auch nicht wenige *positive* Aussagen über die nichtchristliche Welt, nach denen es eine ursprüngliche Bekundung Gottes an die ganze Menschheit gibt. Ja, auch Nichtchristen können nach dem Alten und Neuen Testament den wirklichen Gott erkennen; sie können erkennen, was diese Texte selber als Offenbarung Gottes in der Schöpfung verstehen.

Selbst Karl Barth sah sich im letzten noch vollständigen Band (IV/3) seiner monumentalen »Kirchlichen Dogmatik« (1958) gezwungen zuzugeben, daß neben dem (von ihm ein Leben lang so sehr hervorgehobenen) einen »Licht« Jesus Christus auch noch andere »Lichter«, daß neben dem einen Wort Gottes auch noch andere wahre Worte anzunehmen sind: »profane« Worte von Nichtchristen, die auf ihre Weise auch von Gottes Gnade, Vergebung und Versöhnung und des Menschen Glauben reden; Lichter und Wahrheit der Geschöpfwelt (»Schöpfungsoffenbarung«), die nach Barth freilich nur gleichsam als »Rücklichter« die biblische Offenbarung reflektieren. Dabei vernachlässigt Barth jedoch,

daß auch die Bibel vom Buch Genesis bis zur Weisheitsliteratur, vom Römerbrief bis zur Apostelgeschichte und zum Johannesprolog universale Perspektiven aufweist;

daß Gott schon nach dem Alten Testament der Schöpfer und Erhalter aller Menschen ist, der überall wirkt und einen Bund mit der ganzen Menschheit (den Noah-Bund) geschlossen hat;

daß Gott nach dem Neuen Testament ohne Ansehen der Person das Heil aller Menschen will und daß auch Nichtchristen als Täter des Gesetzes gerechtfertigt werden können.

Gerade die negativ eingerahmten positiven Aussagen, etwa des Römerbriefes über die Nichtchristen (Röm 1–2), wären von daher in unsere neue Situation – wir leben nicht mehr in *Nah*erwartung des Weltendes – hineinzuübersetzen und auf die Milliarden heutiger Menschen anzuwenden, die die Verkündigung des Evangeliums überhaupt nicht oder nicht in der richtigen Weise erreicht hat. Und diese Aussagen des Römerbriefes wären zu ergänzen durch die noch sehr viel positiveren Aussagen der Apostelgeschichte eine Generation später, nach denen sich Gott den Heiden nicht unbezeugt gelassen hat, sondern einem jeden Menschen nahe ist; zu ergänzen auch durch die noch späteren Aussagen des Prologs zum Johannesevangelium über den göttlichen Logos, der als das wahre Licht jeden Menschen erleuchtet, der in diese Welt kommt. In diesen Texten ist offenkundig unterschieden zwischen der überall und zu allen Zeiten möglichen Erleuchtung durch das bei Gott seiende Wort einerseits und der Berufung der Gemeinde zu Gott durch Jesus von Nazaret, Gottes Fleisch gewordenes Wort, andererseits.

Dieser Gedanke von dem überall in der Welt und von Anfang an als Samen wirkenden Logos (»logos spermatikós«) wurde schon von den christlichen Theologen des 2. (besonders Justin) und 3. Jahrhunderts (besonders die Alexandriner Klemens und Origenes) auf die Heidenwelt angewandt, so daß für sie sogar Platon, Aristoteles und Plotin »Pädagogen« zu Christus hin waren. Und auch noch die Reformatoren haben – ohne deshalb eine abstrakte »natürliche Theologie« im Sinne der Neuscholastik zu betreiben – auf der Linie der großen katholischen Tradition eine Schöpfungsoffenbarung bejaht.

Können wir also vor diesem biblischen Hintergrund ausschließen, daß aufgrund von Gottes Schöpfungsoffenbarung ungezählte Menschen der Vorzeit und der Gegenwart das Mysterium Gottes erfuhren und erfahren? Können wir ausschließen, daß einzelnen Menschen hierbei auch besondere Erkenntnis geschenkt, eine besondere Aufgabe übertragen, ein besonderes Charisma zuteil wurde? Und könnte dies aufgrund all des Gesagten nicht auch gerade für Muhammad, den Propheten aus dem heidnischen Arabien, der Fall sein? »Extra Ecclesiam gratia«, außerhalb der Kirche Gnade! Wie immer: wenn wir schon Muhammad als nachchristlichen Propheten anerkennen, dann werden wir konsequenterweise auch zugeben müssen, worauf es den Muslimen am allermeisten ankommt: daß Muhammad seine Botschaft nicht einfach aus sich selber hat, daß seine Botschaft nicht einfach Muhammads Wort, sondern *Gottes Wort* ist.

Aber was heißt Gottes Wort? Was meint Offenbarung? Soll Gottes Offenbarung etwa direkt vom Himmel gefallen und unzweifelhaft *Wort für Wort von Gott inspiriert oder diktiert* worden sein? Dies glauben nun freilich nicht nur Muslime, sondern auch manche Christen – von der Bibel natürlich. Hier sind wir am entscheidenden Punkt.

Wort für Wort inspiriert?

Der Koran selber – wir werden es noch genauer hören – betont verschiedentlich, daß auch Juden und Christen *»Leute des Buches«*, *»Schriftbesitzer«* sind, und diese Gemeinsamkeit der drei monotheistischen prophetischen Offenbarungsreligionen ist wahrhaftig nicht geringzuachten. *Aber* sind Judentum und Christentum wirklich wie der Islam im eigentlichen Sinne *»Buchreligionen«*? Enthalten ihre Schriften Gottes *»ipsissima verba«*, sind sie Wort für Wort inspiriert, und ist deshalb etwa auch die Bibel in jeder Hinsicht – sprachlich, stilistisch, logisch, historisch, naturwissenschaftlich – ein wunderbares, absolut vollkommenes, heiliges Buch, das Buchstabe für Buchstabe zu akzeptieren ist? Bekanntlich dachten und denken auch manche »fundamentalistische« Christen so von der *Verbalinspiration der Bibel.*

Ist damit vielleicht der deutliche Fall eines religionsgeschichtlichen Entwicklungsgesetzes gegeben, das für das Christentum wie für den Islam gleichermaßen zu gelten scheint? Spätere Generationen von Anhängern einer sehr menschlichen Religion versuchen einer mit der Zeit entstandenen Legitimationskrise ihres Glaubens und ihrer Ansprüche mit Hilfe theologischer Überhöhung, meist einer direkten Rückverlagerung in göttliche Ursprünge, zu entkommen. Man immunisiert sich auf diese Weise gegen Konkurrenz, legitimiert den eigenen Wahrheitsanspruch, festigt die eigene Überzeugungskraft und hält die eigene Gruppe zusammen. Freilich, dies soll Muslimen sofort zugegeben werden: Anders als vom Koran geglaubt, wurde die *Bibel* nicht vom einen Autor im Himmel, sondern – von sehr verschiedenen Autoren – *auf Erden geschrieben,* wie es recht unbefangen besonders die Briefe des Paulus und der Beginn des Lukasevangeliums bezeugen. Daraus folgt: die Bibel ist nicht ohne Mängel und Fehler, Verhüllung und Vermischung, Beschränkung und Irrtum; jedenfalls eine höchst vielfältige Sammlung von *Dokumenten des Glaubens,* die Gottes Offenbarung und Wort nicht einfachhin *sind,* wohl aber Gottes Offenbarung und Wort in menschlicher Form *bezeugen*: in den vielen menschlichen Worten das eine Wort Gottes.

Hätte man sich an diese ursprüngliche Auffassung der Bibel von sich selbst gehalten, wären der Christenheit *viele Konflikte* mit der Naturwissenschaft (seit Kopernikus und Darwin) und mit der Historie (seit der Aufklärung) *erspart geblieben*! 200 Jahre historisch-kritische Erforschung der Bibel haben deutlich werden lassen, daß nicht Unfehlbarkeit und Irrtumslosigkeit der Autoren die Wahrheit garantieren, sondern daß die Wahrheit des Inhalts, des Zeugnisses, daß die Botschaft für sich selbst stehen muß. Sie bedarf keiner »äußeren« göttlichen Legitimation, sondern legitimiert sich aufgrund des Zeugnisses »von innen« her selbst – inspiriert und inspirierend zugleich.

Es sei wahrhaftig nicht bestritten, daß auch der Koran inspiriert und inspirierend gewirkt hat und wirkt. Er ist nicht nur, wie von Religionswissenschaftlern analysiert, ein Zeugnis des 7. Jahrhunderts, sondern für ungezählte Menschen ein Dokument des 20. Jahrhunderts, eine keineswegs tote, sondern eine höchst lebendige, nicht nur literarische, sondern zugleich religiöse Ur-Kunde: ein Buch jedenfalls nicht nur zum Studieren und Analysieren, sondern zum Leben und Handeln, und dies nicht nur in Fragen des Glaubens, sondern auch des Rechts und der Sitten.

Doch gerade wenn man als Christ dem Koran *religiöse Transzendenz* nicht abspricht, wird man doch vielleicht auch – selbst wenn diese Problematik traditionellen Muslimen zunächst ähnlich bedrohlich vorkommt wie die Parallelproblematik traditionellen Christen – die Frage nach der *historischen Kontingenz*, der geschichtlichen Bedingtheit, des Koran stellen dürfen. Gewiß: die westliche Religionswissenschaft hat den Koran als gegenwärtig lebendiges religiöses Dokument nicht ernst genug genommen, aber dürfen deshalb alle Einsichten dieser Wissenschaft in historische Genese, literarische Struktur und gesellschaftlichen Kontext des Koran als westlich-»imperialistische« Untergrabung des muslimischen Glaubens diskreditiert oder als für gläubige Muslime völlig irrelevant abgetan werden?

Es mag zur Warnung dienen: Sowohl im Judentum (Spinoza) wie im Katholizismus (Richard Simon) als auch im Protestantismus (Reimarus, Lessing) hat man auf die Dauer vergeblich versucht, die historische Kritik an der Bibel gewaltsam zu unterdrükken. Sollte es etwa möglich sein, auf die Dauer die historische Kritik am Koran zu unterdrücken, die heute nicht nur von westlichen Gelehrten, sondern auch von vielen Hindus und Buddhisten geteilt wird – und dies angesichts Tausender intelligenter und kritischer muslimischer Studenten, die an ausländischen Universitäten studieren? Werden westliche Bücher über den Islam nicht von den Muslimen mehr gelesen, seitdem sie mehr Empathie und Sympathie für den Islam zeigen? Und sind die Zweifel an dem vom Himmel gefallenen Buch unter muslimischen Intellektuellen nicht sehr viel weiter verbreitet als vom offiziellen Islam zugegeben und geduldet wird? Wenn nicht alles täuscht, so droht auch im Islam für den Glauben an eine Verbalinspiration des Koran langfristig das zu zerbrechen, was in der Wissenssoziologie die »Plausibilitätsstruktur« genannt wird: die Voraussetzung für den Glauben breiter Massen.

Von der Bibelkritik zur Korankritik

Nach islamischem Selbstverständnis hat Muhammad den Koran direkt von Gott empfangen: Gottes Wort, bei welchem sich die Frage eines jüdischen oder christlichen Einflusses gar nicht stellt, nicht stellen darf. Diese Überzeugung ist schon deshalb ernst zu nehmen, weil ungezählte Generationen Kraft, Mut und Trost im individuellen wie im sozialen Leben daraus gezogen haben. Zumindest dies dürfte der historischen Wirklichkeit entsprechen, worauf die muslimischen Gelehrten größtes Gewicht legen: daß Muhammad – obwohl kaum Analphabet – die *Bibel* weder selbst gelesen hat noch sich je vorlesen ließ. Gab es doch damals, wie wir hörten, überhaupt keine arabische Bibelübersetzung und wäre doch sonst manches, was sich im Koran auf die Bibel bezieht, klarer, genauer und weniger fragmentarisch präsentiert worden.

W. M. Watt hat in seiner großen Islam-Darstellung (1980) in Würdigung von Muhammads Charakter herausgearbeitet, daß dieser glaubensmäßig ganz davon überzeugt war, zwischen Allahs Offenbarungen und seinen eigenen Gedanken unterscheiden zu können. Doch viele (und vielleicht die grundlegenden) Fragen sind hier noch offen. Schon früh hatten die jüdischen Gelehrten *Abraham Geiger* (»Was hat Mohammed aus dem Judenthume aufgenommen?«, 1833) und *Hartwig Hirschfeld* (»Jüdische Elemente im Koran«, 1878) des Propheten Abhängigkeit vom Judentum nachzuweisen versucht. Aber erst in allerjüngster Zeit hat man die hochentwickelten Instrumente und Techniken der Bibelkritik in den Dienst einer formgeschichtlichen Analyse des Koran gestellt. Nach des britischen Arabisten *John Wansbrough* revolutionären »Quranic Studies« (1977) wäre der Koran vor allem eine – bestimmte Sprüche des Propheten auslegende – Bildung der Gemeinde (aus verschiedenen Traditionen nach biblischen Mustern gearbeitet), und der Kanonisierungsprozeß hätte nahezu 200 Jahre gedauert (»The Sectarian Milieu«, 1978). Nach der Untersuchung eines anderen britischen Arabisten – *John Burtons* »The Collection of the Qur'ān« (ebenfalls 1977 erschienen) – ginge der heutige Korantext auf den Propheten selbst zurück. *Günter Lülings* »Wiederentdeckung des Propheten Muhammad« (1981), die auf seiner früheren These »Über den Ur-Qur'ān« (1974) basiert, will im Koran sogar vorislamische christliche Strophenlieder entdeckt haben, um so zwischen einem christlich-arabischen Ur-Koran, einem Koran des Propheten, und dem (heute geltenden) nachprophetischen Koran zu unterscheiden. Hypothesen über Hypothesen in einer Diskussion, die sich, wie bisweilen die Erforschung der Bibel, in Extremen zu bewegen scheint... Solider und vorsichtiger als sie alle scheinen *Angelika Neuwirths* akribische »Studien zur Komposition der mekkanischen Suren« (1981) zu sein; an der Formgeschichte alttestamentlicher Bibelwissenschaft geschult, können sie nachweisen, daß jedenfalls die mekkanischen Suren für die liturgische Rezitation vom Propheten selber zusammengefügt wurden und daß hinter dem jetzigen Textstand ein einheitlicher Gestaltungswille steht, man also nicht mit einem bloßen Redaktor auskommt, der »mit Schere und Leim« Varianten zusammengeklebt hätte.

Diese Diskussion dürfte noch lange anhalten. Die Rolle von Muhammad bei der Entstehung des Koran wird sich kaum ausschalten, freilich auch der frühe Einfluß *mündlicher Überlieferung* aus dem Judentum und dem Christentum kaum verleugnen lassen. Wohlinformierte Muslime werden es kaum bestreiten:

1. Verbindungen bestanden zur Zeit Muhammads nicht nur zur christlichen Großmacht Byzanz, sondern auch zu Juden und Christen in Nachbarterritorien, auf der arabischen Halbinsel selbst, ja sogar in Mekka und Medina;

2. der Koran selbst nimmt immer wieder auf biblische Figuren Bezug: neben Abraham (und zwei altarabischen Propheten!) vor allem auf die anderen drei großen »Propheten« Noah, Mose und Jesus, aber auch auf David, Salomo, Jona, Johannes den Täufer und die Jungfrau Maria. Konnte dies alles Muhammad nicht auch schon *vor* seinem Offenbarungserlebnis bekannt und wichtig gewesen sein?

Islamischem Glauben kann es somit nur helfen, wenn sich auch islamische Gelehrte der Problematik anzunehmen beginnen: Schon 1958 hatte der Pakistani *Fazlur Rahman* in einem bedeutenden Buch »Prophecy in Islam« deutlich gemacht, daß auch im klassischen Islam die Auffassungen bezüglich dieser Frage nicht so monolithisch waren, wie es oft dargestellt wurde. Und in seinem neuesten Buch »Major Themes of the Qur'ān« (1980) stellt Rahman, jetzt Professor an der University of Chicago, den koranischen Befund so dar:

Nach den ältesten Berichten hatte Muhammad um das vierzigste Lebensjahr, vorbereitet durch einen längeren Entwicklungsprozeß, eines oder mehrere echte ekstatische Erlebnisse: vor allem die Erfahrung von seiner Berufung, die er (wie auch die alttestamentlichen Propheten) nicht angestrebt hatte. Dem Berufungserlebnis folgten weitere Offenbarungserlebnisse, die Muhammad durch den »Geist« oder »geistigen Botschafter« (der manchmal mit Gabriel identifiziert wird) in seinem »Herzen«, also in seinem Innersten erfuhr; erst die spätere Orthodoxie hat diese innere geistige Erfahrung, die vielleicht von somatischen Phänomenen begleitet war, in der Gestalt eines öffentlich erscheinenden Engels (oder einer Stimme) verobjektiviert. Zweifellos hatte Muhammad seine Einsichten im Laufe seiner weiteren Tätigkeit in Mekka und Medina ausgestaltet (regelmäßige Gemeinschaftsgebete und Almosensammlung haben aber sicher ebensoviel wie seine Verkündigung zu der für die muslimische Gemeinschaft typischen Solidarität beigetragen). 23 Jahre hat so die Offenbarung des Koran gedauert. Rahman stellt schließlich fest: »Es besteht kein Zweifel, daß, wo auf der einen Seite die Offenbarung von Gott ausging, sie auf der anderen Seite innig verbunden war mit seiner tieferen Persönlichkeit« (S. 100).

Wie immer man die Frage nach der Entstehung des Koran beantworten mag, wichtig ist, daß heute auch nach einer wissenschaftlich reflektierten muslimischen Auffassung das *Gotteswort des Koran* zugleich als das *Menschenwort des Propheten* verstanden werden muß. Die Problematik stellt sich also bezüglich des Koran ähnlich wie bezüglich der Bibel. Das heißt: es stellt sich die unbequeme, aber doch auch unumgängliche Frage: Wenn schon historische Bibelkritik (zugunsten eines zeitgenössischen biblischen Glaubens) – warum nicht auch (zugunsten eines der heutigen Zeit angemessenen muslimischen Glaubens) eine historische *Korankritik*?

An diesem schwierigen, aber grundlegenden Punkt des Offenbarungsverständnisses müßten Christen und Muslime heute weiterreden (dafür bräuchten wir in Zukunft nicht nur christliche Islamwissenschaftler, sondern auch – was es bisher kaum gibt – muslimische Christentumswissenschaftler). Wir werden im christlich-islamischen Dialog nicht wirklich weiterkommen, wenn wir uns nicht über das für die Anwendung historisch-kritischer Instrumentarien erforderliche *Wahrheitsverständnis* Rechenschaft geben. Jedermann weiß: es gibt zur Zeit in verschiedenen islamischen Ländern mächtige Re-Islamisierungsbestrebungen. Über sie wird noch zu reden sein. Vielleicht ist es auf längere Sicht doch nicht ganz und gar ausgeschlossen, daß in einem selbstbewußteren Islam, der doch in vielfacher Hinsicht westliche Wissenschaft und Kultur aufzuarbeiten versucht, mit der Zeit auch eine historisch-kritische Erforschung des heiligen Buches gestattet und realisiert wird. Was meint *historisch-kritisches Koranverständnis*?

- Der Koran nicht verstanden als Sammlung fixer Formeln, starrer Doktrinen, unveränderlicher Rechtssätze; als ob der Koran ohne Rücksicht auf Zeit, Ort, Personen ungeschichtlich weitertradiert werden könnte. Auf die Historie kann nicht verzichtet werden! Dies wäre ein *unkritisch dogmatisches* Verständnis des Koran – sei es nun muslimischer oder christlicher Provenienz.
- Der Koran aber auch nicht verstanden als ein Fluß ständig wechselnder Interpretationen je nach Zeit, Ort und Personen; als ob die Bedeutung des Koran nichts anderes sei als die Geschichte seiner Bedeutungen. Auf Kritik kann nicht verzichtet werden! Dies wäre ein *unkritisches phänomenologisches* Verständnis – sei es nun christlicher oder muslimischer Provenienz.

- Vielmehr der Koran verstanden als eine in liturgischer Rezitation immer wieder neu vernommene, *lebendige Botschaft*: als das große *prophetische Zeugnis* von dem einen und einzigen mächtigen und barmherzigen Gott, dem Schöpfer und Vollender, seinem Gericht und seiner Verheißung. Ein konstantes Zeugnis, das in immer erneuerter Gestalt, je nach Zeit, Ort und Personen, variabel, weitergegeben werden darf und soll, um so gerade heute bestimmte Konflikte mit Naturwissenschaft, Historie und auch mit modernem Ethos und Rechtsbewußtsein unzweideutig und konstruktiv zu lösen. Das wäre das *historisch-kritische* Verständnis muslimischer oder christlicher Provenienz, das keineswegs im Widerspruch zu einer gläubigen positiven Grundeinstellung zur jeweiligen Religion stehen muß.

Ich weiß, die Distanz zwischen der modernen Einstellung zur Bibel und der traditionellen Einstellung zum Koran ist zunächst immens. Aber sie ist, so möchte ich hoffen, doch nicht auf Zeit und Ewigkeit unveränderbar und unüberbrückbar. Die Konvergenz scheint mir – um der Erneuerung des Islam, der Verständigung zwischen Islam und Christentum und des Weltfriedens willen! – notwendig und keineswegs von vornherein ausgeschlossen.

Jede der drei großen nahöstlichen Religionen, so pflegt die islamische Theologin Riffat Hassan zu sagen, hat einen bestimmten neuralgischen Punkt, der für sie selbst nicht »negotiable«, für die beiden anderen aber nicht akzeptabel ist: Für das Judentum ist dies die einzigartige Auswählung Israels als *Volk Gottes* (mit Landverheißung), für das Christentum die Lehre vom Christus als dem *Sohn Gottes,* für den Islam aber die Lehre vom Koran als dem *Wort Gottes.* Aber – so dieselbe pakistanische Theologin (jetzt an der University of Kentucky) – über diese Fragen muß gesprochen werden können. Und dieser Versuch einer ersten christlichen Antwort hat vielleicht eines deutlich gemacht: wie sehr gerade bezüglich dieser Punkte ein theologisches Gespräch überfällig ist.

II. Sunniten und Schiiten: Staat, Recht und Kultus

1. Josef van Ess: Islamische Perspektiven

Ein welthistorischer Erfolg und seine Mängel

Es ist schwer zu sagen, wieweit schon Muhammad selber daran gedacht hat, den Islam über die Arabische Halbinsel hinauszutragen. Als aber nach seinem Tode die von ihm geschaffene Einheit der arabischen Stämme wieder zu zerfallen drohte, war diese Idee der beste Weg, die Energien abzuleiten. Immer schon hatten arabische Nomaden Übergriffe auf das Kulturland in Syrien und im Irak unternommen. Aber nun half ihnen die Gunst des Augenblicks: Byzanz und Iran hatten sich in mörderischen Kriegen gegenseitig erschöpft; Byzanz, der Sieger der letzten Auseinandersetzung, besaß zudem wegen seiner unglücklichen Religionspolitik kaum Rückhalt in der einheimisch-orientalischen, meist »häretischen« Bevölkerung. Hinzu aber kam gewiß, daß die Araber diesmal nicht nur Beute machen wollten; sie trugen eine Botschaft. Und so blieben sie – in vielen Ländern bis heute. Die Expansion vollzog sich in mehreren Wellen; in weniger als einem Jahrhundert war sie im großen und ganzen abgeschlossen.

Rückschläge wurden kaum wahrgenommen. Daß Karl Martell bei Tours und Poitiers einen arabischen Stoßtrupp aufhielt, wird nur in europäischen Schulbüchern mit Befriedigung notiert; in arabischen Quellen steht gar nichts darüber, man hatte längst die Übersicht verloren. Ebenso waren die Kreuzzüge für die Muslime lokale Ereignisse in einem Gebiet, das ohnehin von streitenden Kleinfürsten zerrissen war; Glaubenskriegatmosphäre kam lange nicht auf, und zum Symbol wurden sie erst, als die Araber in unserem Jahrhundert die Parallelen mit dem europäischen Kolonialismus und der israelischen Expansionspolitik entdeckten. Die Reconquista brachte wirklichen Verlust; aber Spanien hatte für das islamische Selbstverständnis immer etwas am Rande gelegen. Traumatische Wirkung hatte nur der Mongolensturm. Damals, im Jahre 1258, wurde Baghdad zerstört und der letzte Kalif ermordet, damals gerieten weite Gebiete, die man als die islamischen Kernlande betrachtete, für etwa zwei Generationen unter nichtislamische Herrschaft – die Mongolen waren Schamanisten oder Buddhisten, manche von ihnen, vor allem die Frauen am Hofe, auch nestorianische Christen. Aber um die Wende zum 14. Jahrhundert bekehrten auch sie sich zum Islam (zumindest diejenige Dynastie, die sie in Iran gegründet hatten), und Wissenschaft und Theologie blühten wie selten zuvor. Das Osmanenreich schob dann noch einmal die Grenzen, vor allem auf Kosten des Christentums, weit nach vorn. Von da ab bis ins 19. Jahrhundert hinein hatten die Muslime, ähnlich wie China, wenig Grund, sich nicht als den Mittelpunkt der Welt zu fühlen.

Dennoch war da etwas, das dieses Bild von Anfang an trübte. Nicht so sehr die Tatsache, daß drei der ersten vier Kalifen, die alle noch zu den engsten Gefolgsleuten des Propheten gehört hatten, von ihren eigenen Glaubensgenossen ermordet wurden; das war in einer Welt, die noch ganz in den Vorstellungen der Blutrache lebte, wohl zu normal, um als Menetekel verstanden zu werden. Wichtiger war, daß man sich über die Rechtmäßigkeit dieser Kalifate nie einigen konnte; eine wichtige und sehr hartnäckige Minderheit hatte den Eindruck, daß von Anfang an, mit dem Augenblick von Muhammads Tod, etwas »schiefgelaufen« sei.

Das hing damit zusammen, daß der Prophet selber keinen Nachfolger hinterlassen hatte; seine Söhne waren im Kindesalter gestorben, und aus unklaren Gründen hatte er sich gescheut oder es nicht für nötig gehalten, einen Stellvertreter zu ernennen. Die Wahl des ersten Kalifen vollzog sich in der Tat etwas abrupt: wichtige Leute waren nicht anwesend oder wurden ausmanövriert. Der eigentliche, tiefere Gegensatz brach jedoch später auf; es ging weniger um den Widerstreit aktueller politischer Interessen als um divergierende Geschichtsbilder. Geschichtsbilder sind ideologieanfällig, und Ideologie bedeutete damals: Religion. So hat diese Divergenz der Geschichtsbilder zur wichtigsten Spaltung im Islam geführt; ich spreche von Sunna und Schia.

Die verschiedenen Geschichtsbilder

Sunniten und Schiiten gibt es bekanntlich bis heute. Die Schiiten bilden etwa 7 Prozent der muslimischen Gesamtbevölkerung; die meisten von ihnen leben in Iran. Diese geographische Trennung ist jedoch verhältnismäßig jung; erst mit dem Aufkommen des Safavidenreiches zu Beginn des 16. Jahrhunderts wuchsen die schiitischen Zellen, die es in Persien, aber auch anderswo, von Anfang an gegeben hatte, unter dem Druck der schiitischen Dynastie zu einem geschlossenen Ganzen zusammen. Viel weniger bekannt ist, daß auch in Irak mehr als die Hälfte der Bevölkerung schiitisch ist; was im Iran, als Symbol der Einheit und der Identität, herausgestellt wird, wird im Irak, als Symbol der Spaltung, verschwiegen.

Im Grunde können beide »Konfessionen« recht gut zusammenleben und haben dies auch über Jahrhunderte hinweg häufig getan. Sie erkennen sich, wie das so ist, an Kleinigkeiten: an Abweichungen im Gebetsruf oder bei der religiösen Waschung – so wie Katholiken und Protestanten sich bis vor kurzem durch den Rosenkranz unterschieden oder den abweichenden Text des Vaterunsers. Natürlich erkennen sie sich auch an den Namen: Wie man bei uns, wenn jemand Alois oder Ignaz oder Josef heißt, sofort weiß, wohin er gehört, so kann man bei Muslimen fast sicher sein, daß jemand, der sich Abū Bakr oder ʿUmar oder ʿUthmān nennt, Sunnit ist.

Aber damit sind wir schon weg vom Schibboleth, beim Nerv der Sache, der Geschichte. Abū Bakr, ʿUmar und ʿUthmān waren nämlich die ersten drei jener vier Kalifen, mit denen die islamische Geschichte beginnt. Nach sunnitischer Auffassung waren sie allesamt, wie man sagt, »rechtgeleitet«, zusammen mit dem vierten, ʿAlī, mit dem diese Epoche idealer Herrschaft, ein trotz aller Wechselfälle goldenes Zeitalter, abschließt; alle vier waren, so sagen die Sunniten, rechtmäßig gewählt, und Wahl ist für die Sunniten über Jahrhunderte hinweg in der Theorie der einzige oder zumindest der ehrenwerteste Modus der Nachfolgeregelung geblieben. Nach schiitischer Vorstellung dagegen kam nur dem vierten Kalifen, ʿAlī, die Herrschaft rechtens zu; er hätte von vornherein zum Nachfolger des Propheten ernannt werden sollen und wurde nur durch politische Intrige ausgeschlossen. Rechtmäßiger Nachfolger aber war er nicht aufgrund der Wahl – denn diese war ja zuerst gar nicht auf ihn gefallen –, sondern weil er der engeren Familie Muhammads angehörte; er hatte Muhammads Tochter Fāṭima geheiratet, und die beiden Söhne, die er von ihr hatte, sollen dem Propheten als Enkel besonders lieb gewesen sein. Es geht hier also nicht nur um Personen, sondern vor allem um das Problem der Legitimation. Die blutmäßige Zugehörigkeit zum Hause des Propheten, die in den Enkeln und deren Nachfolgern durchschlug, galt in der Schia mehr als die Zustimmung seitens der Mehrheit der Urgemeinde, die in der Wahl zum Ausdruck gekommen war. Schia heißt »Partei«; gemeint ist die Partei ʿAlīs.

Man muß sich fragen, warum diese Meinungsverschiedenheit sich so tief eingeschliffen hat. Natürlich war das Problem wichtig; aber der historische Augenblick, in dem es wichtig war, liegt immerhin fast 1400 Jahre zurück. Nur: es war ein Augenblick, der in eine Zeit fiel, in der alles noch paradigmatischen Charakter besaß, und eine Entscheidung, die gefällt wurde von Menschen, welche die Intentionen des Propheten noch gekannt hatten. Der Umgang mit der Macht war damals nicht wertneutral; wer sich ihrer falsch bediente, beging eine Sünde. Das aber hing damit zusammen, daß die Muslime von Anfang an überhaupt imstande waren, machtpolitische Entscheidungen zu treffen; schon der Prophet hatte in Medina Gelegenheit gehabt, ein Gemeinwesen zu gründen und nach seinen Vorstellungen zu formen. Oder besser: nach den Vorstellungen *Gottes*; denn die Ordnungsprinzipien hatten sich als Offenbarungen niedergeschlagen, sie standen im Koran. Der Koran redet nicht in Gleichnissen wie die Evangelien; er gibt konkrete Vorschriften. Der Islam ist eine Gesetzesreligion; er richtet die Menschen nicht allein auf das Jenseits aus, sondern greift bis ins Detail gestaltend in das Diesseits ein. Er ist *auch* von dieser Welt. Er kennt keine Trennung von weltlich und geistlich; er ist, wenn man so will, totalitär. Das Christentum wurde in ein Weltreich hineingeboren; hier konnte und mußte man wohl dem Kaiser geben, was des Kaisers ist. Der Islam hat sich dieses Weltreich selber schaffen können, und seine Anhänger sind Gott dafür verantwortlich, wie sie es verwalten.

Dieser Auftrag wurde nach schiitischer Ansicht in einem entscheidenden Punkt bereits von der Urgemeinde mißachtet. Zwar kamen die Dinge für kurze Zeit noch einmal ins Lot, als ʿAlī das Kalifat übernahm. Aber er wurde bald ermordet, und seine Nachkommen (zumindest die aus der für die iranische Schia wichtigen Linie) konnten nie mehr die Macht für sich gewinnen. Zwar lebten ihre Anhänger in steter Opposition zur Obrigkeit; ideell gesehen hatten sie ihr eigenes Oberhaupt, zu dem sie aufschauten: den Imām. Aber während sie zu Anfang glaubten, daß der Imām sich in der Rebellion erweisen müsse, neigte die Mehrheit doch bald dazu, ihm – und sich selber – gefährliche Experimente zu erlassen; wichtig war nur, daß jede Generation einen solchen Repräsentanten aus der Familie Muhammads besaß, der von seinem Vater ernannt war (und deswegen wieder nur aus einer bestimmten Linie kommen konnte) und der das Erbe weitertrug. In der Mitte des 3. Jahrhunderts der Hijra (Mitte des 9. Jahrhunderts) brach dann auch diese Reihe ab; der zwölfte Imām ist angeblich in einem Keller in Sāmarrā, der Abbasidenresidenz bei Baghdad, verschwunden. Aber er ist nach schiitischem Glauben nicht gestorben; er lebt verborgen weiter und wird am Ende der Zeiten wiederkehren – als der Mahdī, der Messias, der jenes Reich der Gerechtigkeit auf Erden aufrichten wird, das die Mehrheit der Muslime schon unmittelbar nach dem Tode des Propheten verfehlte.

Aus dem Scheitern des Anfangs wuchs also Utopie; Geschichte ist für die Schiiten lange Zeit nicht Bestätigung gewesen, sondern nur Enttäuschung, Frustration. Sie sind darum diejenigen unter den Muslimen, die Sinn für das Leiden entwickelt haben; den Sunniten, für die alles recht gelaufen ist, ist nur allzuleicht der Blick für die dunklen Seiten des Lebens verstellt. Macht trägt für die Schiiten das Odium der Usurpation; man lebt an ihr vorbei und wartet auf bessere Zeiten. Diejenigen aber, denen in diesem Attentismus die Geduld riß, die Aktivisten und Revolutionäre, die es immer *auch* gab, sie formulierten ihre Programme in chiliastischen Kategorien; sie versuchten, den Messias herbeizuzwingen.

Das änderte sich bis zu einem gewissen Maße, als in Iran die Schia zur Staatsreligion wurde. Aber der Mahdī war ja immer noch nicht gekommen; in der Verfassung, die unter dem Schah Gültigkeit besaß, sah ein Artikel den Rücktritt des Herrschers vor, wenn der verborgene Imām wiederkehre. Statt dessen kam dann Khomainī, und der Schah mußte auch jetzt gehen. Aber Khomainī war nicht der verborgene Imām. Unser Bild ist noch nicht vollständig; wir müssen von der Rolle der Religionsgelehrten reden.

Die Verwaltung der Macht und das Recht

Damit kommen wir zuerst einmal wieder auf die Sunniten zurück. Denn mag auch für die Sunniten die Geschichte letzten Endes richtig verlaufen und Macht darum legitim und von Gott gegeben sein, so ist doch selbst für sie der Kalif nicht weltliche und geistliche Autorität zugleich; er ist kein Gottkönig, und er ist nicht Papst und Kaiser in einer Person. Zwar heißt Kalif, wörtlich übersetzt, »Nachfolger« oder »Stellvertreter« des Propheten; aber auf die Dauer haben die Kalifen doch vom Propheten nur die Rolle des Herrschers behalten, nicht die des Gesetzgebers und erst recht nicht die eines Empfängers oder Interpreten von Offenbarung.

Der Herrscher hat, zumindest in der Theorie, keine jurisdiktionelle Gewalt; es hat im Islam nie so etwas gegeben wie den Codex Justinianus oder den Code Napoléon. Der Kalif war dazu da, dem Gesetz Geltung zu verschaffen; aber wie er es anzuwenden habe, das erfuhr er – wiederum der Theorie nach – von anderen. Diese anderen waren die ʿUlamāʾ, Kenner des religiösen Rechts, ein Klerus, wenn man so will, aber auf eine von der unseren ganz verschiedene Art: Laien, nicht ordiniert oder geweiht, im Grunde auch kein Stand für sich, sosehr sie sich häufig als solcher gebärden. Im Mittelalter hatten diese Religionsgelehrten häufig einen ehrbaren Beruf, waren Kaufleute oder Handwerker; im Prinzip ist dies auch heute noch möglich. Wenn sie Glück hatten und sich nicht scheuten, vom Staat abhängig zu werden, wurden sie Richter; seitdem es religiöse Hochschulen gab – die Azhar ist bekanntlich bereits im 10. Jahrhundert, lange vor den europäischen Universitäten, gegründet –, übernahmen sie in steigendem Maße Lehrstellen, die vom Staat oder durch religiöse Stiftungen bezahlt wurden.

Die eigentlichen Nachfolger des Propheten waren, so könnte man sagen, die Professoren für kanonisches Recht. Sie waren unentbehrlich; denn das Recht war, wie das so ist, kompliziert geworden. Das gilt für den sunnitischen und den schiitischen Islam in gleicher Weise; was den Sunniten ihre ʿUlamāʾ, sind den Schiiten ihre Mollas oder, neuerdings, ihre Ayatollahs. Man mag »Geistliche« in ihnen sehen; aber in jedem Fall sind es Geistliche ohne eine Kirche, zumeist auch Geistliche ohne eine feste und klar überschaubare Hierarchie. Der Islam ist eine Religion ohne Lehrautorität.

Kompliziert nun wurde das Recht, weil die koranische Basis nicht ausreichte. Der Koran enthält zwar eine große Anzahl von Geboten und Verboten; aber er ist kein Gesetzbuch. Er fußt auf der Rechtsordnung jener Gesellschaft, in welche die Offenbarung hineingegeben wurde. Er korrigiert sie in Einzelheiten, etwa im Erbrecht oder im Eherecht, und er ergänzt sie um völlig neue Bereiche, etwa den des Kultes und des Rituals; aber er setzt vieles als selbstverständlich voraus. Es dauerte nicht lange, bis manches davon nicht mehr selbstverständlich war; die schnelle Ausbreitung des Islam, der Übergang zur Seßhaftigkeit und der enge Kontakt mit den Hochkulturen, vor allem auch die enorme Bereicherung und das Herrenleben schufen ganz neue soziale Verhältnisse und Probleme. Man brauchte Erklärungshilfen, und man entnahm sie der Tradition.

Auch diese *Tradition* wurde nicht als säkular empfunden, sondern als religiös; man führte sie auf den Propheten zurück. Das Vorbild Muhammads und seiner vortrefflichsten Anhänger sollte jene Lücken schließen, die der Koran gelassen hatte; Tausende von Aussprüchen und Berichten wurden im Laufe der Zeit gesammelt, um jeden einzelnen Fall des täglichen Lebens zu erfassen und exemplarisch zu regeln, von der Politik bis zur Hygiene, vom Geschäft bis zu den Tischsitten. Tradition nun, »Brauch«, heißt auf Arabisch *sunna;* und die Sunniten tun sich viel darauf zugute, daß nur sie es seien, die die Tradition des Propheten verwalten. Das stimmt aber nicht; auch die Schia glaubt an die Tradition. Nur definiert sie diese etwas anders.

Tradition und juristische Methode

Mit diesen Tausenden und Abertausenden von Aussprüchen stellte sich nämlich die Frage nach ihrer Echtheit, nach dem Wahrheitskriterium. Hier aber trafen die Muslime, und zwar Sunniten und Schiiten gleichermaßen, eine sehr charakteristische Entscheidung: Die Wahrheit eines Diktums erkennt man nicht aus seinem Inhalt, seiner inneren Logik oder seiner Übereinstimmung mit dem »System«, sondern man erkennt sie aufgrund der Glaubwürdigkeit der Person, die diesen Ausspruch weitergibt. Eine Wahrheit per Handschlag sozusagen, nicht diskursiv erschlossen oder überredend gepredigt, sondern geschenkt als Vertrauensvorschuß, mit dem Vertrauen von Kaufleuten in einer überschaubaren Gesellschaft. Damit aber hing alles an jenen »boni homines«, denen man Vertrauen schenkt, den Überlieferern, an ihrer moralischen und religiösen Unbescholtenheit, wie man Vertrauenswürdigkeit vor allem verstand.

In diesem Punkt unterschieden sich Sunniten und Schiiten fundamental. Denn die Schiiten gingen ja davon aus, daß schon die Urgemeinde den falschen Weg gegangen sei; die meisten Prophetengenossen hatten sich gegen den einzig richtigen Nachfolger entschieden und damit eine schwere Sünde begangen. Die Mehrzahl derer, die einen Ausspruch des Propheten hätten hören und weitergeben können, war also nicht mehr unbescholten; man mußte die Tradition beschränken auf die Prophetenfamilie, ja mehr noch, auf jene ihrer Mitglieder, die sich zu ʿAlī bekannt hatten. De facto beschränkte man sie auf die Imāme. Die Reihe der Imāme aber brach ab, wie wir hörten; für die Schia war damit auch die lebendige Tradition abgeschnitten. In der Sunna dagegen gewann sie von Generation zu Generation weitere Verbreitung.

Aber ich bin immer noch nicht wieder bei Khomainī. Das islamische Recht ist, so sahen wir, materialiter ein göttliches Recht, das durch die prophetische Tradition ergänzt wird. Die Religionsgelehrten schaffen ebensowenig aus eigener Machtvollkommenheit neue Gesetze wie der Kalif; sie interpretieren und kombinieren nur. Hier aber haben oder hatten sie einen beachtlichen Spielraum; ihnen ist das »System« zu verdanken. Das islamische Recht ist also auch, und zwar in extremem Maße, ein »Juristenrecht«, nur daß diese Juristen sich weniger an praktischen Bedürfnissen orientierten als an religiösen und moralischen Ideen. Wichtig ist darum für uns neben dem Material auch die Methode, und noch einmal unterscheiden sich Sunna und Schia. Zwei Instrumente haben die Juristen ausgebildet, um das Material den stets neuen Anforderungen anzupassen: den Konsens und den Analogieschluß. Der Konsens bestätigte, daß ein gewisser Usus von den Juristen einer bestimmten Generation praktiziert oder gutgeheißen wurde, und machte ihn für die Zukunft verbindlich; der Analogieschluß erlaubte die parallele Behandlung der im Grundmaterial nicht geklärten Fälle und ermöglichte somit in rationalem Rahmen eine freie Rechtsfindung. Beides widersprach sich ein wenig; was einmal als Konsens verfestigt war, konnte nicht wieder durch freie Rechtsfindung aufgebrochen werden.

In der Tat haben Sunniten und Schiiten hier die Akzente anders gesetzt. Der Konsens stand bei den Schiiten nicht hoch im Kurs; schon in der Urgemeinde hatte sich ja gezeigt, daß die Wahrheit ebensogut bei einer kleinen Minderheit liegen kann. Bei den Sunniten dagegen ist es durch fortwährende, geographisch leicht abweichende Konsensbildungen zu Rechtsschulen gekommen, die die freie Rechtsfindung zugunsten der betreffenden Schulmeinung immer mehr einschränkten und schließlich ganz zum Erliegen brachten. Die sunnitischen Juristen waren darum auf die Dauer weniger innovatorisch; das paßt zu ihrer Obrigkeitstreue. Die schiitischen Juristen dagegen behielten das Prinzip der freien Rechtsfindung bei und waren darum beweglicher; da sie den Staat ablehnten, konnten sie ungestört dem Glauben leben, mit ihrer juristischen Theorie das Vermächtnis des verborgenen Imām zu verwalten und seine Wiederkehr vorzubereiten. Lange Zeit haben sie daraus quietistische Konsequenzen gezogen; der Imām ist noch nicht da, also sind ideale Zustände ohnehin nicht herzustellen. Vor zwei

Generationen aber wurde in Iran daneben eine aktivistische und revolutionäre Interpretation entwickelt: Wenn die Religionsgelehrten selber die Macht übernehmen, dann ist der Imām zwar immer noch nicht da, aber man ist seinen Intentionen etwas näher gerückt. Mehr als je bei einem sunnitischen Kalifen wären dann weltliche und geistliche Macht in einer Hand vereint. Womit wir dann doch bei Khomainī angekommen wären.

Theonomes Gesetz, weltlicher Staat und individuelles Gewissen

Zugegeben, dieser Ausflug zu Khomainī hat uns viel Zeit gekostet. Aber juristische Dinge sind nun einmal zentral im Islam; was dem Christen die Theologie, ist dem Muslim das religiöse Recht. Damit ist mehr bezeichnet als der bloße Austausch einer Disziplin durch eine andere. Denn mag dieses juristische Denken im einzelnen auch gelegentlich ähnlich spekulativ sein wie bei uns die Theologie, so geht es doch der Idee nach immer davon aus, daß die Wirklichkeit nach seinen Vorstellungen gestaltet werden müsse. Darum legt ein Muslim mehr als ein heutiger Christ Wert darauf, daß auch eine Obrigkeit da ist, die seiner Religion, das heißt auch: dem Gesetz, zur Geltung verhilft; mit einem Leben in der Diaspora findet er sich nicht leicht ab. Der Staat sollte mehr sein als eine neutrale Institution, die Religionsfreiheit gewährt.

Darum ist in fast allen muslimischen Ländern der Islam Staatsreligion; manche, Pakistan zum Beispiel und neuerdings Iran, haben eine Staatsverfassung, die so weit wie möglich auf dem Koran und dem islamischen Recht aufbaut. Zwar mag der Historiker nachweisen, daß schon im Mittelalter manche Herrscher sich aus dieser Umklammerung gelöst haben und gerade in der Rechtsprechung und Gerichtsbarkeit eigene – nicht unbedingt bessere – Wege gingen, und in der heutigen islamischen Welt hat der Staat vieles von dem, was ursprünglich durch das religiöse Gesetz und dessen Vertreter geregelt wurde, in eigene Kompetenz übernommen.

Aber nur ein Mann wie Atatürk, konsequenter Laizist, der er war, hat es gewagt, einfach das Schweizer Gesetzbuch zu adaptieren; in den übrigen Islamstaaten hat die moderne Gesetzgebung, in jedem Land auf jeweils eigene Weise, auf den Fundamenten des alten kanonischen Rechts, aufgebaut. Das schließt Liberalität und Anpassung an ein verändertes Lebensgefühl, etwa im Eherecht, nicht aus; aber es rechtfertigt sich eben bis ins Detail aus religiöser Tradition und mit religiöser Beweisführung. Säkulare Freibezirke sollte es, so meint weiterhin eine starke Mehrheit, um der Ehre Gottes willen eigentlich nicht geben.

Wie sehr dies abendländisch-neuzeitlichem Denken zuwiderläuft, spüren wir am ehesten dort, wo säkulare Freiheit sich in unserer liberal-kapitalistischen Welt am ungeniertesten manifestiert: in der Wirtschaft und im Bereich des autonomen Individuums. Mit Belustigung und unverhohlener Skepsis lesen wir von Versuchen, ein zinsfreies Banksystem zu schaffen, wie sie etwa aus Pakistan berichtet werden. Das sind Skrupel, die uns nicht quälen; daß Zins Wucher sein könne, glaubt in der christlichen Welt seit dem Mittelalter niemand mehr, und ein bißchen Hemdsärmeligkeit – »salesmanship«, wie die Angelsachsen das vornehm nennen – macht den Geschäftsmann erst zu dem, was er ist. Ein Muslim dagegen weiß, daß im Koran der »Zuwachs«, wie es wörtlich heißt – der »Mehrwert«, wenn man so will –, verboten ist (vgl. Sure 2, 275), und er ist dann mit dem Problem allein gelassen, ob er darunter nur das verstehen soll, was auch wir als »Wucher« bezeichnen, oder aber jede Art von Zins. Nirgendwo steht dagegen, daß er sich an einen bestimmten Preis halten soll; wenn ein Kunde unbedingt mehr bezahlen will, warum nicht? »Ihr Gläubigen«, so heißt es im Koran, »bringt euch nicht untereinander in betrügerischer Weise (durch Wucher usw.) um euer Vermögen! Anders ist es, wenn es sich um ein Geschäft handelt, das ihr nach gegenseitigem Übereinkommen abschließt« (Sure 4,29). Der Kauf selber ist eine heilige Sache; seit Jahrhunderten hat hier das kanonische Recht das Empfinden für Statthaftes und Unzulässiges geschärft.

Im Bereich des Individuums verrät sich die unterschiedliche Axiomatik vor allem in der Auseinandersetzung um die Menschenrechte. Druck von außen, vor allem unter Präsident Carter, hat dazu geführt, daß mittlerweile eine *Allgemeine Islamische Menschenrechtserklärung* vorliegt, die, wie es dort gleich zu Anfang heißt, »sich auf den Heiligen Koran und die Sunna gründet«; sie wurde am 19. September 1981 in Paris von dem »Islamrat für Europa« verabschiedet. Aber man versteht auch, warum man bis dahin eine solche Deklaration für unnötig hielt: Hier sind nach muslimischem Verständnis im Grunde nur Sachverhalte explizit gemacht, die im religiösen Gesetz schon angelegt waren. Menschenrechte sind nichts Neues, sondern immer schon von Gott geschenkt. Allerdings sind sie eben darum auch nur durch Gottesrecht begründbar. Als Naturrechte lassen sie sich nicht konzipieren; denn ein Naturrecht kann in einem System, in dem alles auf Gott zurückgeführt wird – und zwar nicht nur im Prinzip, sondern im konkreten Einzelfall –, kaum bestehen. Wenn die Menschenrechte aber nun von Gott her definiert werden, so hat dies seine Konsequenzen. Denn Gott gegenüber kann man nicht recht behalten; da ist die einzig adäquate Haltung der Gehorsam. Mehr als ein Abendländer begreift der Muslim darum die Menschen*rechte* als Komplement zu den Menschen*pflichten*; das islamische Recht ist seit jeher eine Pflichtenlehre gewesen.

Sowenig man mit dem Begriff des Naturrechts operierte, sowenig auch mit dem einer autonomen Moral. Fragen der Ethik wurden seit jeher nicht durch Rekurs auf das Gewissen geregelt, sondern durch Verweis auf die Tradition, auf das Wort Gottes und das Vorbild des Propheten. Nur die islamischen Philosophen – Alfarabi, Avicenna, Averroes – stehen da ein wenig abseits; sie haben die Ideen der »Nikomachischen Ethik« und der platonischen »Politeia« in arabischem Gewande heimisch zu machen versucht. Aber ihre Werke wurden vergessen und erst durch die europäische Islamistik der islamischen Welt wiedergeschenkt; allein in Iran hat sich ihr Denken ohne Bruch, wenn auch in etwas theosophischer Vermummung, bis in jüngste Zeit lebendig erhalten. Natürlich waren und sind Muslime sich darüber im klaren, daß es so etwas wie ein Gewissen gibt. Aber es ist doch bezeichnend, daß das klassische Arabisch dafür keinen prägnanten Begriff kennt; nur in der Mystik finden sich Ansätze, ähnlich dem »Seelenfünklein« bei Meister Eckart. Was es nicht gibt, ist das Gewissen als autonome Instanz. Denn das Gewissen kann sich ja nur auf Gott berufen oder von ihm angerührt werden; Gott aber ist auch Urheber jener Gesetze, denen man aus Gewissensgründen den Gehorsam verweigern würde. Ein Muslim handelt nicht nach dem Gewissen, sondern nach dem Willen Gottes.

Was da die bessere Formel ist, läßt sich wohl nur schwer entscheiden. Denn der hohe Wert des Gewissens in der abendländischen Welt ist ja auch ein Indiz für den Rückzug in die Innerlichkeit, den das Christentum seit langem vollzogen hat. Wir haben uns daran gewöhnt, daß Religion Privatsache ist; mit Gott verkehrt man am besten im stillen Kämmerlein. Dort hat man ihn für sich, und vor allem: man fällt nicht auf; man übt nicht Augendienerei. Das Christentum ist eine Religion in einer säkularisierten Welt, und mittlerweile ist es wohl auch die Religion einer Minderheit. Diese Erfahrung hat der Islam bisher nicht gemacht. Aus dem Islam tritt niemand aus; das geht auch gar nicht, weil es keine Kirche gibt. Der Islam ist eine Lebensform; aus dem Islam austreten würde heißen, eine Gesellschaft verlassen. Konversionen zu fremden Religionen hat es sozusagen nie gegeben, allenfalls in einem pluralistischen Land wie – früher – dem Libanon. Wer konvertiert, kann nur emigrieren; bis vor einiger Zeit wurde Apostasie mit dem Tode bestraft. Häufig haben die Muslime die Emigration der Konversion oder Isolation vorgezogen: in Spanien, als sie – zusammen mit den Juden – vor den katholischen Königen in den Maghrib flüchteten, auf dem indischen Subkontinent, als nach dem Zweiten Weltkrieg sich Indien und Pakistan unter großen Qualen voneinander trennten. Der Christ trägt seine Religion in sich; der Muslim will sie auch um sich haben. In der abendländischen Welt ist Religion, als »religio«, zu einer mehr oder weniger persönlichen Bindung geworden; in der islamischen Welt bedeutet das entsprechende arabische Wort, »dīn«, immer noch eine Lebensführung ganzheitlicher Art, die sich an der Kontrolle von außen bestätigt.

Die Grundgebote des Islam

Dieser Unterschied würde wahrscheinlich sofort dahinschrumpfen, wenn wir statt unseres etwas blutarmen Religionsverständnisses eher orientalisches Christentum mit dem Islam verglichen. *Eine* Differenz aber bleibt auch dann bestehen: Nicht Glaubensformeln sind es, durch die ein Muslim seine Identität erfährt, sondern bestimmte Handlungen, die er in derselben Art wie sein Nächster – und meist zusammen mit ihm – vollzieht. Es gibt im Islam nichts, was dem Credo vergleichbar wäre. Statt dessen aber kennt man fünf allgemein verbindliche Grundforderungen, die sogenannten »Säulen« (arkān), von denen zumindest vier – aber eigentlich auch die fünfte – der Praxis verpflichtet sind: das tägliche Gebet, das Fasten im Monat Ramadān, die Pilgerfahrt nach Mekka, die Armensteuer und schließlich eine kurze und sehr weitgefaßte Bekenntnisformel. Es ist sehr bezeichnend, daß diese »Säulen«, bis auf eine Ergänzung in der Bekenntnisformel, von Schiiten und Sunniten gleichermaßen anerkannt werden; nicht Orthodoxie ist hier angestrebt, sondern Orthopraxie. Diese Orthopraxie beweist sich in der Öffentlichkeit in dem rituellen Gemeinschaftserlebnis mit den übrigen Gläubigen.

Der Unterschied zum Christentum zeigt sich recht deutlich bereits bei der ersten jener »Säulen«, dem *Gebet*. Weder in seiner Form noch nach seinem Zeitpunkt ist es dem Gläubigen freigestellt. Fünfmal am Tag soll er es verrichten, innerhalb bestimmter Zeitspannen, deren Begrenzung vom Sonnenstand abhängt. Es besteht nicht nur aus Worten, sondern auch aus Bewegungen, und diese Bewegungen sind bis ins kleinste geregelt. Die Worte sind stereotyp; Gebet wird »zelebriert«, es ist Liturgie, Verehrung Gottes, nicht Gespräch mit Gott. Selbst wenn man es, an Tagen außer dem Freitag, zu Hause vollzieht, ist man meist nicht allein; und wie häufig sieht man Menschen, die irgendwo auf der Straße, mitten im größten Gewühl ihren Gebetsteppich entfaltet haben! Natürlich gibt es auch das individuelle, nicht an das Ritual gebundene Gebet; aber es ist nicht vom Gesetz vorgeschrieben und kann darum das Ritualgebet nur ergänzen, niemals ersetzen.

Eklatanter noch ist die Verschiedenheit der Auffassungen bei der zweiten »Säule«, dem *Fasten*. Bei uns ist das Fasten völlig aus der Mode gekommen; selbst die katholische Kirche hat kürzlich, im Zuge der Reform, dieses Symbol mittelalterlicher Äußerlichkeit zurückgenommen. Aber auch als es die Fast- und Abstinenztage noch gab, schränkte man die Nahrung ja nur ein; im Islam dagegen enthält man sich zu dieser Zeit der Speise ganz, und nicht nur ihrer, sondern auch des Trinkens, des Rauchens und des Geschlechtsverkehrs, und dies von der Morgendämmerung bis zum Sonnenuntergang, während eines ganzen Monats, des Ramadān. Da der islamische Kalender mit einem Mondjahr arbeitet, fällt der Ramadān jedes Jahr etwa elf Tage früher; wenn er auf diese Weise in den Hochsommer gerät, ist das Fasten vor allem in den Kernländern des Islam eine »tour de force«, der nur die härtesten christlichen Asketen etwas Gleichartiges zur Seite zu stellen hatten. Moderne Europäer haben für diese Frömmigkeitsübung wenig Verständnis; und selbst Christen formulieren ihre Kritik nicht religiös, sondern volkswirtschaftlich: entkräftete, abgefastete Menschen produzieren ja nichts; die Religion steht der ökonomischen Entwicklung im Wege. Muslime zeigen sich von diesem Argument wenig beeindruckt; sie hören hier nur den Materialismus heraus. Ihnen gewährt das Ramadān-Fasten die Erfahrung muslimischer Solidarität; gerade wegen seiner Rigorosität ist es besonders stark öffentlicher Kontrolle unterworfen. Selbst unter Intellektuellen ist die Zahl derer, die es offen mißachten, nicht groß.

Diese Erfahrung muslimischer Solidarität wird ins Weltweite gesteigert bei der dritten »Säule«, der *Pilgerfahrt* nach Mekka, die jeder Gläubige mindestens einmal in seinem Leben absolvieren sollte. Ihre Riten stammen aus vorislamischer Zeit; aber kein Muslim würde sie als heidnisch empfinden – die Kaʿba wurde ja, wie wir hörten, von Abraham erbaut. Während des Hajj tritt man in einen Zustand exzeptioneller Reinheit, der sich in gewissen äußeren Formen manifestiert: durch besondere Tracht, durch Unterlassen des Waschens und des Haarschnitts usw.; in Mekka selber umschreitet man in heiliger Prozession siebenmal die Kaʿba, und schließlich zieht man hinaus vor die Stadt nach ʿArafa, wo man vom Mittag bis Sonnenuntergang verweilt, im »Stehen vor Gottes Angesicht«, wie es heißt – aber nicht allein, wie diese protestantisch klingende Formel vermuten lassen könnte, sondern in einem unvorstellbaren Gedränge, in der Gemeinschaft der Muslime.

Die vierte »Säule«, die *Armensteuer*, auch sie bereits im Koran grundgelegt, regelt die karitativen Verpflichtungen des Muslim. Jeder Gläubige ist verpflichtet, von allen Teilen seines Vermögens einen gewissen Prozentsatz ihres Wertes, und zwar zwischen zweieinhalb und zehn Prozent, zugunsten der Armen und Bedürftigen abzugeben. Wohltätigkeit hat hier nichts mit dem Gewissen zu tun, sondern sie ist Gesetz. Natürlich steht es jedem frei, darüber hinaus freiwillige Almosen zu geben, und man hat dies sehr häufig, auch in Form religiöser Stiftungen, getan; aber der Gefahr, daß das Gewissen der Reichen sich bei einer zu niedrigen Summe beruhigt, ist durch das Gesetz vorgebeugt. Der Islam wird nie Schwierigkeiten mit der Kirchensteuer haben; sie wird sozusagen vom lieben Gott selber erhoben. Interessant ist, daß sich, wiederum schon aufgrund des Koran, unter den Bedürftigen auch die Sklaven befinden, denen, zumindest in der Theorie, diese Steuer helfen soll, sich freizukaufen; die Freilassung eines Sklaven hat darüber hinaus immer als verdienstliches Werk gegolten und ist für manche Vergehen, etwa Totschlag oder Meineid, als Sühne vorgeschrieben.

Nur eine der »Säulen«, allerdings die im allgemeinen zuerst genannte, betrifft den Glauben und nicht die Werke. Jedoch ist auch sie nicht verinnerlicht, sondern reduziert auf das bloße *Bekenntnis:* die sogenannte Shahāda. Sie besteht aus einem einzigen zweigliedrigen Satz: »Ich bezeuge, daß es keinen Gott gibt außer *dem* Gott und daß Muhammad der Gesandte Gottes (das heißt sein Prophet) ist.« Glaube hat im Islam wesenhaft Zeugnischarakter; er bedeutet Zustimmung zu zwei Grundwahrheiten, die nichts von einem Mysterium an sich haben, sondern von denen die eine, der Monotheismus, als rational erschließbar und die zweite, die Prophetie Muhammads, als historisch verifizierbar angesehen wird.

Glaube richtet sich also nicht auf Wahrheiten, die über die menschliche Vernunft hinausgehen; er setzt insofern auch keinen speziellen Willensakt voraus, mit dem man die Vernunft transzendiert. »Credo quia absurdum« ist in den Ohren eines Muslim Blasphemie. Der Glaube kommt von Gott; aber es bedarf für den Glauben keiner besonderen gnadenhaften Erleuchtung. Aufrichtigkeit wird beim Bekenntnis vorausgesetzt; aber man kann und will sie nicht kontrollieren. Das Zeugnis hat in der islamischen

Welt höhere Bedeutung als bei uns; nur wer unbescholten ist, kann Zeugnis ablegen. Aber es ist nicht, wie die Taufe, ein Sakrament.

Der Sinn der Gebote

Wir können uns wohl kaum die typisch christliche Frage versagen, was denn hinter alldem steht, wo der Muslim den Sinn dieser »Säulen« sieht. Für uns sind Ritual und Liturgie, soweit es sie noch gibt, ja immer auch Symbol, begleitet von Texten, die das Geschehen ausdeuten. Der Islam hat kaum etwas Derartiges; auch hier wirkt er auf uns rationalistisch und dürr. Zwar schickt der Muslim jeder Handlung eine *intentio* voraus; er sagt sich, warum er sie tut, und er begleitet sie häufig mit einer religiösen Formel. Aber was er damit ausdrückt, ist eigentlich immer nur eines: sein Gehorsam gegenüber Gott. Ritual und Kult sind sinnvoll, weil Gott sie so gewollt hat; weitergehende Begründungen findet der Muslim allenfalls dort, wo eine Vorschrift in einen gesellschaftlichen Zusammenhang hineingestellt ist, wie beim Weinverbot, nicht aber im Gottesdienst.

Das ist ganz auffällig beim Hajj; obwohl dort mehrere rituelle Elemente nebeneinanderstehen und einen längeren Zeitraum ausfüllen und obwohl die an Abraham anknüpfende Kultlegende schon im Koran vorgegeben ist, hat sich doch kein »Kultdrama« entwickelt und wird von den Pilgern kein mythisches Paradigma nachvollzogen. Kein einziger Text verweist darauf, daß der Muslim in dieser Situation *wie* Abraham oder *wie* Hagar sei; wenn er den Schwarzen Stein küßt, tut er es nur, um dem Brauch Abrahams und des Propheten zu folgen, also weil auch Abraham schon so den Willen Gottes erfüllte. Sein Verhalten ist kommemorativ, nicht identifikatorisch. Ähnliches ließe sich sagen von den Tieropfern, die an den großen Festen dargebracht werden; sie sind absolut unmagisch, von keinem einzigen Text begleitet. Nirgendwo findet sich ein Bedürfnis nach sakramentaler Wirksamkeit. Wenn Symbolik bemüht wird, so bleibt sie diffus und begrifflich: Göttliche »Rechtleitung« äußert sich, so sagen die Texte, in solchen Handlungen oder die Anerkennung von Gottes Einzigkeit. Das aber gibt uns vermutlich auch den Schlüssel zur Erklärung: Der islamische Monotheismus hat – ich sagte es schon einmal – Reformcharakter. Alles Idolhafte ist ausgelöscht; nichts hat seinen Sinn in sich selbst. Davon wird im nächsten Kapitel noch näher die Rede sein müssen.

2. Hans Küng: Eine christliche Antwort

Alte Religion in neuer Zeit: in Anpassung oder Widerstand, in Säkularisierung oder Resakralisierung? Die juristisch-gesellschaftliche Problematik ist heute unser Gegenstand, und es gilt dabei, die Thematik langsam einzukreisen, um den entscheidenden Kontroverspunkt zu sichten.

Alte Religion in neuer Zeit

Wie wir hörten, sind Recht, Staat, Politik und Religion für den Islam eine Einheit. Eine Trennung von geistlich und weltlich, Religion und Recht, Religion und Staat, Religion und Politik wäre demnach völlig unislamisch. Und man beachte: der Islam gewinnt aus dieser Praxis ein durchaus ernst zu nehmendes kritisches Argument gegen das Christentum. Denn sind nicht alle Laster des Westens, die sexuellen zumal (Promiskuität, Prostitution, Homosexualität, Abtreibung, Freikörperkultur), Folge der Entpolitisierung der Religion und Entsakralisierung der Politik, kurz, Folge der *Säkularisierung*?

Zivilisationskritik, Säkularisierungskritik, und das heißt Enttäuschung über die Mächte der Neuzeit, Wissenschaft, Technik, Industrie, Fortschritt: All dies breitet sich vom Westen her auch in den islamischen Ländern aus. Wie beinahe überall in der Welt, so wenden sich gegenwärtig auch die im Westen ausgebildeten, säkularisierten islamischen Bildungseliten vielfach enttäuscht von der europäisch-amerikanischen Kultur ab. Rückbesinnung auf ihre autochthone Kultur – weithin identisch mit ihrer alten Religion – ist das Stichwort, und dies in der Hoffnung, diese alte Religion möge sich reaktivieren, revitalisieren lassen, um so Volk und Nation wieder eine Identität (statt der ausgeliehenen westlichen) zu ermöglichen. Nur wer sich diese Zusammenhänge klarmacht, wird die gegenwärtige breite Strömung der Resakralisierung, der Re-Islamisierung verstehen können. Iran ist hier nur ein ganz besonders krasses (aber für viele Muslime in aller Welt äußerst attraktives) Beispiel, da starke Kräfte die bisherige – durch Anpassung, Verwestlichung, Akkulturation bedingte – Säkularisierung mit Hilfe einer »Gegen-Akkulturation« zu stoppen und womöglich gar wieder rückgängig zu machen versuchen. Der Schleier der Frauen hat, wiewohl es im Koran kein eindeutiges allgemeines Schleiergebot gibt, symbolische Signalwirkung auch in anderen islamischen Ländern. Der Sharīʿa, dem islamischen Recht, Regler aller Lebensbereiche, soll wieder volle Geltung verschafft werden!

Nun meinen islamische Apologeten, der Islam habe schon deshalb eine Säkularisierung nicht zu fürchten, weil er doch im Unterschied zum Christentum gar keine Klerikalisierung durchgemacht habe; im Islam gebe es weder eine vom Staat unterschiedene, mit autonomer Macht ausgestattete Kirche noch einen ordinierten Klerus. Wie sehr dies freilich, zumindest was den Klerus betrifft, praxisfernes Wunschdenken ist, haben wir gehört. Denn die Rechts- oder Religionsgelehrten – die (sunnitischen) ʿUlamāʾ (»Kenner«) und die (schiitischen) Mollas (Ayatollahs) – fungieren nun einmal, obwohl »Laien«, in islamischen Gesellschaften faktisch wie Kleriker. Und wer sähe nicht, daß diese Geistlichkeit sich keineswegs auf die religiöse Führung des Volkes beschränkt, sondern erhebliche politische Macht ausübt?

Im orthodoxen sunnitischen Islam, innerhalb eines zwar nicht selbständig kirchlichen, aber organischen Religionssystems (in dem Staat und Religion eine organische Einheit bilden) sind es die ʿUlamāʾ, die nicht nur die politische Macht der Machthaber religiös legitimieren, sondern heute auch wieder zunehmend praktischen Einfluß nehmen auf Legislative, Exekutive und Judikative. Im schiitischen Iran haben die Mollas nach dem Sturz des säkularistischen Schahregimes die politische Macht direkt übernommen und versuchen mit der »islamischen Republik« eine islamische Theokratie (einem Kirchenstaat mit Inquisition und einem Ayatollah als unfehlbarem Papst nicht unähnlich) aufzurichten. Diese islamische Restauration, »revolutionärer Volksislam« genannt (dem auch die sunnitischen Muslim-Brüder nahestehen), aktualisiert die Sozialkritik des Koran (»Gerechtigkeit!«) und droht so sehr viel effektiver als der Marxismus zum Protestinstrument der verarmten, unterdrückten Massen von Pakistan bis Marokko zu werden.

Ein mittelalterliches Paradigma von Religion?

Statt Säkularisierung also Sakralisierung? Nein, die Frage ist noch ganz offen: Wird der Islam sunnitischer oder schiitischer Richtung die *Säkularisierung auf Dauer vermeiden können*? Von Muslimen wird man in der Diskussion um Säkularisierung oder Re-Islamisierung öfters darauf aufmerksam gemacht, daß der Islam nun einmal als einzige Religion ein das ganze private wie öffentliche Leben umfassendes religiöses *»System«* ausgebildet habe. Dagegen gebe ich zu bedenken: Auch das Christentum kannte solch umfassende »Systeme«, in welchen Recht, Staat, Politik und Religion weithin eine Einheit bildeten: Dies ist vor allem durch das *mittelalterliche »Paradigma«* (= »Grundmodell«) des Christentums verkörpert, das in seiner spezifisch römisch-katholischen Ausgestaltung das in die Krise geratene altkirchliche hellenistisch-byzantinische Grundmodell im 11. Jahrhundert für den Westen definitiv abgelöst hat (»Paradigma« verstehe ich hier im Anschluß an den amerikanischen Wissenschaftstheoretiker Thomas S. Kuhn als »die Gesamtkonstellation von Überzeugungen, Werten, Techniken usw., wie sie von einer bestimmten Gemeinschaft geteilt werden«). Bekanntlich geriet dieses mittelalterlich-lateinische Paradigma des Christentums im 15./16. Jahrhundert selbst in eine tiefgreifende Krise, was zu dessen Ablösung, zu einem erneuten »Paradigmenwechsel«, führte. Innerhalb des römischen Katholizismus meinte man freilich dem von Luther vorangetriebenen Paradigmenwechsel der Reformation ebenso widerstehen zu können wie dann im 17. Jahrhundert dem weiteren Paradigmenwechsel zur säkularen Moderne und Aufklärung (neue Philosophie, Naturwissenschaft, Staats- und Gesellschaftsauffassung mit der französischen und amerikanischen Revolution und den Menschenrechtserklärungen als politischer Folge). Jenes konservierte mittelalterliche römisch-katholische Paradigma verfestigte sich immer mehr zum antiprotestantischen und antimodernistischen Paradigma, und noch im vergangenen Jahrhundert meinte man in Rom, gegen beide Paradigmenwechsel anzukommen durch die Forcierung einer Resakralisierung und romantischen Rekatholisierung, die ihren Höhepunkt fand im »Syllabus« Pius' IX., der Verurteilung aller »modernen Irrtümer« (1864), und im Ersten Vatikanischen Konzil (1870) mit der vom selben Papst betriebenen Definition des absoluten Jurisdiktionsprimats sowie der Unfehlbarkeit des geistlichen Führers.

Doch können dies auch Muslime erkennen: Selbst der *Katholizismus kam* schließlich *um die Integration der beiden Paradigmenwechsel der Neuzeit nicht herum.* Ein Jahrhundert später mußte man auf einem neuen Konzil (das unter eine schon lange eingeleitete, aber immer wieder unterdrückte Entwicklung sein Siegel setzte: Vatikanum II 1962–1965) alles das, was man vorher hochoffiziell verurteilt hatte, bejahen: Der Paradigmenwechsel der Reformation wurde nachvollzogen durch die Aufwertung von Bibel und Predigt, durch die Volkssprache in der Liturgie, die aktive Beteiligung der Laien und die Anpassung der Kirche an die verschiedenen Nationen ... Der Nachvollzug des Paradigmenwechsels der Moderne zeigte sich in der ausdrücklichen Bejahung der verurteilten modernen Naturwissenschaft (kopernikanisches Weltbild, darwinistisches Entwicklungsdenken), der modernen Historie und der historisch-kritischen Bibelwissenschaft, weiter auch in der Bejahung von moderner Demokratie, Volkssouveränität, Gewissens- und Religionsfreiheit, der früher verurteilten Menschenrechte überhaupt (Abschaffung von Zensur und Index). Das Mittelalter – innerhalb des Katholizismus mit lateinischer Kirchensprache, Scholastik, Kirchenrecht und Inquisition noch so lange aufrechterhalten – war abgelaufen, wiewohl man zur Zeit auch in Rom versucht, durch eine »Rekatholisierung« mit modernem äußeren Anstrich innerkirchlich das mittelalterlich-gegenreformatorisch-antimodernistische Paradigma zu restaurieren (nach dem Modell eines katholischen Polen, das weder Reformation noch Aufklärung durchgemacht hat).

Muß diese Entwicklung auf Reformation und Säkularisation

hin nicht auch im Hinblick auf den Islam zu denken geben? Bei aller verständlichen Enttäuschung über den wissenschaftlich-technologischen Fortschritt – viele Beobachter der Entwicklung in den *islamischen Ländern* fragen sich nun doch: Kann der Islam, je mehr er sich gewollt oder ungewollt der modernen Welt aussetzt, diese Paradigmenwechsel auf Dauer umgehen? Was immer man über die eindrucksvolle Expansion im frühen Mittelalter sagen kann, in welcher der Islam auch kulturell eine Großmacht wurde (Annahme persischer Verwaltungsgrundsätze, hellenistischer Philosophie, indischer Medizin): in der Neuzeit ist der Islam, zum Bedauern von Muslimen in allen Ländern, gegenüber der *wissenschaftlich-technischen* und der *wirtschaftlich-politischen* Entwicklung im Westen zunehmend in die Defensive geraten. Diese westliche Überlegenheit aber gründet – und dies ist der springende Punkt – in der mit Reformation und Aufklärung vollzogenen funktionalen Ausdifferenzierung der modernen Gesellschaft, und das heißt: in einer (zunächst ganz und gar unislamischen) *Säkularisierung*, wo nämlich Religion, Klerus, Theologie und Sakralrecht nicht mehr wie im mittelalterlichen Paradigma alles bestimmen, wo Wissenschaft, Technik, Wirtschaft und Kultur vielmehr eine Eigenständigkeit, Autonomie, Weltlichkeit, eben *Säkularität* gewonnen haben. Und ob man es in den islamischen Ländern will oder nicht, durch die Übernahme moderner Wissenschaft und Technik, durch Industrialisierung, Urbanisierung und Massenmedien bedroht die Säkularisierung auch den Islam! Eine Bedrohung nicht nur von außen, von Westen her, sondern auch von innen: von den eigenen strukturellen Veränderungen der Werte und Ideale, Normen und Handlungsmuster, der religiösen und moralischen Vorstellungen.

Das Relevanz- und Identitätsdilemma

Gerade im islamischen Kernland Saudi-Arabien, das sich zur Zeit in einem hektischen Wandlungsprozeß von einem nahezu mittelalterlichen Wüstenstaat zu einem modernen Industriestaat befindet, zeigt sich das *Dilemma des Islam* überhaupt: Wird es auf die Dauer möglich sein, daß derselbe Staat sich ganz dem technologischen Fortschritt öffnet und doch zugleich als strenger Hüter einer puritanisch-islamischen Lebenseinstellung agiert? Die Entwicklung scheint in den verschiedenen islamischen Ländern auf ein Entweder-Oder hinauszulaufen:

Entweder man versucht, aus der vorindustriellen Kultur durch Industrialisierung herauszukommen: Dann aber wird man sich die *wissenschaftlich-technische Kultur* nolens volens *aneignen* müssen. Ein einfacher Rekurs auf Koran und Sunna oder die Sharī'a wird dann, je länger, desto mehr, zur Lösung der komplexen gesellschaftlichen Probleme einer Industriegesellschaft nicht mehr ausreichen. Eine funktionale Ausdifferenzierung der Gesellschaft wäre somit einzukalkulieren! War dies nicht der Weg, den man in der kemalistischen Türkei und in Tunesien gegangen ist, den man früher im Persien des Schah allzusehr von oben diktiert, den aber auch Ägypten, Syrien und Malaysia favorisiert haben und den teilweise sogar die eigentlich islamischen Staaten wie Saudi-Arabien und Pakistan tolerieren müssen? Die vielen islamischen Studenten, die im Westen studiert haben, spielen in dieser Entwicklung ebenso eine Rolle wie die angewachsene Zahl der Gastarbeiter (allein in Saudi-Arabien über zwei Millionen). Erst mit der Zeit werden die Auswirkungen dieser Entwicklung voll sichtbar werden.

Oder aber die islamischen Staaten versuchen – nach dem Beispiel der iranischen Restauration – der Säkularisierung zu widerstehen und damit, auch aus einer letztlich religiösen Motivation heraus, das weitere Vordringen der westlichen *wissenschaftlich-technischen Kultur zu stoppen.* Die große Verweigerung – praktisch aber doch nicht konsequent geübt! Stillstand auf dem Gebiet industrieller und technologischer Entwicklung hieße ja, das Nord-Süd-Gefälle mit seiner strukturellen Asymmetrie festschreiben und den Nord-Süd-Konflikt vorprogrammieren. Das aber bedeutet: Eine Gleichberechtigung mit den entwickelten Industrieländern würde es so auch längerfristig nicht geben. Was also tun in diesem Dilemma?

Unübersehbar ist, daß auch der Islam – ähnlich wie das Christentum schon lange zuvor – in eine für die Neuzeit typische doppelte Krise geraten ist: eine *Relevanz- und Identitätskrise.* Beide Krisen hängen komplementär zusammen. Denn: je mehr eine traditionelle Religion in einer weithin säkularen Gegenwart, die von weltimmanenten Werten, Normen und Handlungsmustern bestimmt ist, relevant zu werden versucht, um so tiefer wird sie in die Krise ihrer eigenen Identität hineingezogen. Und umgekehrt: je mehr eine Religion ihre Identität in traditionellen Riten, Glaubensüberzeugungen oder Moralvorstellungen zu behaupten versucht, um so irrelevanter für eine säkulare Gesellschaft wird sie. Die amerikanische Religionssoziologie hat dies als »identity-involvement-dilemma« bezeichnet. Von daher ist verständlich, daß auch informierte Muslime vor der Frage stehen: Bedeutet eine Säkularisierung à la longue nicht die Auflösung der muslimischen Substanz, die Auflösung des Islam selbst? Das hieße politisch: den Verlust der historischen Kontinuität und kulturellen Identität der islamischen Staaten! Will man das nicht, was wäre die Alternative?

Der dritte Weg: Religion in säkularer Gesellschaft

In der Tat ist dies eine schicksalhafte Frage für den Islam: Ist zwischen religiöser Re-Islamisierung und anti- oder areligiöser Säkularisierung ein Weg denkbar, gangbar?

Lange Zeit hatten viele im Westen geglaubt, Säkularisierung führe zum *Ende von Religion.* Viele Muslime sind deshalb – das Beispiel Christentum vor Augen – skeptisch. Und wer wollte leugnen, daß genau dies die Furcht im schiitischen Persien war: Das Schahregime war nicht religiös legitimiert und konnte deshalb gestürzt werden. Und wer könnte übersehen, daß man dies auch in konservativ-islamischen Ländern wie Saudi-Arabien fürchtet, wo das Regime, gerade weil es religiös legitimiert ist, sich bisher aller Opposition zum Trotz halten konnte?

Doch stimmt diese These vom Ende der Religion? Man kann doch auch von muslimischer Seite her nicht übersehen: Trotz aller Säkularisierung im Westen – die Prophezeiungen eines Feuerbach, Marx, Nietzsche und Freud vom »Tode Gottes« und vom Ende der Religion haben sich keineswegs erfüllt: nicht für Westeuropa und Amerika, auch nicht für Osteuropa und die Sowjetunion. Säkularisierung bedeutet folglich nicht notwendig ein Abgleiten in gottlosen Säkularismus, wie er vom Marxismus-Leninismus oder von westlichen »Freidenkern« propagiert wird. Für das moderne Paradigma gilt jedoch grundsätzlich: Ein säkularer Humanismus ist nicht gleich einem säkularistischen Atheismus, Weltlichkeit ist nicht identisch mit Gottlosigkeit.

Max Webers Theorie weiterentwickelnd, hat es vor allem der amerikanische Religionssoziologe Talcott Parsons herausgearbeitet: Im Prozeß der Säkularisierung geht es weniger um einen allgemeinen Niedergang, gar Untergang, sondern primär um den *Funktionswechsel* von Religion. Denn in einer Gesellschaft, die immer komplexer und differenzierter geworden ist, mußte die ursprüngliche Identität von Religion und Gesellschaft aufgegeben werden – zugunsten einer zumindest grundsätzlichen Trennung der Religion von anderen Strukturen und Institutionen. Eine evolutive *Differenzierung* (Arbeitsteilung) war unumgänglich zwischen den verschiedenen Institutionen, in der die Religion, nun ähnlich wie die Familie von zweitrangigen Aufgaben befreit, sich auf ihre primären Aufgaben konzentrieren könnte. Religion erlangt somit eine andere soziale Bedeutung und auch einen neuen individuellen Stellenwert. Und gerade dies bedeutet für die Religion, ob Christentum oder Islam, nicht den Untergang, sondern eine neue Chance.

Denn die ewig neuen Fragen des Menschen nach dem Sinn von Leben, Leiden und Sterben, nach höchsten Werten und letzten Normen für Individuum und Gesellschaft, nach dem großen Woher und Wohin von Mensch und Kosmos sind ja nicht nur geblieben, sondern haben sich angesichts politischer Katastrophen und der Entzauberung von Fortschrittsgläubigkeit gewaltig verschärft. Wenn nicht alles täuscht, sind wir seit ein paar Jahrzehnten in einem neuen epochalen Paradigmenwechsel begriffen: von der Moderne zu einer (bestenfalls in Umrissen erkennbaren) »Postmoderne«, in der die verabsolutierten Mächte der Moderne (Wissenschaft, Technologie, Industrie) um des Wohles des Menschen willen zunehmend relativiert werden. Echtes Transzendieren in Theorie und Praxis ist die Sehnsucht vieler Menschen: ein echter qualitativer Überstieg aus dem eindimensionalen modernen Denken, Sprechen und Handeln hinaus zu einer realen *Alternative,* in der das Verhältnis des Menschen zur Natur, zum Mitmenschen

(Mann und Frau), zur Gesellschaft (in Gerechtigkeit, Freiheit und Frieden) und schließlich zur letzten Wirklichkeit eine neue hoffnungsvollere Verwirklichung findet.

Religion bedarf in einem nachmodernen Paradigma *nicht* einer (letztlich aussichtslosen) *Restauration, sondern* einer zukunftsträchtigen *Transformation*: Religiosität in Säkularität könnte man sagen. Mit den gläubigen Muslimen sind sich gläubige Christen dabei einig: Will man vermeiden, daß erneut etwas Pseudogöttliches (Führer, Partei, Nation, Wissenschaft) zum Sinngrund, zum obersten Wert und zur letzten Norm des Menschen gemacht und der Mensch versklavt wird, dann muß *an die Stelle des Glaubens an die Pseudogötter der Moderne der Glaube an den einen wahren Gott* treten! Also auch und gerade heute mit dem Koran und der Bibel zugleich: »Es gibt keinen Gott außer Gott!« – »Du sollst keinen anderen Gott neben mir haben!« Und das heißt: Der Glaube an den einen wahren Gott vermag hier wie dort die Mächte dieser Welt zu entzaubern und, insofern sie Götzen dieser Welt sind, zu entthronen.

Es ist also ein »dritter Weg« denkbar, den auch viele Muslime sich wünschen. Zwischen einer wenig zukunftsträchtigen religiösen Re-Islamisierung und einer angesichts der »Dialektik der Aufklärung« ebensowenig zukunftsträchtigen anti- oder areligiösen Säkularisierung möchte ich hier für ein *neues ökumenisches Paradigma der Säkularität vor religiösem Horizont* plädieren. Also nicht ein anachronistisch-aussichtsloser Kampf gegen Wissenschaft, Technologie, Industrie, Fortschritt. Aber Wissenschaft, Technologie und Industrie nicht als letzter Sinn, höchster Wert und absolute Norm, der Fortschritt nicht als falscher Gott und als Pseudoreligion. Gewiß, nicht alle bisherigen Funktionen der traditionellen Religion werden in einem solchen neuen Paradigma bewahrt, wohl aber ihre (kritisch-konstruktiven) Zentralfunktionen, die da sind: Sinnvermittlung, Normenbegründung, Gemeinschaftsbildung. Kurz: bewahrt wird die Substanz, die *Substanz auch des Islam*, insbesondere sein Glaube an den einen Gott, bewahrt werden auch (in vielleicht modifizierter Gestalt) seine fünf Grundpflichten oder Säulen und sein Eintreten für soziale Gerechtigkeit. Warum sollen also nicht auch Islam und postmoderne Säkularität grundsätzlich zusammengehen können?

Um also nicht mißverstanden zu werden: Nicht um die Anempfehlung der auch für uns heute längst problematisch gewordenen modernen technologisch-technokratischen »Erfolgsgeschichte« an den Islam geht es, wo die instrumentelle Vernunft so oft in Unvernunft, die technische Naturbeherrschung so oft in Naturzerstörung und die Aufklärung so oft in Versklavung des Menschen (an Wissenschaft, Technik, Wirtschaft) umgeschlagen ist; die beständige Bedrohung durch einen Atomkrieg und die mögliche Selbstzerstörung der Menschheit haben vielen die Augen geöffnet. Es geht auch nicht um die Aufforderung, der Islam möge sich die Pseudowerte einer permissiven westlichen Zivilisationskultur als »Fortschritt« aneignen. Nein, für Islam und Christentum gilt es, in womöglich gemeinsamer kritischer Distanz zur technisch-szientistischen Entwicklung, die großen »Entzauberer« (M. Weber) Wissenschaft und Technik im Namen des einen wahren Gottes selbst zu entzaubern: nicht um sie zu verwerfen, sondern um ihr eigentliches humanes, friedliches Potential wiederzuentdecken und in ein gewandeltes Verständnis von Religion *und* Technologie zu integrieren. Die »Postmoderne«, deren Folgen auch für das Christentum längst nicht alle erkennbar sind, wäre also die *gemeinsame Herausforderung* für christliche wie islamische Theologie.

Ansätze zu einer innerislamischen Reform

Nach kritischen muslimischen Beobachtern wäre der gegenwärtige Islam paradigmatisch irgendwo zwischen Mittelalter und Reformation/Moderne zu lozieren. Es ist ein »Islam in Transition«, wie aus »muslimischen Perspektiven« das Quellenwerk von J. J. Donohue und J. L. Esposito (1982) eindrücklich zeigt. Das 19. Jahrhundert war bekanntlich nicht nur das Zeitalter der ungeheuren europäischen Expansion, sondern auch (und in Reaktion darauf) *islamischer Reformbestrebungen*, die oft in Opposition standen zu despotischen orientalischen Herrschern wie den erzkonservativen 'Ulamā'. Dabei gab es schon im 18. Jahrhundert auf der arabischen Halbinsel etwa die wahhābitische Reformbewegung, die später zur Gründung des Königreichs Saudi-Arabien führte; gewiß eine Bewegung konservativer sozialpolitischer Natur, die aber doch gegen den Aberglauben und Obskurantismus der Volksreligion die Rückkehr zu einem authentischen Islam, zu Koran und Sunna (allerdings in »puritanisch«-traditionalistischem Sinne) forderte und so die liberalen »modernistischen« Reformbewegungen des 19. Jahrhunderts vorbereitete.

Zuerst wurden im schon früh kolonialisierten Indien moderne reformerische Gedanken geäußert, programmatisch und sehr rational von *Sayyid Ahmad Khān* (1817–1898), der, britenfreundlich, für eine weitgehende Übernahme des westlichen modernen Paradigmas in den Islam eintrat. Noch immer beruft sich die politische und intellektuelle muslimische Elite auf dem Subkontinent auf ihn und, in seiner Nachfolge, auf den Dichterphilosophen *Muhammad Iqbāl* (1877–1938), den geistigen Vater Pakistans. Ebenfalls noch heute von großer Bedeutung, wenngleich ebenfalls nie völlig akzeptiert, ist *Jamāladdīn al-Afghānī* (1838–1897), der charismatische Vater eines modernen, reformorientierten Islam im Nahen und Mittleren Osten. Afghānī, ganz und gar anders als der Inder antikolonial und antibritisch, trat jedoch ebenfalls für den »wahren Islam« im Rahmen eines modernen Paradigmas ein; er verneinte jeglichen Konflikt zwischen Vernunft und islamischem Glauben, forderte eine breite allgemeine weltliche Bildung und Ausbildung und vertrat einen islamischen Humanismus und politischen Populismus. Sein Schüler und Mitstreiter *Muhammad ʿAbduh* (1849–1905) war vor allem Theologe und strebte anders als Afghānī nicht eine politische, sondern eine vor allem geistig-gesellschaftliche Revolution an. Der »wahre Islam« fordert nach ihm eine Integration und Kooperation von Glaube und Vernunft in Bildung und Wissenschaft (ʿAbduh anerkennt ausdrücklich »Naturgesetze« und nicht nur »Gewohnheiten Gottes«). Als oberster Muftī Ägyptens bemühte er sich allseits um Liberalisierung und besonders um die Reform der theologischen Ausbildung und der religiösen Gerichte.

Schon Afghānī berief sich zur Rechtfertigung seiner Reform des mittelalterlichen Islam interessanterweise auf die lutherische Reformation. Er tat dies freilich, ohne die dogmatischen theologischen Grundlagen des Islam historisch-kritisch zu befragen: Koran und Sunna, die auch von diesen »Modernisten« noch immer weithin ungeschichtlich verstanden und angewandt wurden. Wie

Rotraud Wielandt in ihrer Untersuchung »Offenbarung und Geschichte im Denken moderner Muslime« (1971) im einzelnen aufgezeigt hat, haben sich auch islamische Reformer meist geweigert, sich der zentralen Frage nach der alleinigen Autorschaft Gottes und damit der wortwörtlichen Inspiriertheit und Unfehlbarkeit des Koran zu stellen. Sowenig wie ihr Lehrmeister ʿAbduh waren etwa Rashīd Riḍā, al-ʿAqqād und Mālik Bennabī bereit, den Koran ähnlich wie die Bibel aus einer historisch-kritischen Sicht zu betrachten. Von daher waren sie dann auch nicht imstande, gewisse koranische Normen ethischer oder rechtlicher Art als zeitbedingt und möglicherweise überholt zu erkennen.

Heute nun haben wir es mit einer Generation jüngerer islamischer Wissenschaftler zu tun, denen die *bisherige »modernistische« Re-Interpretation* des Islam zur Versöhnung mit den Erfordernissen des modernen Lebens selbst *nicht weit genug* geht, obwohl sie keineswegs zu den westlichen oder verwestlichten Säkularisten (»Laizisten«) liberaler oder marxistischer Tendenz gehören, die den Islam sozusagen in modernes Denken auflösen. Ihre Kritik an der mangelnden Reflexion über sozialhistorische Implikationen und theologische Grundlagen des Islam in der alten Reformbewegung können diese Wissenschaftler freilich nur an westlichen Universitäten unbehelligt von Zensur, Repression und ernsthaften Gefahren für Beruf und oft gar das Leben frei äußern und drucken lassen. So wäre zum Beispiel nach dem ägyptischen Gelehrten ʿAlī ʿAbdarrāziq (der schon 1925 die Zweckmäßigkeit einer Trennung von Politik und Religion forderte und deshalb Lehr- und Richteramt verlor) in Chicago der bereits zitierte Pakistani Fazlur Rahman zu nennen, in Paris der Algerier Muhammad Arkoun und schließlich die beiden Syrer, der Philosoph Ṣādiq Jalāl al-ʿAẓm (dem im Libanon der Prozeß gemacht wurde) sowie der in Göttingen lehrende Politologe *Bassam Tibi.* Dieser fordert in seinem vor nicht allzulanger Zeit erschienenen Buch »Die Krise des modernen Islam. Eine vorindustrielle Kultur im wissenschaftlich-technischen Zeitalter« (1981) programmatisch vom Islam: ein Aufgeben der aggressiven Defensivhaltung gegenüber der westlichen Moderne (der »Defensivkultur«) und – als Voraussetzung dafür – eine *partielle Säkularisierung* des Islam. Das Wesentliche des Islam (von Tibi als »religiöse Ethik« und anscheinend unpolitische

»Innerlichkeit« bezeichnet) könne so durchaus beibehalten werden. Einzubeziehen wären hierbei autonome Institutionen zum Schutz der im Islam faktisch eben doch vielfach vernachlässigten Menschenwürde, der Menschenrechte und der Toleranz gegenüber Andersdenkenden.

Um nicht mißverstanden zu werden: Ich zitiere kritische muslimische Autoren nicht aus einem christlichen, westlichen Überlegenheitsgefühl heraus und widerstehe entschieden der Versuchung, die verschiedenen Kritiker und Reformer des Islam gegeneinander auszuspielen oder etwa nur Reformer und Kritiker für die »wahren« Muslime zu halten. Man wird sich ja ohnehin fragen: Stehen die islamischen Reformer nicht auf verlorenem Terrain angesichts eines heute wieder neu erwachten und um sich greifenden islamischen Traditionalismus, der wegen seiner Schriftfrömmigkeit und Ablehnung jeglicher Korankritik zu Recht auch islamischer »Fundamentalismus« genannt wird?

Kann der islamische Fundamentalismus überleben?

Der islamische Fundamentalismus hat mit Saudi-Arabien (und seiner Islamischen Weltliga) einen »rechten« konservativen und mit Khomainīs Iran einen »linken« revolutionären Flügel. In beiden Fällen aber ist es sein Ziel, das ganze, durch die Jahrhunderte aufgetürmte Gebilde des historischen Islam zu erhalten und zu stärken: nicht nur die islamische Substanz, die Kernstücke des Glaubens, sondern auch alles (mehr oder weniger islamische) Akzidentelle, das ganze islamische »System« samt dem »islamischen Staat«. Theologische Grundlage bildet die Überzeugung, die Sunna, die Überlieferung, die Tradition sei faktisch als göttliche Offenbarung mit dem Koran auf einer Stufe. Selbstverständlich kann man dann für alles und jedes irgendeinen der Tausende von Hadīthen, der angeblichen Prophetensprüche oder -berichte, zur Rechtfertigung des Status quo zitieren.

Dieser Traditionalismus wird von der Furcht angetrieben, mit der kritischen Überprüfung der Hadīthe auf ihre Authentizität und ihre Funktion in der damaligen und heutigen Gesellschaft könne möglicherweise die ganze »Sunna«(-Tradition) des Propheten« und mit der Sunna schließlich auch der Koran selbst fallen. Doch dabei vergißt man heute oft, daß schon die glanzvolle islamische Wissenschaft des Mittelalters das Problem gesehen und die Hadīthe kritisch (wenn auch noch nicht im heutigen Sinn) überprüft hat. Bedenkt man weiter, daß zahlreiche *scheinbar urislamische Traditionen* (etwa die Verschleierung der Frau, die Geschlechtertrennung in den Moscheen oder die heutige Form der fünf Tagesgebete) sich sogar *im Koran nicht* finden, so wird deutlich: Das historisch-kritisch verstandene »Zurück zum Koran« wird in diesem islamischen Fundamentalismus als ebenso revolutionär empfunden wie weiland im römischen Katholizismus Luthers Ruf »Zurück zum Evangelium!«. Und auch hier tut man alles, um für ein neues Paradigma werbende Stimmen mit politischen Mitteln zum Schweigen zu bringen.

Gewiß ist der islamischen Restauration eine *bedingte Berechtigung* nicht abzusprechen, insofern sie das Pendel von einer unreligiösen Aufklärung und Säkularisierung zurückschwingen läßt in Richtung auf eine religiöse Besinnung, insofern die Bewegung getragen ist einerseits von der Suche nach der verlorengegangenen islamischen Identität und andererseits – besonders auf dem »linken« iranischen Flügel – von der Forderung nach sozialer Gerechtigkeit! Beide sind für die herrschenden Schichten (politische Obrigkeit – Armee – ʿUlamā') allerdings oft mehr verbale Beteuerung und politisches Kalkül als gelebte Wirklichkeit. Auf Kritik von außen und noch mehr von innen reagiert man empfindlich und hart, wobei »progressive« Staaten wie Libyen und Algerien sich von den »konservativen« Staaten wie Saudi-Arabien, Pakistan, Kuwait, den Arabischen Emiraten kaum unterscheiden. Doch restaurative Bewegungen – man braucht in Europa nicht nur an die Restauration in der Ära Metternich zu denken – *täuschen sich* immer wieder in der Annahme, man könne mit Mitteln der Suppression und Repression neue Ideen *auf Dauer niederhalten.* Dies wird wohl auch für den Islam zutreffen. Denn:

1. Über tausend Kanäle – von der Praxis der Verwaltung und Gerichte über die Armee bis hin zu den Massenmedien – sickern säkulare »westliche« Ideen doch in die islamischen Staaten ein und infizieren die unangepaßten sozialen Institutionen (von Ehe und Familie bis hin zum staatlichen Apparat); eine Abgrenzung vom

Westen mit Hilfe traditionell islamischer Vorstellungen, wie etwa einer erneuten Isolierung der Frau oder einem zinsfreien Bankensystem, hat also wenig Aussicht auf Erfolg; eine alternative »islamische Ordnung« mit einer spezifisch islamischen Wirtschafts- und Sozialpolitik ist auch im Iran nicht sichtbar geworden.

2. Ähnlich wie der traditionelle christliche Religionsunterricht trichtert jene so gar nicht problemorientierte, sondern auf Memorieren traditioneller Formeln (Koran, Hadīth, islamisches Recht, arabische Grammatik) ausgerichtete religiöse Erziehung weithin überholte Glaubensvorstellungen ein, die dann bei höherem Bildungsstand der Massen versagen müssen. Schon jetzt sind die Universitäten in islamischen Ländern – von den theologischen Hochschulen abgesehen – weithin säkularisiert.

3. Wer die heutige von Muslimen geschriebene Literatur über den Islam liest, stellt überrascht fest, in wie vielen Grundprinzipien und Einzelfragen (etwa auch bezüglich des Muhammad-Bildes) sich die Standpunkte von Islam und westlicher Betrachtung stillschweigend angenähert haben. Obwohl man sich dabei auf Koran und Sunna beruft, liegt in Wirklichkeit doch eine Integration westlichen Gedankengutes vor.

4. Die völlige Identifikation von Religion und Politik – Islamisierung der Politik und Politisierung des Islam – wird am Ende auf Kosten der Religion gehen: Eine politisierte »totalitäre« Religion verliert an religiöser Substanz, und auf ihren Platz setzt sich allzuleicht eine Quasireligion wie der Nationalismus, ganz abgesehen davon, daß starre konservative Systeme immer politische Radikalismen als Reaktion zu fürchten haben. Religion soll als spirituelle Orientierung gewiß das ganze menschliche (auch gesellschaftliche) Leben durchdringen; aber das ganze menschliche Leben ist nicht Religion.

5. Die größte Bedrohung für den traditionellen Islam dürfte (im Zusammenhang mit Ölgeld und höherem Lebensstandard) auf längere Sicht ausgehen von jenem säkularistischen Materialismus (»car, sex, and career«), der sich kaum noch um Religion und wenig um Moral kümmert und den man bisher aus scheinbar gesicherter islamischer Spiritualität heraus selbstbewußt als typisch westlich meinte kritisieren zu können.

6. Fast ein Drittel aller Muslime lebt als religiöse Minderheit in

einer Diasporasituation (Sowjetunion, Balkan, Westeuropa, Amerika), wo das vollständige Einhalten des islamischen Gesetzes eine Illusion ist. In der pluralistischen Gesellschaft des Westens insbesondere wird von jedermann ein hohes Maß an Offenheit gegenüber anderen Lebensauffassungen und an Anpassungen an die modernen Bedingungen erwartet.

7. Auch in islamischen Staaten wie Ägypten und Tunesien, Marokko und Somalia, der Türkei, Indien und Indonesien ist eine zumindest unterschwellige Auseinandersetzung zwischen traditionalistischen und liberalen Kräften im vollen Gange, die noch keineswegs zugunsten jener Traditionalisten entschieden ist, die den Islam als ein alle Fragen beantwortendes totales Lebenssystem verstehen. Manche liberale Muslime sind freilich der Meinung, einzelne Länder müßten wohl eine Phase der Re-Islamisierung durchmachen, um die praktische Unmöglichkeit der Restauration des mittelalterlichen Status quo ante (bis hin zum Zinsverbot und zur Todesstrafe für Ehebruch) am eigenen Leib zu erfahren (die vorgeschriebenen Gebetszeiten lassen sich in den hochtechnisierten urbanen Ballungszentren islamischer Städte trotz aller Lautsprecher ohnehin nicht einhalten).

Als Christ indessen fragt man sich manchmal nebenbei: Was würden wohl die Vertreter der muslimischen Mission sagen, wenn christliche Kirchen in Europa und Amerika mit einer Rechristianisierungskampagne (auf Kosten der Muslime) antworteten? Wie immer: man kann kaum glaubwürdig muslimische Mission in der freien westlichen Gesellschaft treiben, wenn man andererseits jede religiöse Tätigkeit von Nichtmuslimen (etwa auch der Bahāi) als antiislamischen Akt verstehen will.

Was könnte die Alternative sein? Statt der rückwärts gerichteten Restauration die zukunftsträchtige Transformation der Religion, sagte ich bereits: Religiosität in Säkularität, Säkularität vor religiösem Horizont. Der iranische Schriftsteller *Bahman Nirumand*, der als äußerst aggressiver Kritiker zum Sturz des Schah-Regimes beitrug, schreibt jetzt: »Liegt in dem furchtbaren Schicksal, das der iranischen Bevölkerung unter Chomeini zuteil wurde, nicht zugleich die Chance, einen positiven, in die Zukunft gerichteten Nationalismus mit einem reformierten, der modernen Entwicklung angepaßten Islam in Einklang zu bringen? Ohne Zweifel müßte die Alternative zum Chomeini-Regime auf diesen beiden Pfeilern der iranischen Kultur und Geschichte errichtet werden. Wer Tradition und Kultur mißachtet oder glaubt, nach den negativen Erfahrungen über die islamische Republik am Islam vorbeigehen zu können, wird Schiffbruch erleiden« (»Die Zeit« vom 19. November 1982).

Ein »reformierter, der modernen Entwicklung angepaßter Islam«? Oder wie es der (sunnitische) Ägypter Hamdī Mahmūd ʿAzzām in »Der Islam. Plädoyer eines Moslem« (1981) formuliert: ein »vernünftiges Modell, das die islamischen Grundwerte mit den Erfordernissen des modernen technischen Zeitalters vereinbaren kann« (S. 44)? Aber: läßt sich das nun einmal verbindliche göttliche Recht, die Sharīʿa, welche auf Koran und Überlieferung als ihren Hauptquellen gründet und deshalb als Explikation von Gottes Willen zu verstehen ist, überhaupt reformieren, mit modernen Erfordernissen vereinbaren?

Das Problem einer vergesetzlichten Religion

Die *Sharīʿa,* das islamische Gesetz, diese Gesamtheit der islamischen Lehr- und Rechtsvorschriften, ist integraler Bestandteil des Islam. Zugleich ist sie konstitutives Element der Umma, der islamischen Gemeinschaft: eines organischen religiösen »Systems«, in dem das, was des Kaisers ist, und das, was Gottes ist, in der Tat gar nicht zu unterscheiden sind. Nach der apologetischen islamischen Literatur behält die Sharīʿa, das alte heilige Recht, wie es faktisch vom 7. bis zum 10. Jahrhundert von den Rechtsgelehrten ausgebildet und gesammelt wurde, volle Verbindlichkeit: Es bleibe stets ganz auf der Höhe der Zeit und könne auch heute alle sozialen Probleme regeln. Bei Widersprüchen werden bestenfalls »Abrogationen« einzelner Gesetzesbestimmungen im Koran durch Gott selbst zugegeben, von einzelnen islamischen Juristen manchmal auch Lücken in der Sharīʿa; doch diese könnten durch »Ijtihād« (»Anstrengung« = selbständige Rechtsinterpretation) geschlossen werden. Aber: kann dieses mittelalterliche Juristenrecht, das für völlig andere gesellschaftliche Verhältnisse ersonnen war, heute noch Punkt für Punkt Geltung beanspruchen? So fragen viele Muslime, und die Ideen der islamischen Reformer aus dem 19. und beginnenden 20. Jahrhundert wirken in diesen Fragen weiter. Solche Fragen sollten in einem islamisch-christlichen Dialog vertieft und neu reflektiert werden, um schließlich das *Problem der Verbindung von Gesetz und Religion* grundsätzlich zu thematisieren.

Wie für das Judentum und dann das Christentum, so ist auch für den Islam das zentrale Problem der *Buchstabenglaube*, die Gesetzesfrömmigkeit, der fundamentalistische Legalismus. Im alttestamentlichen Gesetz zählt man 613 Vorschriften, im römischen Codex Iuris Canonici (1918) schließlich 2414 Canones, in der berühmtesten islamischen Traditionssammlung von al-Bukhārī (gest. 870) – Grundlage für juristische Vorschriften – 7300 Hadīthe (mit allerdings auch nichtjuristischem Material). Alle Fragen vom Gebetsruf über Kauf und Verkauf bis zur Zahnpflege erscheinen hier vom religiösen Gesetz geregelt. Die geistlich-weltlichen Machthaber finden die Gesetze, die sie machen und anwenden, immer leicht; aber in der Praxis sind sie oft eine ungeheure Last.

Angesichts des Buchstabenglaubens in Dogmatik, Moral und Recht mußte ich schon früher von der Notwendigkeit einer – der Bibelkritik analogen – Korankritik sprechen, die eine Kritik der Sharī'a natürlich einschließt. Schon al-Afghānī berief sich, hörten wir, auf die lutherische Reformation, die den Buchstabenglauben des mittelalterlichen Klerus einer scharfen Kritik unterzog. Aber ob man nicht noch weiter zurückfragen müßte?

Ja, wie steht es denn mit dem Gesetz, der Gesetzesfrömmigkeit? Welche Haltung hat der Christ – zunächst für sich, dann aber auch im Dialog – einzunehmen? Will man zur Sache reden, so kommt man als Christ, bei aller Hochachtung vor Muhammad, dem Propheten und Politiker, der idealistisch und realistisch zugleich eine *Gesetzesreligion* begründete, an der *Gesetzeskritik* jenes anderen »Propheten« nicht vorbei, den auch der Koran anerkennt: Jesus von Nazaret, auf den die Mahnung zurückgeht: »Weh auch euch Gesetzeslehrern! Ihr ladet den Menschen Lasten auf, die sie kaum tragen können, selbst aber rührt ihr keinen Finger dafür« (Lk 11,46). Auf das Jesusbild des Koran wird noch ausführlicher einzugehen sein. Hier soll aber schon einmal auf die Gesetzesproblematik in der Verkündigung Jesu eingegangen werden, die bei allem, was der Koran – durchaus positiv – zu Jesus zu sagen hat, wohl nicht zufällig ausgeblendet erscheint. Eine einfache Lektüre der Evangelien vermag dies auch einem Muslim leicht zu zeigen: Die Jesus-Rezeption des Koran verkennt gerade den Punkt, der nach allen Originalquellen für Jesu Verkündigung entscheidend war und der nach Jesu Tod für Paulus gar zum Angelpunkt seiner Theologie von der »Rechtfertigung des Gesetzlosen« wurde: die »Freiheit vom Gesetz«.

Gottes Gebote – um der Menschen willen

Zunächst ist festzuhalten: Jesus ging es zentral um das, worum es schon dem Judentum und dann auch wieder Muhammad ging: um *Gott*, um den *unbedingten Gehorsam* gegenüber Gott. Eine grundlegende Gemeinsamkeit zwischen Judentum, Christentum und Islam – keine Frage. »Islam«, das heißt »Ergebenheit«, »Hingabe« gegenüber Gott (keineswegs passiv-resignativ, sondern aktiv-engagiert zu verstehen): Dies läßt sich durchaus umschreiben mit Jesu »Dein Wille geschehe«! Was Gott im Himmel will, das soll auf Erden geschehen (was auch christlich nicht als resignative »Gottergebenheit« verstanden werden darf). Das deutsche Wort »Wille« gibt nur annähernd das hebräische »rāsōn« oder aramäische »reʿūthā« wieder, welches eigentlich »Huld, Wohlgefallen« bedeutet: das, was Gott in seiner Huld, in seinem Wohlgefallen über uns beschlossen hat zu unserem Heil. Gottes Heilswille also ist gemeint: Dieser Wille möge sich erfüllen! Zwischen dem islamischen »Gottes Wille geschieht« und dem jesuanischen »Gottes Wille geschehe« besteht – wir werden es noch genauer sehen – kein Widerspruch.

Den Gehorsam gegenüber dem Willen Gottes hatten (zwar nicht »die Juden« überhaupt, jedoch) sehr viele Fromme zur Zeit Jesu weithin mit dem Gehorsam gegenüber dem *geschriebenen Gesetz* des Mose und der dieses Gesetz auslegenden Tradition völlig identifiziert. Nun vermag ein Gesetz dem Menschen zweifellos Sicherheit zu geben; wer wollte dies leugnen? Ist es nicht oft leichter, sich einfach starr an das allgemeine Gesetz zu halten, statt vom betroffenen einzelnen Menschen her zu entscheiden? Und doch: kein Gesetz kann alle Fälle des Lebens einkalkulieren, keines alle Lücken schließen, keines die konkreten Belange des Menschen berücksichtigen. Zwar versuchte man, ebenso wie später im Christentum und im Islam, schon im damaligen Judentum sinnlos gewordene Gesetzesbestimmungen in Juristenart auf die neuen Lebensbedingungen zurechtzubiegen beziehungsweise aus ihnen künstlich etwas Entsprechendes für die veränderte Situation abzuleiten und so die Vorschriften zu verfeinern. Dies scheint ja wohl der einzige Weg zu sein, wenn man den Buchstaben des Gesetzes mit dem Willen Gottes gleichsetzt: durch Gesetzesinterpretation und Gesetzesexplikation zur Gesetzeskumulation. Aber: je feiner das Netz, desto zahlreicher die Löcher. Und je mehr Gebote und Verbote man aufstellt, um so mehr verdeckt man, worauf es entscheidend ankommt.

Gerade dieser gesetzlichen Haltung hat Jesus von Nazaret den Todesstoß gegeben. Nicht auf Gottes heiliges Gesetz selbst zielt er. Er zielt auf des Menschen *Gesetzlichkeit*, die das Gesetz korrumpiert, und auf die Gottes Gebot überwuchernden »Traditionen«, die »Überlieferungen der Alten«: »Warum mißachtet denn ihr Gottes Gebot um eurer Überlieferung willen?« (Mt 15,3). Den *Buchstaben des Gesetzes mißt Jesus am Willen Gottes selbst*, und damit stellt er den Menschen in befreiender, beglückender Weise unmittelbar vor Gott. Eine *neue Art von Gehorsam gegenüber Gott* – nicht nach dem Buchstaben, sondern (wie Paulus sagen wird) nach dem »Geist«! Weder verpflichtet Jesus neu auf die alte Rechtsordnung, noch proklamiert er ein neues Recht, das alle Lebensbereiche umfaßt. Er erläßt weder sittliche noch rituelle Anordnungen, wie der Mensch im einzelnen beten, fasten, die heiligen Zeiten und Orte beachten, gar hygienisch leben soll.

Jesus geht es um eine neue Grundeinstellung, die alles durchdringen soll. Ganz konkret zugreifend, fern aller Kasuistik, Scholastik und Buchstabengläubigkeit, unkonventionell und treffsicher ruft der Jesus der Bergpredigt und der Parabeln den einzelnen zu einer neuen Grundhaltung des Glaubens und Praxis der Liebe auf. Er ruft zur Erfüllung des Willens Gottes, der auf nichts anderes zielt als auf das Heil, das umfassende *Wohl des Menschen*! Und deshalb eine *Hingabe* (»islām«) *an Gott*, die freilich das *ganze*

Leben und *alle Menschen,* selbst die Feinde, umfassen soll. In diesem Sinn eine *»neue Gerechtigkeit«* als Grundlage des menschlichen Lebens! Nicht Gesetz über Gesetz verkündet Jesus, sondern einfache, durchsichtige, befreiende Appelle, die auf Autoritäts- und Traditionsargumente verzichten und dafür Beispiele, Zeichen, Symptome für das veränderte Leben in Liebe zu Gott und zu den Menschen angeben: Die »Bergpredigt« ist beeindruckendes Zeugnis dafür, und dafür gibt es keine Parallele im Islam.

Ich sage dies nicht, weil ich der Meinung wäre, das Christentum sei hierin dem Islam in jedem Fall »überlegen«. Ich sage das, weil wir hier am theologischen Kernpunkt der Kontroverse um Recht und Gesetz sind: Woran soll der Mensch sich halten? Worauf sein Leben gründen? Wie ist Gott zu verstehen, wie erkenne ich ihn, was ist sein Wille, und wie erfülle ich seinen Willen? Und ich sage dies auch in vollem Bewußtsein, daß Gesetze zu jeder staatlichen Ordnung und daß Handlungsanweisungen, Regeln, »Säulen« zum unveräußerlichen Bestand auch jeder Religion gehören; ja, daß ein oberflächliches, zerfahrenes Christentum von heute vom elementaren Bestand an Orthopraxie im Islam durchaus lernen kann: vom spirituellen Ideal des täglichen Gebets, vom asketischen Ideal des Fastens oder auch vom sozialen Ideal der Armensteuer und schließlich auch von der Bedeutung des Glaubenszeugnisses in der Öffentlichkeit.

Aber ich frage mich, ob es nicht etwas Positives für Koran und Sharīʿa bedeuten könnte, wenn – statt mittelalterlicher Scholastik und Kasuistik – dieses hermeneutische Grundprinzip auf sie angewendet würde: Erfüllung des Willens Gottes durch Dienst am Nächsten? Dies würde bedeuten: Der *Dienst am Menschen hat die Priorität vor der Gesetzeserfüllung.* Humanität anstelle von Legalismus! Nein, kein Rückzug in die Innerlichkeit! Aber: Normen und Institutionen dürften nicht absolut gesetzt werden. Es ist – blickt man auf die Botschaft Jesu – gerade Gottes Wille, daß Menschen nie einer sich absolut setzenden Norm oder Institution geopfert werden. Die Gebote Gottes sind um der Menschen willen da und nicht die Menschen um der Gebote Gottes willen! Normen und Institutionen wären deswegen keineswegs einfach abzuschaffen oder aufzuheben. Aber: alle Bestimmungen und Vorschriften, alle Gesetze und Gebote, Normen und Institutionen, alle Analogie und aller Konsens, alle Rechtssammlungen und Rechtsschulen stehen nach Gottes Willen unter dem Kriterium, ob sie für den Menschen da sind oder nicht. Vielleicht könnten von daher auch Muslime es nicht mißverständlich finden, wenn wir sagen: Nach *Gottes* Willen ist auch *die Sharī'a um des Menschen willen* da und nicht der Mensch um der Sharī'a willen! Der Mensch also das Maß des Gesetzes! Ließe sich so nicht – auch heute und hier die Bedeutung des *Gewissens* – kritisch unterscheiden, was an einer religiösen Ordnung richtig und was unrichtig ist, was wesentlich oder gleichgültig, konstruktiv oder destruktiv, gutes oder schlechtes Recht ist?

So ließe sich der notwendige *religiöse Freiraum* gewinnen, um ohne exegetische Tricks die anstößigsten Mängel des islamischen Rechts (Verstoßung der Frau, Menschenrechte, Widerstandsrecht, Zinsverbot) und insbesondere des Strafrechts (Verstümmelung, Prügelstrafe, öffentliche Hinrichtungen, Todesstrafe für Abfall vom Islam) zu beheben. Schon im 9. Jahrhundert haben islamische Gelehrte die Frage heftig diskutiert, ob der Koran geschaffenes oder ungeschaffenes Wort Gottes sei, und manche argumentierten damals, daß der Koran in der Zeit geschaffen (und deshalb modifizierbar?) sei. Auch wurde die Lehre des Ijtihād (der eigenständigen Rechtsfindung) – trotz der angeblichen »Schließung der Pforte des Ijtihād« um 900 – nie aufgegeben, auch nicht nach der politischen Absicherung der Sharī'a-Rechtsprechung unter den osmanischen Sultanen im 16. Jahrhundert.

Seit dem 18. Jahrhundert führte dann, etwa in Algerien oder in Indien, der koloniale Status zur Änderung des islamischen Rechts. Und seit dem 19. Jahrhundert kam es aufgrund der verstärkten Kontakte mit Europa und Amerika zu Rechtsänderungen selbst im Osmanischen Reich und in Ägypten. In der türkischen Republik schließlich wurde 1926 die Sharī'a ganz aufgegeben und wurden die religiösen Gerichte abgeschafft. Aber auch in den anderen islamischen Ländern (mit Ausnahme von Saudi-Arabien, Jemen und neuerdings Iran) gab man die Sharī'a im Zivil- und Strafrecht praktisch auf. Ihr Wirkkreis wurde durch andere Gesetzbücher und besondere Gesetze weiter eingeengt – abgesehen freilich vom durchaus zentralen Ehe-, Familien- und Erbrecht. Ob sich dies alles – wie jetzt im Sudan oder in Pakistan versucht – auf die Dauer rückgängig machen läßt?

Die Entwicklung ist also faktisch weithin in die Richtung der Reformer gegangen. Doch drängt sich in Langzeitperspektive eine grundsätzliche theologische Lösung auf, die nur – ich muß hier auf das am Ende meiner ersten Antwort vorgebrachte Desiderat zurückkommen – mit einem *historischen Verständnis des Koran* erreicht wird. Mit Recht sagt der islamische Religionswissenschaftler *Fazlur Rahman* in seinem »Epilog« (1979) zu seinem Buch »Islam« (1966) über das Verständnis des Koran: »Man sollte ihn in historischer Ordnung studieren, um die Entwicklung seiner Themen und Ideen zu würdigen (andernfalls wird man leicht an gewissen wichtigen Punkten irregeführt). Man sollte ihn dann studieren vor seinem gesellschaftsgeschichtlichen Hintergrund; dies gilt nicht nur für einzelne Passagen, für die es das gibt, was die Korankommentatoren ›Anlässe für Offenbarungen‹ nennen, sondern auch für den Koran als ein Ganzes, für welches es einen Hintergrund im heidnischen Mekka gab, der ›Anlaß für den Koran‹ war. Ohne diesen Makro- und Mikrohintergrund adäquat zu verstehen, wird man wahrscheinlich schwer irren bei der Beurteilung des Grundimpetus des Koran und der Wirksamkeit des Propheten« (S. 261).

Der schon zitierte Band »Islam in Transition« ist voll von Anregungen, die kritische muslimische Intellektuelle hinsichtlich einer grundlegenden Veränderung des islamischen Gesetzesverständnisses geben. Stellvertretend für viele in diesem Band sei der ägyptische Arabist *Muhammad Nuwaihī* genannt, der gegenüber Einzelreformen im islamischen Recht eine grundlegende Veränderung aus dem Geist religiöser Erneuerung fordert. Ebenso deutlich fordert neuerdings eine Unterscheidung zwischen Zeitbezogenem und Bleibendem der serbokroatische Muslim *Smail Balić* (»Ruf vom Minarett«, 1979) in seiner aufgrund der Quellen erarbeiteten »Selbstdarstellung« des Islam: »Der Qur'ān (ʿa.s.) ist die unerschütterliche Orientierungsgrundlage (habl matīn) für das religiöse Leben der Muslime. Daran darf kein Gläubiger zweifeln. Doch scheint es, daß im Bezug auf die Erforschung der esbāb en-nuzūl, der realen Veranlassungen zu einzelnen Qur'ān-Offenbarungen, und die daraus resultierende Rechtsphilosophie nicht gründlich genug vorgegangen wird, um das Zeitbezogene vom Bleibenden zu trennen. Die Erkenntnis, daß der Qur'ān zum Teil auch eine Sammlung der Zeitdokumente aus der Frühgeschichte des Islam ist, vermochte bis jetzt über die reine Theorie nicht hinauszukommen« (S. 90).

In Indien hat sich eine ganze Gruppe muslimischer Wissenschaftler ausdrücklich von der Theorie der wortwörtlichen Inspiriertheit des Koran abgewendet und sich für dessen historische Interpretation ausgesprochen, die zugleich eine Übersetzung in die Gegenwart hinein ermöglichen soll: »Für mich steht fest«, sagt *Asaf A. A. Fyzee,* ein prominenter Vertreter des indischem Islam, »daß wir nicht zum Koran ›zurück‹ gehen können, sondern mit ihm ›vorwärts‹ gehen müssen. Den Koran *verstehen,* wie die Araber zur Zeit des Propheten ihn verstanden, will ich nur, um ihn *neu* zu *interpretieren,* ihn auf meine Lebensbedingungen anzuwenden und an ihn zu glauben, insofern er mich als Menschen des 20. Jahrhunderts anspricht« (zit. bei R. Wielandt, S. 159).

Wie ein Echo auf diese Worte klingt die Stellungnahme eines muslimischen Wissenschaftlers in Europa, *Muhammad M. Arkoun,* Professor für arabische Sprache und islamische Kultur an der Universität Paris. Bei einem islamisch-christlichen Kolloquium 1981 in Bonn wandte er sich entschieden gegen eine Form der christlich-muslimischen Begegnung, bei der nur die integralistischen und fundamentalistischen Kräfte auf beiden Seiten sich gegenseitig bestätigen. Statt dessen forderte Arkoun, die Umbrüche auf dem Gebiet der Naturwissenschaften und der modernen Kultur überhaupt ernst zu nehmen und für ein gewandeltes Verständnis der Religion fruchtbar zu machen: »Statt die Verbreitung neuer Fragestellungen in bezug auf die Funktion der Religion in der menschlichen Existenz als vordringliche Aufgabe zu betreiben, pflanzt derjenige philosophische Ansatz, der dem islamisch-christlichen Gespräch zugrunde liegt, die Fiktion einer ewig gleichbleibenden Vernunft fort, die durch die Offenbarung erleuchtet, in der Ontologie der Heiligen Schriften verwurzelt und infolgedessen in ihren Verfahren und Aussagen unfehlbar ist. – Aus diesem Grund fordere ich, was mich anbetrifft, eine kritische neue Lektüre der Schriften (Bibel, Evangelien, Koran) und eine philosophische Kritik der exegetischen und theologischen Vernunft« (zit. nach »Der Glaube in Kultur, Recht und Politik«, hrsg. von M. S. Abdullah, 1982, S. 141 f.).

Inwiefern, so wird am Ende dieser Antwort von islamischer wie christlicher Seite gefragt werden, kann dann der Koran oder die Bibel bei »kritischer Lektüre« noch Wort Gottes, noch Offenbarung sein? Wie ich es schon am Ende meiner ersten Antwort angedeutet habe und wie es wohl auch die hier zitierten islamischen Gelehrten mit der Großzahl der christlichen Exegeten übereinstimmend ausdrücken würden: Die Alternative – entweder allein Gottes Wort und deshalb verbindliche Offenbarung oder allein Menschenwort und deshalb unverbindliche menschliche Erfahrung – ist überholt. Auch für den Koran gilt analog zur Bibel: Das *Gotteswort* ist vernehmbar nur *im Menschenwort*, die göttliche Offenbarung ist nur durch menschliche Erfahrung und Interpretation vermittelt.

Mit dem Wandel der gesellschaftlichen Verhältnisse wird die Religion zwar nicht verschwinden, aber (so weit hat Karl Marx recht) sich wandeln. In der gegenwärtigen äußerlich stabilen, innerlich labilen Situation vieler islamischer Länder dürfte dies wohl die zukunftsträchtigere Strategie sein: Statt traditionalistisch alles bewahren zu wollen, wären sowohl die *westlichen »Errungenschaften«* wie auch die *eigenen traditionellen Positionen* einer differenzierten, konstruktiven *islamischen Kritik* zu unterziehen; um so auch im Islam zu unterscheiden zwischen dem Bleibenden und dem Wandelbaren, zwischen dem wesentlich Islamischen, der großen (auf dem Koran begründeten) islamischen Tradition, und den »idées reçues«, allen möglichen überkommenen Ideen; um so dann auch eine klare Unterscheidung treffen zu können zwischen Moralität und Legalität, zwischen unveränderlichen ethischen Konstanten und veränderbaren gesetzlichen Bestimmungen. Auch viele Muslime wünschen sich eine vom geltenden Recht unterschiedene (und doch das Recht differenziert begründende) islamische Ethik und Weltsicht und überhaupt, gerade im Hinblick auf ein verbessertes Erziehungssystem – wie in den Jahrhunderten blühender islamischer Wissenschaft und Kultur –, eine erneut kreative Literatur und Geistigkeit.

Zum Abschluß soll nochmals Fazlur Rahman zitiert werden, der neben dem historischen auch ein synthetisch-systematisches Verständnis des Koran fordert, das nach Rahman im Hinblick auf »Islam and Modernity« (1982) vor allem »eine klare Unterscheidung zwischen koranischer Ethik und koranischem Recht« (S. 154) einschließen muß: »Die einzige Möglichkeit, genuines islamisches Recht zu schaffen, besteht darin, das öffentliche Gewissen im Lichte islamischer Werte aufzuklären, besonders das der gebildeten Klassen. Dies unterstreicht faktisch die Notwendigkeit, islamische Ethik systematisch vom Koran her auszuarbeiten und solche Arbeiten dem allgemeinen Publikum zugänglich zu machen. Solche Schaffung islamischen Rechts kann nicht über Nacht geschehen. Kein Zweifel deshalb, daß ein breiteres Studium früherer Arbeiten islamischer Jurisprudenz und islamischen Rechts hilfreich sein wird. Wenn erstklassige Arbeiten über die Geschichte islamischen Rechts und islamischer Jurisprudenz geschrieben sein werden – und diese Arbeit muß getan werden! –, dann sollten sie in den Rechtsschulen als Teil des normalen Lehrplanes vorgeschrieben werden. Auf diese Weise könnten zentrale islamische Rechts- und Moralbegriffe langsam in das Anwaltswesen Eingang finden. In vielen muslimischen Ländern sind die Rechtsanwälte selbst begierig, mehr über islamisches Recht zu lernen. Vielleicht sollte ein internationales Komitee muslimischer Juristen gebildet werden mit erstklassigen traditionalistischen Gelehrten des Rechts und der Jurisprudenz aus verschiedenen mittelalterlichen Schulen, um größere Arbeiten auf diesem Felde in Angriff zu nehmen. Gegenwärtig dürfte al-Azhar das hoffnungsträchtigste Zentrum für solch eine Entwicklung sein« (S. 156 f.).

Um des Islam, des Christentums und des Weltfriedens willen wäre es von größter Bedeutung, wenn das neuerwachte islamische Selbstbewußtsein und das Gefühl weltweiter muslimischer Solidarität sich schließlich doch nicht in Richtung eines fundamentalistischen Legalismus entwickeln, sondern zu einer selbstkritischen muslimischen Reform führen würden. Ja, mit vielen Muslimen darf man es vielleicht auch als Christ im Interesse des Islam sagen: Wie das Christentum bedarf auch der Islam – nachdem die Befreiungskämpfe gegen den westlichen Kolonialismus durchgefochten sind – weder der nur inneren Umorientierung ohne gesellschaftliche Folgen noch der nur äußeren Anpassung an den westlich geprägten Zeitgeist, auch nicht nur der wirtschaftlich-sozialen Besserstellung. Wie das Christentum bedarf der Islam der *umfassenden geistigen Erneuerung,* in der ein religiös-theologisch begründetes Ethos die Basis sein könnte für eine bessere politisch-soziale und auch rechtliche Ordnung. Die Substanz des Islam also aufgehoben in einem wahrhaft zeitgenössischen ökumenischen Paradigma!

III. Gottesbild und islamische Mystik, Menschenbild und Gesellschaft

1. Josef van Ess: Islamische Perspektiven

Der Primat des Monotheismus

Pascal hat einmal zwischen dem »Gott Abrahams, Isaaks und Jakobs« und dem »Gott der Philosophen« unterschieden. Wenn wir das islamische Gottesbild betrachten, so mag sich uns leicht der Eindruck ergeben, als hätten wir es mit dem »Gott der Philosophen« zu tun; so klar und rational geht es dort zu. Monotheismus erscheint einem Christen schnell als bloße Idee. Für einen Muslim aber ist Monotheismus erlebte Realität, und in der Tat ist sein Gott ja, wie wir sahen, in besonderer Weise der Gott Abrahams. Die Pascalsche Unterscheidung trifft auf den Islam gar nicht recht zu; sie setzt einen Gegensatz zwischen Glauben und Wissen voraus, den es dort nicht gibt.

Verglichen mit dem trinitarischen Gott der Christen ist der Gott der Muslime allerdings ein Gott ohne Mysterium; oder besser gesagt: sein Mysterium liegt nicht in seinem Wesen, sondern in seinem Handeln, in der unerforschlichen Art, in der er den Menschen lenkt oder bestimmte Dinge durch sein Gesetz zur Pflicht gemacht hat. Über sein Wesen hat er sich selber geäußert in der Offenbarung; dort erkennt man, daß er Eigenschaften hat, und diese Eigenschaften mögen, vor allem wenn sie zu menschlich geraten, Probleme aufwerfen. Aber die muslimische Theologie hat es häufig bei einem »non liquet« bewenden lassen; sie scheut sich spürbar, allzuweit über die Offenbarung hinauszugehen. Das schließt nicht aus, daß wir, vor allem in der fruchtbaren Frühphase, auf interessante Spekulationen stoßen; aber man hat nie, wie in den christlichen Konzilien, neue Glaubenswahrheiten formuliert, die sich als Entfaltung der geoffenbarten Axiome verstanden. Es gab ja keine Lehrautorität, die dies hätte tun können; der Konsens der Religionsgelehrten, der am ehesten sich mit den Konzilien vergleichen ließe, hat sich immer auf juristische Feststellungen, Grundsatzurteile gewissermaßen, beschränkt.

Die klassische Formulierung der Einheit und Einzigkeit Gottes findet sich in einer kurzen Sure (Nr. 112), die von den Muslimen immer wieder als eine Art Glaubensbekenntnis zitiert wird: »Sag: er ist Gott, ein Einziger / Gott, durch und durch / Er hat weder gezeugt, noch ist er gezeugt worden. / Und keiner ist Ihm ebenbürtig.« Das klingt wie Polemik gegen das »gezeugt, nicht geschaffen« des Credos, ist aber unter Umständen gar nicht so gemeint. Die Sure ist vielleicht noch in Mekka entstanden und würde sich dann gegen den heidnischen Polytheismus richten; Allah hatte, als er noch der Hochgott des mekkanischen Pantheons war, mehrere Töchter. Dennoch wird jeder Muslim heute darauf bestehen, daß damit auch die Trinität verworfen sei; selbst wenn er sie nicht, wie dies in der Polemik häufig geschieht, als Tritheismus interpretiert, wird er sie für herzlich überflüssig halten. Er sieht in ihr einen Sieg der Theologie über die Schrift; Theologie aber ist Menschenwerk, der Heilige Geist wird bei ihr nur von den Christen bemüht. Dieses Urteil fällt ihm um so leichter, als trinitarische Theologie sich ihm – wie übrigens auch uns – in einer fremden Sprache präsentiert; die Begriffe, die er da hört, stammen aus dem Aramäischen (Syrischen), und das wirkt auf einen Araber mindestens ebenso belustigend wie auf uns das Soziologendeutsch. Nicht zuletzt aber impliziert die Trinität die Inkarnation, und sie ist nun gewiß, so wird er sagen, ein Irrweg: Die Grenze zwischen Gott und Mensch läßt sich nicht verwischen.

Gott als der barmherzige Herr

In der Tat kennt der Islam die Vorstellung des Mittlers nicht; Muhammad ist Heilsbringer nur im Sinne der Information. Auch sonst wird jede Brücke bewußt abgebrochen: Es gibt keine Sakramente, keine Kultbilder, keine Kirchenmusik. Gott ist transzendent. Aber das klingt nur für uns so, als sei er fern oder unpersönlich; denn für uns zeigt sich Gott in mehreren Personen und ist der Monotheismus vor allem eine philosophische Idee. Für den Muslim dagegen ist Gott nicht nur der Eine, sondern auch der Einzige, auf den sich alles ausrichtet und der sich um alles kümmert; er ist der Herr, und er ist der Barmherzige.

Das ist ausgesagt in den beiden Gottesnamen, die im Koran die zentrale Rolle spielen, beides Namen mit einer langen vorislamischen Tradition und beide mehr als bloße Attribute: Allāh, übersetzt »der Gott (schlechthin)«, und ar-Rahmān, der »Erbarmer« – der »Gnädige«, um es etwas christlicher zu sagen. Gott ist somit im Islam kein Despot; er kann zwar über den Menschen verfügen, aber er tut dies im Sinne der Sorge. Er lenkt den Menschen; aber dieser empfindet sich deswegen nicht als willenlos. Gewiß, der Muslim spricht von sich selber als dem »Sklaven Gottes«, dem »Knecht«. Aber wir sind wohl in erster Linie deswegen dagegen so allergisch, weil wir vom Begriff des autonomen Individuums ausgehen; sehr ergeben sind wir jemandem ja nur noch am Ende eines Briefes. Der Islam betont noch viel stärker die Kreatürlichkeit.

Aber, so wird man sagen, für uns ist der Mensch auch deswegen nicht »Sklave« Gottes, weil wir ihn als Kind Gottes bezeichnen, und Gott ist eben nicht nur der Herr, sondern auch der Vater. Diese Ausdrucksweise findet sich in der Tat im Islam nicht. Aber wir müssen auch den Grund dafür sehen: Ein Kind ist für einen Araber immer ein Sohn, und Gott hat keinen Sohn; er »zeugt« nicht. Die Formulierung ist unmöglich, weil sie trinitarische Assoziationen weckt; de facto steckt in Gottes *Barmherzigkeit* viel von jener Väterlichkeit, die wir als typisch christlich ansehen. Und mag auch dem Muslim, entsprechend der Knechtsnatur des Menschen, der Gehorsam als die Kardinaltugend der Geschöpfe gelten, so spricht er doch im gleichen Atemzug von Vertrauen und Dankbarkeit; das Wort für »Unglaube« bedeutet dasselbe wie »Undankbarkeit«.

Ähnlich komplex liegt die Sache bei einem andern Begriff, auf den die Christen so stolz sind: bei der *Liebe*. Daß Gott diejenigen Menschen liebt, die seine Gebote befolgen, die »Rechtschaffenen«, die »Bußfertigen«, die »Gottesfürchtigen«, wird immer wieder im Koran gesagt (vgl. Sure 2,195, 2,222, 3,76 usw.). Aber die Theologen haben aus diesem verbalen Wortgebrauch im allgemeinen nicht den Schluß gezogen, daß Gott Liebe *habe,* und erst recht nicht, daß er die Liebe *sei.* Das hing ein wenig an der Vieldeutigkeit des Wortes: Liebe mochte auch bloße Verliebtheit bedeuten wie bei den Dichtern oder gar als Krankheit der Seele verstanden werden, als Wahnsinn, wie man es von Aristoteles und den antiken Ärzten wußte. Dennoch bleibt bezeichnend, daß die Theologen sich nicht ihre eigene Definition geschaffen haben. Für sie stand fest, daß Gott sich nicht über die Offenbarung hinaus erschließt; er gibt sich nicht hin. Und wenn der Mensch sich Gott hingibt – denn *islām* heißt nichts anderes als »Hingabe« –, so an den göttlichen Willen, nicht an Gott als Person.

Die Vertiefung des Liebesbegriffs in der islamischen Mystik

Allerdings sind die Theologen und Juristen nicht die einzigen Repräsentanten des Islam. Neben der »Gesetzesreligion« und keineswegs notwendigerweise im Widerspruch zu ihr gab es von Anfang an immer auch die Welt der persönlichen Gottsuche und der *Mystik,* in der die Liebe – im reziproken Sinne: als Liebe Gottes zum Menschen und als Liebe des Menschen zu Gott – von zentraler Bedeutung war, als höchste Verwirklichung des Aufstiegs zu Gott, gleichbedeutend mit dem Entwerden in ihm. Hier vertiefte sich der Kontakt mit Gott bis zum Du, in dem das Ich sich völlig auflöst. Zu den ältesten Texten, die uns über dieses Phänomen Auskunft geben, gehören die Gedichte und Aussprüche einer Frau, die im 8. Jahrhundert unserer Zeitrechnung in der irakischen Stadt Basra lebte. Weit bekannt waren die folgenden Verse:

»Auf zwiefache Weise liebe ich Dich: in selbstischer Hingabe
oder weil Du dessen wert bist.
Selbstische Hingabe heißt, daß ich aufgehe
im Gedenken an Dich, fern von allem außer Dir.
(Liebe) aber, die Deiner wert ist, heißt,
daß Du die Schleier hebst, so daß ich Dich schaue.
Weder das eine noch das andere ist mein Verdienst;
für beides gehört Dir aller Preis!«

Damit stehen auch die Werke in einer neuen Dimension. Nicht daß sie unbedingt geringer eingeschätzt würden, als dies bei den Juristen geschah. Aber: »Ich habe Gott nicht aus Furcht vor der Hölle gedient«, so überlieferte man von derselben Mystikerin, »denn ich wäre nur ein elender Mietling, wenn ich es aus Furcht täte. Noch tat ich es aus Liebe zum Paradies; denn ich wäre ein schlechter Diener, wenn ich diente um dessentwillen, was mir gegeben wird. Sondern ich habe ihm gedient einzig aus Liebe zu ihm und aus Verlangen nach ihm.«

Wir müssen uns natürlich fragen, wie maßgeblich solche Gedanken für die islamische Kultur gewesen sind. Da ist nun wichtig zu wissen, daß die Mystik nicht, wie im Abendland, Angelegenheit von Einzelpersönlichkeiten blieb, sondern im Laufe der Jahrhunderte mehr und mehr unters Volk ging. Gemeinschaften entstanden, Orden, denen zum Beispiel in der späteren Osmanenzeit, im 19. Jahrhundert vor allem, weite Kreise der Bevölkerung angehörten, Handwerker ebenso wie Rechtsgelehrte, arme Teufel ebenso wie mächtige Militärs. Aufgekommen war die Bewegung als Reaktion gegen die starke Juridifizierung und Intellektualisierung des Islam, gegen die Welthaftigkeit, die in dem kasuistischen Aufgehen ins Detail sichtbar wurde, gegen das pharisäerhafte Element, wie wir – zu stark abwertend – sagen würden; aber zum Schluß stellte sich heraus, daß beides sich miteinander verbinden ließ. Herz und Verstand, unmittelbare Erfahrung Gottes und genaueste Beachtung seiner Gebote waren keine Gegensätze. Das bedeutete natürlich eine gewisse Verflachung; in den Orden bot Mystik den Menschen die Annehmlichkeiten eines Klubs. Aber es heißt auch, daß Begriffe wie Liebe oder Aufgehen in Gott ins allgemeine Bewußtsein eindrangen.

Da es uns hier vornehmlich um das Selbstverständnis des heutigen Islam geht, ist es ebenso wichtig zu wissen, daß diese mystischen Bruderschaften in den Kernländern des Islam seit einiger Zeit stark an Boden verloren haben. Den Nationalisten sind sie ein Dorn im Auge, weil sie das Gemeinschaftserlebnis anderswo suchen als in der Nation; den Fundamentalisten sind sie zuwider, weil sie sich zu weit von der paradigmatischen Nüchternheit des Ur-Islam entfernt haben. Nur in den Randgebieten, in Afrika zum Beispiel oder in Indien, spielen sie weiter eine große Rolle. Das bedeutet, daß mystische Werte heutzutage häufig affektisch abgelehnt werden, vor allem von Intellektuellen und Ideologen.

Und ein zweites muß man bedenken: Mag die Liebe in der Mystik auch als religiöse Kategorie stark in den Vordergrund treten, so ist sie doch im allgemeinen keine Liebe zwischen gleichwertigen Partnern, sondern Liebe, in dem einer der Partner, nämlich Gott, sich allmählich ganz an die Stelle des andern setzt. Für den Menschen bedeutet sie nicht *Eins*werden, sondern *Ent*werden, Erfüllung eher im Sinne der Entpersönlichung. Zwar sprechen die Mystiker manchmal von einem »Weiterbleiben« nach dem »Entwerden«, einem Zustand, in dem die Person sich in Gott wiederfindet. Aber sie wissen doch sehr wenig darüber zu sagen. Letzten Endes schwingt auch in dieser Liebe das Element der Unterwerfung mit. Gott spielt in der mystischen Poesie immer die Rolle dessen, der die Liebe empfängt, des Geliebten; der Geliebte aber hat, so wußte man, den Liebhaber völlig in der Hand.

Die Natur als Spiegel göttlicher Macht

Gott bleibt also der Herr, mag man noch so sehr nuancieren. Und wenn man nuanciert, so ohnehin nur bei Gottes Verhältnis zum Menschen. Im Verhältnis zur unbelebten Schöpfung bleibt seine Verfügungsgewalt ohne jede Verkleidung. So wie sich Gott um den Menschen in jedem Augenblick sorgt, hält er auch die Natur in jedem Augenblick in seiner Hand, und zwar nicht nur nach Art des »Bildners«, des »technítes«, wie die Antike und der neuzeitliche Deismus sich das vorstellten; die Welt ist kein Uhrwerk, und sie läuft auch nicht ab nach ihren eigenen Gesetzen, sondern Gott bestimmt jedes Geschehen in jedem Augenblick selber, ohne »Zweitursachen«, »causae secundae«, also genau ohne das, was wir aus unserer Perspektive als unmittelbare und einzig gültige Kausalverknüpfung ansehen würden. Zwar hat die Welt ihre Ordnung, aber es ist nicht die Ordnung eines Kosmos. Die Ordnung ist für den, der sie setzt, nämlich Gott, nicht bindend; Gott kann ja Wunder tun. Man nennt das Okkasionalismus; Malebranche hat so ähnlich gedacht, im Mittelalter Nikolaus von Autrecourt. Kausalität ist im strengen Sinne damit nur noch optische Täuschung;

was wir als »propter hoc« interpretieren, ist in Wirklichkeit immer nur ein »post hoc«, wie der Theologe al-Ghazzālī, der Algazel des Mittelalters, sagte – in einem Werk übrigens, das auch ins Lateinische übersetzt worden ist. Er hat damit die These David Humes vorausgenommen. Auch Naturgesetze haben insofern nur eingeschränkte Geltung, soweit nämlich Gott aus Gewohnheit immer die gleichen Entscheidungen trifft, als »coutume de Dieu«, um mit Leibniz zu reden. Gott ist frei; dennoch ist er nicht unbedingt kapriziös.

Mit dem letzten Satz ist implizit schon eine Frage beantwortet, die sich jedem forschen Abendländer hier sofort aufdrängt: wie es denn dann mit der Naturwissenschaft und der Technik bestellt sei. Beide Phänomene werden von einer solchen Denkweise nicht unbedingt beeinträchtigt. Denn mag Gott auch nicht berechenbar sein, so tut er doch ebensowenig in jedem Augenblick etwas anderes; er hat seine Usancen, und auf diese Usancen kann man sich im Grunde verlassen. Selbst Wunder tut er nicht, wenn er Lust hat; denn ein Wunder im echten Sinne ist nach der Definition, welche die islamische Theologie entwickelte, immer ein Bestätigungswunder, das einem Propheten zu größerer Publikumswirksamkeit verhilft. Nach Muhammad aber wird kein anderer Prophet mehr auftreten; er war ja das »Siegel« der Propheten. Einem Naturwissenschaftler reicht eine solche Konvention; er weiß ohnehin, daß Naturgesetze nichts anderes sind als Induktionsschlüsse, die wir bis auf weiteres als gegeben annehmen.

Allerdings muß man berücksichtigen, daß, vor allem durch den Einfluß der mystischen Orden, die Wundergläubigkeit des einfachen Volkes sich auf die Dauer immer freier entfalten konnte. Dem Haupt eines solchen Ordens, dem Shaikh im arabischen Raum, dem Pīr in Iran, dem Marabut im Maghrib und in Afrika, traute man Fähigkeiten zu, welche die Naturgesetze immer wieder durchbrachen: Telekinese, Hellsehen, Bilokation, und ebenso wie ein Prophet mußte er sich mit solchen Fähigkeiten legitimieren. Zudem ist die Entwertung der »Zweitursachen«, mag sie noch so theoretisch gemeint sein, nicht unbedingt dazu angetan, das Interesse an ihnen zu fördern; man mag sich leichter als sonst auf die Unerforschlichkeit des göttlichen Ratschlusses zurückziehen. Die Religion gibt also zumindest keinen Ansporn, Naturwissenschaft zu treiben. Aber das tut sie anderswo auch nicht; dazu ist sie auch nicht da. Interesse an den Naturwissenschaften erwächst im allgemeinen aus anderen Wurzeln.

Eines allerdings läßt sich sagen: Für einen Muslim spricht Gott nicht aus der Natur, sondern an ihr vorbei. Sie ist, so könnte man etwas überspitzt formulieren, theologisch einfach nicht vorhanden. Sie ist damit auch keine Macht, der der Mensch sich anheimgeben könnte; sie hat keinen Empfindungswert. »Mutter Natur« läßt sich nicht ins Arabische übersetzen; der Muslim ist kein Umweltschützer. Nun muß man, um letzteres zu erklären, nicht unbedingt die Theologie bemühen. Der Islam ist in Landstrichen zu Hause, wo Natur dem Menschen meist feindlich gegenübertritt; der Mensch muß sich ihr entziehen, er kann nicht in ihr aufgehen. Sein Ideal ist die künstlich geschaffene Welt: die Stadt, das Bewässerungssystem, der Garten, den er in Gestalt des Teppichs in das Haus hineinnimmt. Auch die Poesie der islamischen Stadtkultur beschreibt, wenn sie von der Natur redet, nicht unberührte Landschaften, sondern Gartenblumen, und sie vergleicht sie meist mit etwas Totem, mit Schmuck, mit Edelsteinen. Der Gedanke, daß auch das andere: die Wüste, das Gebirge, der Wald, Schöpfung ist und damit einen Sinn in sich haben könnte, kommt gar nicht erst auf; Schöpfung hat ihren Sinn entweder im Hinblick auf den Menschen, insofern er aus ihr Nutzen zieht und Gott dafür danken kann, oder im Hinblick auf Gott, insofern sich in ihr dessen Macht manifestiert.

Gott und Mensch sind die Koordinaten dieses Systems; »tertium non datur«. Die islamischen Theologen gehen nicht von der Kosmogonie aus wie die Griechen und, in gewissem Sinne, noch die mittelalterlichen Scholastiker; sie suchen nicht nach dem ersten Prinzip der Natur, und sie schreiben keine Kommentare zur Genesis. Die Gottesbeweise, die sie benutzen, sind im allgemeinen weder kosmologischer noch teleologischer Art. Diese Theologen waren im Hauptberuf meist Juristen, und ihr Weltbild war juristisch: ganz auf das Handeln ausgerichtet, und zwar auf verantwortliches Handeln, wie es nur beim Menschen sich finden kann.

Die Kernfrage ist dann die, wie verantwortliches Handeln zustande kommen kann, wenn Gott das Geschehen, das der Mensch bewirkt, fest in seiner Hand behält – die Frage also, wieweit es eine Willensfreiheit gibt. Hier ist mit einem Vorurteil aufzuräumen, dem nämlich, die Muslime seien Fatalisten und glaubten an das Kismet. Kismet ist ein ins Türkische übernommenes arabisches Wort, das in der Theologie überhaupt nicht vorkommt und uns vermutlich nur aufgrund eifriger Karl-May-Lektüre so geläufig ist. Fatalisten aber sind die Muslime deswegen nicht, weil sie an einen persönlichen und sorgenden Gott glauben; daß sie einem Schicksal (»fatum«) ausgeliefert seien, glauben sie allenfalls – wie wir auch – in Zeiten der Ohnmacht, in der Erfahrung absoluter Hilflosigkeit.

Dagegen findet sich häufig die Vorstellung einer Prädestination, derart daß die Ungläubigen alle von Gott mit Blindheit geschlagen und zur Hölle bestimmt seien, die Muslime dagegen letzten Endes alle zum Paradies. Hierin verrät sich die Verwunderung darüber, daß es Leute gibt, die verstockt bleiben und die Wahrheit nicht erkennen – ein üblicher Ansatzpunkt prädestinatianischer Gedanken. Von Determination des Handelns – und erst das wäre Leugnung der Willensfreiheit – ist auch dies noch weit entfernt; denn sowohl die Muslime als auch die Heiden tun weiter Gutes *und* Böses zugleich, und zumindest die Muslime können durch ihre Entscheidungen das Maß von Lohn und Strafe selber bestimmen. Daß der Abendländer sich so viel auf seinen Glauben an den freien Willen zugute hält, hängt ja vermutlich damit zusammen, daß er das theologische Problem nicht mehr sieht; wir urteilen da, wie so häufig, gar nicht als Christen, sondern sind in der Vorstellungswelt der Neuzeit befangen. Dabei wissen auch wir, daß es für den freien Willen Hemmnisse gibt; nur sprechen wir dann von geschichtlichen Notwendigkeiten oder sozialen Zwängen, nicht von Gott.

Wie bei der Natur, so erklärt der Muslim sich auch beim Menschen Gottes Verhalten als Balance zwischen prinzipieller Möglichkeit jederzeitigen Eingreifens und normalem Gewährenlassen. Gott hilft mit beim Guten und läßt das Böse geschehen. Beides entspricht einem ewigen Plan, den er vorherweiß; aber Vorherwissen hat nicht unbedingt vorherbestimmenden Charakter. Es wird zwar nicht anders kommen; aber dem Menschen bleibt dennoch seine Entscheidung, und er wird rechtens belohnt und bestraft. Was der Mensch mit seinem Handeln an den Objekten seines Handelns, in der Natur zum Beispiel, bewirkt, dafür schafft nicht er, sondern Gott alle Voraussetzungen; aber das ist, wie wir sahen, allenfalls philosophisch, nicht mehr theologisch interessant. In der Theologie konzentrierten sich alle Überlegungen darauf, wie das Handeln im Menschen selber zustande kommt.

Da ist nun die Terminologie recht interessant. Man sprach nicht von freiem Willen, sondern von »Wahl«. Das heißt, der Rahmen, innerhalb dessen sich Freiheit vollzieht, ist vorgegeben; der Mensch wählt zwischen Gehorsam und Verweigerung, er kann ein Gebot mißachten, aber er kann sich nicht außerhalb des Systems stellen. Freiheit ist Entscheidungsfreiheit innerhalb der vom göttlichen Gesetz geschaffenen Alternativen; sie ist nicht Spontaneität und radikale Offenheit, und erst recht ist sie nicht Negation von Autorität und Bindung. Zwar gibt es im klassischen Arabisch ein Wort für »Freiheit«; aber es bezieht sich seinerseits auf etwas Gegebenes, Unumstößliches: auf den legalen Status des Freien gegenüber dem Sklaven. Der Sklave hat somit keine »Freiheit«, aber er hat die »Wahl« vor Gott. Freiheit im Sinne der bürgerlichen Freiheit begegnete den Muslimen erst, als Napoleon, damals noch General Bonaparte, in Ägypten erschien. Aber es erstaunt nicht, daß sie die »liberté«, die ihnen da vorgeführt wurde, anfangs als Libertinismus und Anarchie verstanden; hier war unvermittelt Säkularisation in das überlieferte Bezugssystem eingedrungen.

Ebensowenig, wie die islamischen Theologen direkt von Freiheit sprechen, sprechen sie direkt von Willen. Was sie interessiert, ist vielmehr, wieweit der Mensch überhaupt *fähig* ist, zu wollen und zu handeln. Da aber ist wichtig, daß sie diese Handlungsfähigkeit, ebenso wie das Geschehen in der Natur, in jedem Augenblick prinzipiell auf Gott beziehen; Befähigung ist immer nur Befähigung zu einer einzigen Handlung, keine permanente Eigenschaft. Der Mensch *hat* keinen Willen, sondern er *erhält* ihn jedesmal von neuem, wenn er vor eine Wahl gestellt ist. Das ist in sich logisch; denn auch eine Wahl ist ja immer etwas Einmaliges, eine momentane Entscheidung – nur Freiheit wäre permanent. So ist zudem garantiert, daß Gott jede einzelne Handlung des Menschen unmittelbar wahrnimmt; Gott weiß – wie die islamische Theologie gegenüber den Philosophen, etwa Avicenna, festhält – nicht nur generell um die Entwicklung eines Menschen, sondern er kennt alle »particularia« seines Verhaltens. Nur: es fehlt damit dem Handeln prinzipiell an Kontinuität.

Daß sich dies *praktisch* kaum auswirkt, haben wir bei der Analyse des Naturbegriffs gesehen. Aber es hat weitere *systematische* Konsequenzen. Auch das Böse verwirklicht sich so immer nur punktuell; es gibt Sünden, aber es gibt nicht die Sünde, die in die Welt gekommen ist. Es gibt kein »mysterium iniquitatis«; es gibt nur falsche Entscheidungen. Einen tieferen Blick hat allein die islamische Mystik gehabt, als sie über den Sturz Satans meditierte. Nach dem Koran besteht die Sünde Satans darin, daß er sich weigerte, vor Adam, dem bevorzugten Geschöpf Gottes, niederzufallen, als Gott ihn dazu aufforderte; er hat also ein Gebot Gottes mißachtet (vgl. Sure 15,28–35) Aber, so sagten die Mystiker, im Grunde hat er doch recht gehandelt; denn der Fußfall hätte nur Gott gebührt, nicht seinem Geschöpf. Satan verwirklicht gewissermaßen den Monotheismus auch gegen Gottes ausdrücklichen Befehl; er hat ein *Gebot* Gottes mißachtet, aber gleichzeitig Gottes *Willen* erfüllt. Und Gott hat ihn verdammt, aber er liebt ihn immer noch. Hier wird einmal nicht atomistisch gedacht, sondern kosmisch, im Sinne eines großen Weltendramas. Aber selbst hier hat die Auflehnung Satans keine metaphysischen Konsequenzen; die Menschheit bleibt davon unberührt. Ähnliches gilt für Adams Fall; es war gar kein Fall, es war ein Ausrutscher, und Adam selbst hat ihn wiedergutgemacht. Wiedergutmachung geschieht durch Buße, die sich ihrerseits jeweils nur auf bestimmte einzelne Vergehen bezieht. Erlösung kommt in diesem System nicht vor; Muhammad ist ja kein Mittler.

Ähnlich interessant sind die Konsequenzen für das Menschenbild. Da das Handeln in jedem Augenblick unmittelbar zu Gott ist und nicht pfeilgerade in die Zukunft hineinwirkt, bedarf man auch keiner Instanz, die diese einzelnen Akte zusammenhielte: Die islamische Theologie kennt kaum den Begriff der Person. Die Unsterblichkeit der Seele wurde lange Zeit nicht allgemein anerkannt und ist nur am Rande ein ernsthafter Streitpunkt gewesen; für manche Theologen war die Seele ein »Teil« des Menschen wie sein Aussehen oder seine Körpergröße – bloßer Lebensodem, nicht mehr. Der Islam steht da ganz in der semitischen Tradition; Platon hat kaum eingewirkt. Umgekehrt heißt dies allerdings auch, daß Leib und Seele sich nicht trennen; beide sterben miteinander, und beide werden miteinander auferweckt. Das Menschenbild ist zwar diskontinuierlich; aber es ist auch monistisch. Die leibliche Auferstehung bereitet hier überhaupt keine philosophischen Probleme. Im übrigen ist auch sie ja ungriechisch, eine semitische Vorstellung.

Daraus erklärt sich dann weiterhin, warum der Koran die Paradiesesfreuden als leibseelisches Erlebnis beschreibt. Bekanntlich erwartet den Muslim da nicht nur die »visio beatifica«; auch Essen und Trinken (Wein, der auf Erden verboten ist!) und die Paradiesesjungfrauen spielen eine wichtige Rolle – wobei man sich übrigens manchmal vorstellte, daß letztere mit den irdischen Ehefrauen identisch seien. Die Schau Gottes ist ohne Zweifel, wie für den Christen, der Höhepunkt der Erfüllung. Allerdings ist wieder ein kleiner Unterschied zu notieren: Sie ist nicht permanent, sondern intermittierend; Gott zeigt sich auf einer Bühne, vor der sich immer wieder einmal der Vorhang hebt – ein spektakuläres, aber nicht unbedingt ein transformierendes Ereignis. Das Ganze erinnert an ein Gastmahl bei einem Kalifen; auch der Abbasidenkalif war bei der Audienz hinter einem Vorhang verborgen.

Wer im Paradies sich nicht umgewöhnen muß, steht auch im Diesseits seiner Leiblichkeit unbefangener gegenüber. Man merkt dies bei den Muslimen schon an der Sprache; sie arbeiten weniger mit Euphemismen, als wir dies bis vor kurzem taten. Sexualität wird nicht verteufelt, noch nicht einmal von den Asketen. Die christliche Polemik hat hier immer einen Ansatzpunkt gewittert, so schon Johannes Damascenus und die Byzantiner, erst recht dann die angelsächsischen Missionare des 19. Jahrhunderts; man kam gleich auf die Polygamie zu sprechen, Haremsatmosphäre wurde beschworen.

Aber das verfälscht die Perspektive. Sexualität ist im Islam legitim nur innerhalb des Gesetzes; Ehebruch und Unzucht werden streng bestraft. Der Muslim erlebt Sexualität nicht als Privileg des »mündigen Bürgers«; darum ist er heutzutage prüder als der Europäer. Jedoch erwächst diese Prüderie nicht aus Schuldgefühlen· sie bedeutet vielmehr, daß man den Anteil an der Welt, den Gott gewährt, nicht vergrößern darf. Diesen Anteil allerdings soll man guten Gewissens genießen; Abkehr von der Welt wäre genauso falsch. Das Ideal ist nicht der Mönch, sondern der Verheiratete; ein religiöser Würdenträger, der nicht verheiratet ist, würde großes Aufsehen erregen. Singles sind im Islam vorläufig noch nicht gefragt. Selbst Asketen hatten meist Familie.

Auch Askese sah also anders aus als bei uns. Sie äußerte sich häufig in skrupelhafter Beachtung der Reinheitsvorschriften; man hielt sich von allem fern, was auf unerlaubte Weise erworben oder mit Unerlaubtem in Berührung gekommen war. Das führte zur Kritik am unrechtmäßigen Besitz, manchmal am Besitz überhaupt. Aber auch Armut wurde eigentlich nicht zum Ideal. Der Koran setzt Eigentum als natürliche Gegebenheit voraus, und die Armensteuer, eine der fünf »Säulen« des Islam, kann nur jemand zahlen, der selber etwas hat. Da Reichtum auf diese Weise mit Notwendigkeit auch dem Allgemeinwohl zugute kommt, hatte Polemik gegen den Besitz, wenn man mit dem Christentum vergleicht, viel weniger Angriffsfläche; die Mehrheit empfand über den Reichtum, den sie nach Abzug der gebotenen Wohltätigkeit zurückbehielt, kaum noch Gewissensbisse. Er war gottgewollt; man genoß ihn ungeniert, ohne sich in innerweltliche Askese zu verkriechen. Gerade weil man die »caritas« nie aus dem Auge verlieren konnte, hat sie nie besondere Sprengkraft entwickelt. Andererseits war man nie so pervers, Reichtum als Zeichen von Erwählung zu verstehen.

Wer vom Islam spricht, kann aber nicht nur vom Einzelmenschen reden; er muß ihn als Glied der islamischen Gesellschaft sehen. Und wenn wir schon das Stichwort »Erwählung« nannten, so findet es am ehesten hier seinen Platz. Mehr und mehr hat sich im Laufe der Zeit die Überzeugung durchgesetzt, daß jeder Muslim, mag er noch so sehr gesündigt haben, aufgrund seiner Zugehörigkeit zum Islam letzten Endes ins Paradies eingeht. Wohl bemerkt: letzten Endes; vorher steht ihm einiges an Fegefeuer bevor. Aber sein Glaube wird ihm helfen; er ist, so könnte man sagen, gerechtfertigt aus dem Bekenntnis, aus der Shahāda. Nur *eine* Sünde wird von Gott nicht vergeben: Polytheismus, das heißt auch: Abkehr vom Islam.

In dieser Gewißheit manifestiert sich wieder einmal mehr jenes ungewöhnliche Solidaritätsgefühl, das wir schon in den kultischen Pflichten als charakteristisch erkannten. Bis heute ist die Ökumene, die *umma*, wie man sagt, für die Muslime ein hoher und unbezweifelter Wert; das Christentum ist, da auf Dogmen ausgerichtet, von der Spaltung viel stärker gezeichnet als der Islam. Wir sahen, daß selbst Sunna und Schia, solange es um die »Säulen« geht, sich kaum unterscheiden. Erst heute wird das Ideal der Ökumene durch eine Gegenkraft in Frage gestellt, durch den Nationalismus, den die islamische Welt – ähnlich dem Judentum – etwas verspätet aus Europa übernommen hat. Bezeichnenderweise ist der arabische Nationalismus, vor allem in seiner Anfangsphase, gar nicht von Muslimen, sondern von arabischen Christen getragen worden; christlich geführt sind auch heute noch einige extreme Gruppen innerhalb der palästinensischen Befreiungsbewegung.

Bis zur nationalistischen Wende jedoch hat das Ideal der Gemeinschaft der Gläubigen dazu beigetragen, manche Kanten abzuschleifen, an denen Gesellschaften sich üblicherweise wundreiben. Rassenunterschiede zum Beispiel haben im Islam nie eine solche Rolle gespielt wie im Christentum. Die Religion hat sich viel zu schnell und viel zu weit ausgebreitet, als daß das Überlegenheitsgefühl der Araber, das es zu Anfang gab – und das natürlich nie ganz verschwunden ist –, eine Chance gehabt hätte; zudem waren die Araber den Neubekehrten kulturell unterlegen. Schwarze gab es schon in der Urgemeinde. Gewiß ist es leicht, Belege dafür zu finden, daß man die Rassenunterschiede bemerkte und immer wieder einmal kleine Diskriminationen einbaute. Aber einen bewußten Rassismus hat der Islam nie gekannt. Das ist mit ein Grund, warum er es in der Afrikamission leichter hat als das Christentum.

Auch sonst sind Privilegien, sosehr es sie in der sozialen Wirklichkeit gab, weniger häufig ideologisch oder religiös abgestützt worden als bei uns. Es fällt auf, daß es in islamischen Ländern nie Stände oder einen Adel in unserem Sinne gegeben hat; im Gegensatz zum römischen und zum mittelalterlichen Recht kennt das islamische Gesetz außer den Sklaven keine Kategorie von Personen, für die ein besonderes Statut gälte. Natürlich gab es Großgrundbesitzer, und es gab auch Einrichtungen, die den mittelalterlichen Lehen recht ähnlich waren; aber vor dem Gesetz waren – zumindest in der Theorie – alle Menschen gleich. Die mittelalterliche islamische Gesellschaft war verhältnismäßig durchlässig; das ergab sich schon daraus, daß Kinder, die aus dem Konkubinat mit einer Sklavin geboren wurden, als frei angesehen wurden. Das Ideal der »limpieza de sangre«, das wir aus dem Don Quijote so gut kennen, hat sich nur im ersten Jahrhundert der islamischen Geschichte durchhalten lassen. Der Islam ist von seiner Grundtendenz her egalitär.

Die islamische »égalité« und ihre Grenzen

Ebenso wahr ist allerdings, daß der Islam in sozialen Dingen keineswegs revolutionär gewesen ist. Er hat zwar manches gar nicht erst aufkommen lassen; aber was er vorfand, das hat er häufig einfach akzeptiert. Das gilt zum Beispiel für die Sklaverei; kein muslimischer Jurist hat je aus religiösen Gründen an der Sinnhaftigkeit dieser Einrichtung gezweifelt. Selbst radikale religiöse Gruppen, in deren Ideologie man heute gelegentlich einen Kommunismus »avant la lettre« zu entdecken glaubt, haben die Institution fraglos akzeptiert; und als es im 9. Jahrhundert einer Gruppe von Sklaven im Irak gelang, mit einem Aufstand sich für einige Zeit von ihren Herren und von der Zentralgewalt unabhängig zu machen, da besaßen auch sie wieder Sklaven. Allerdings haben die Juristen die Sklaverei immer als Ausnahme bezeichnet; der Normalzustand ist die Freiheit. Insofern hat sich, als die Sklaverei auf europäischen Druck hin aufgehoben wurde, juristisch nicht viel geändert. Ein Muslim konnte ohnehin nicht versklavt werden. Allerdings hieß das nicht, daß ein Sklave, der sich zum Islam bekehrte, damit auch die Freiheit gewonnen hätte; so weit ging die egalisierende Kraft der Umma nicht.

Vom Gesetz benachteiligt war auch – und ist zum Teil immer noch – in gewissen Punkten die Frau. Im Nahen Osten hat, wie in der Mittelmeerwelt überhaupt, die Familie traditionell patriarchalische Struktur; ihr Fortbestand wird primär agnatisch, das heißt von den männlichen Nachkommen her, bestimmt. Zwar hat der Koran da gewisse Korrekturen angebracht und, etwa im Erbrecht, die schlimmsten Ungerechtigkeiten beseitigt; aber das Prinzip hat er nicht angetastet. Und die späteren Juristen waren ohnehin nicht innovatorisch.

So kam es, daß erst mit dem wachsenden europäischen Einfluß im 20. Jahrhundert manche problematisch gewordenen Punkte, vor allem im Eherecht, neu formuliert wurden. Nach dem alten religiösen Gesetz wurde die Scheidung einseitig vom Mann ausgesprochen, und zwar ohne daß dabei ein Gericht bemüht wurde; es handelte sich eigentlich um eine Verstoßung. Heute ist dafür überall eine staatliche Instanz zuständig; in manchen Ländern sind die Rechte der Frau dabei ebenso gut gewahrt – und wird die Sache ebenso teuer – wie bei uns. Polygamie, im Islam ja immer nur ein Vorrecht des Mannes, ist jetzt meist stark erschwert und steht auch sozial nicht mehr sehr hoch im Kurs. In der Türkei und in Tunesien ist sie durch Gesetz verboten.

An diesem Punkt zeigen sich allerdings auch die Grenzen der Anpassung. Der Koranvers, der es dem Manne gestattet, mehr als eine Frau zur gleichen Zeit zu ehelichen (Sure 4,3), ist an sich recht eindeutig; er läßt im Grunde sogar zu, die obere Grenze über die vom kanonischen Recht erlaubten vier Gattinnen hinaus zu verschieben. Einschränken kann man erst dann, wenn man eine unmittelbar darauf genannte Bedingung sehr ernst nimmt: »Wenn ihr (Männer) fürchtet, (so viele Frauen) nicht gerecht zu (be)handeln, dann (heiratet nur) eine!« Die tunesischen Juristen haben sich dies zu Herzen genommen und Monogamie danach für das einzig Menschenmögliche gehalten, zumal dieselbe Warnung klarer noch einmal im Koran begegnet (Sure 4,129). Aber so schlimm kann es ja nicht gemeint gewesen sein; sonst wäre die vorhergehende Erlaubnis unsinnig. Weiter kommt man wohl nur, wenn man den Vers in seinem historischen Kontext sieht. Aber historische Exegese steht für viele immer noch unter dem Odium, Gottes Wort zu relativieren.

Dennoch ist Tunesien unter Umständen Vorreiter der Zukunft (mehr jedenfalls als die Türkei, wo das gleiche durch bloßen Octroi erreicht wurde). Vieles hängt hier an der Entwicklung der gesamtgesellschaftlichen Situation. Sie aber ist vorläufig innerhalb der islamischen Welt noch recht verschieden. Die Frau hat eine andere Stellung, je nachdem ob man von Seßhaften redet oder von Nomaden, von einem traditionell bäuerlichen oder einem städtisch-bürgerlichen oder gar einem industriellen Milieu. In Ägypten oder in der Türkei ist die Zahl der Frauen im Lehrkörper der Universitäten vermutlich höher als bei uns. Im südostasiatischen Islam kennt man den Schleier nicht – und in Indonesien, Malaysia usw. leben immerhin mehr als dreimal so viele Muslime wie im ganzen arabischen Raum zusammen (über 100 Millionen). Emanzipation in unserem Sinne ist ein Phänomen der städtischen Kleinfamilie und der industriellen Gesellschaft; in dem hergebrachten orientalischen Milieu befreit sich die Frau nicht gegenüber dem Mann, sondern gegenüber der Schwiegermutter.

Wie überall, so ist auch im Islam das Verhältnis zwischen Religion und Gesellschaft dialektisch angelegt. Der Islam hätte gar nicht überlebt, wenn er nicht imstande gewesen wäre, sich gesellschaftlichen Veränderungen anzupassen. Er tut dies ebenso wie das Christentum mittels der Exegese. Allerdings wirkt er zugleich auch auf die Gesellschaft ein; Religion ist eben selbst ein gesellschaftlicher Faktor. Es ist nicht zu verkennen, daß der Islam dies stärker tut, als wir dies vom Christentum (und wohl nicht nur vom heutigen Christentum) gewohnt sind; über den Koran und das religiöse Gesetz sind gewisse soziale Gegebenheiten festgeschrieben. Man kann zwar in der Exegese so tun, als meinten die Texte etwas anderes, als was dasteht. Aber die Gefahr eines Rückfalls ist sehr groß – und was wichtiger ist: dieser Rückfall kann sich mit gewissem Recht als Rückkehr zur Wahrheit ausgeben. Anders ist dies nur dann, wenn die Religion die geschichtliche Bedingtheit religiöser Aussagen anerkennt. Von diesem Problem werde ich später noch einmal reden müssen.

2. Hans Küng: Eine christliche Antwort

Eine fast erdrückende Menge hochkomplexer Probleme ist hier angesprochen worden: vom Geheimnis der Dreifaltigkeit bis hin zur Sklaven- und Frauenfrage. Und gewiß wird niemand denjenigen um seine Aufgabe beneiden, der zu alldem in Kürze etwas Überzeugendes sagen soll. Ich kann hier nur einige Punkte herausgreifen. Und da ist man nun als christlicher Dialogpartner versucht, mit dem Ende zu beginnen und, völlig unpädagogisch wie so viele christliche Apologeten, sich argumentativ einzuschießen auf eine der offensichtlichen Schwachstellen des Islam: die Diskriminierung der Frau.

Zur Frauenfrage im Islam

Zweifellos ein bedeutsames Thema, das zeigen kann, wie sehr Reformbestrebungen im Islam nicht nur das Anliegen von einzelnen Intellektuellen sind, sondern das weiter Kreise der Bevölkerung, hier eben vor allem der weiblichen. Im Westen dürfte viel zuwenig bekannt sein, daß es seit dem Ende des 19. Jahrhunderts auch im Islam emanzipatorische Schriften gegeben hat und daß sich nach dem Ersten Weltkrieg in vielen islamischen Ländern Frauenbewegungen organisiert haben. Im neuen deutschen »Lexikon der Islamischen Welt« (1974) freilich zählt der Artikel »Frau« nicht einmal zwanzig Zeilen, ungefähr gleich viel wie der Artikel über jenen genannten, auch von mir in meiner Jugend vielgeliebten und immer noch durch die Islamistik geisternden Autor des »Wilden Kurdistan«: über Karl May. In dem Artikel »Frau« finden sich dann freilich Hinweise auf Fragenkreise wie Ehe, Erbrecht, Harem, Schleier und Muhammad, von denen zum Teil schon in meiner letzten Antwort die Rede war. Ich will hier nur noch einen Punkt ansprechen, den ich um der Sache willen nicht verschweigen kann.

Ohne Zweifel stellt für Menschen, die in einer christlich geprägten Umwelt aufgewachsen sind, die Praxis der *Polygamie* – neben der Möglichkeit einseitiger Verstoßung der Frau ohne Gerichtsurteil! – das größte Problem dar: eine Praxis, erlaubt von Muhammad, der zuerst monogam lebte, aber schließlich das rund Dreifache an Frauen besaß, was der Koran gewöhnlichen Sterblichen erlaubt. Gewiß kann man zum Verständnis solch islamischer Praxis anführen:
daß es schon in der vorislamischen arabischen Stammeskultur Polygamie, genauer Polygynie (Vielweiberei) und nach manchen Islamisten auch Polyandrie (Vielmännerei) gegeben hat;
daß auch die israelitischen Patriarchen Abraham, Isaak und Jakob mehr als eine Frau besaßen;
daß Muhammad gewisse Reformen (vor allem im Erbrecht) einführte;
daß Ethos und Gesetzgebung an den moralischen Maßstäben der betreffenden Zeit und nicht an unseren heutigen zu messen sind.

Es soll hier also nicht anachronistisch argumentiert werden. Unbestreitbar bleibt trotzdem, daß schon den *damaligen christlichen Moralvorstellungen* zufolge jene Anordnungen des Koran – vier legitime Frauen und beliebige Konkubinen – der *Würde der Frau* kaum gerecht wurden. Von daher müssen alle gesetzgeberischen Maßnahmen islamischer Länder zur Aufwertung und rechtlichen Gleichstellung der Frau in unserem Jahrhundert, deren praktische Durchsetzung meist noch lange genug auf sich warten läßt, vom christlichen Standpunkt aus als längst überfällig angesehen werden.

Umgekehrt: hat denn das Christentum Anlaß, auf seine »Emanzipationsgeschichte« der Frau besonders stolz zu sein? Wohl kaum. Und statt diesen klassischen Topos islamisch-christlicher Polemik erneut aufzugreifen, mögen zwei mehr grundsätzliche Bemerkungen genügen – kritisch nach beiden Seiten:

1. Für den *Muslim* zeigt sich an diesem konkreten und äußerst

folgenreichen Exempel der Frauenfrage, wie wichtig eine historisch-kritische Interpretation des Koran ist. Nur so degeneriert Exegese bei Schwierigkeiten nicht zur trickreichen Uminterpretation, erstarrt sie andererseits aber auch nicht in traditionalistischer Buchstabengläubigkeit. Vielmehr leistet sie dann die notwendige, intellektuell redliche Übersetzung der religiös-ethischen Botschaft aus der damaligen soziokulturellen Situation in die heutige Zeit hinein – alles in der Tat unter Beachtung der geschichtlichen Bedingtheit gerade auch religiöser Aussagen.

Ähnliches gilt auch von der Benachteiligung der Frau im Erbrecht oder beim Zeugenrecht. In den letzten Jahrzehnten hat die Emanzipation der Frau in manchen Ländern, wie etwa in Ägypten, zumindest für die Frauen der Ober- und Mittelschicht gewaltige Fortschritte gemacht: Wahlrecht, ein relativ hoher Prozentsatz von Frauen an den Universitäten (Studentinnen und Professorinnen), immer mehr Ärztinnen, Rechtsanwältinnen, Politikerinnen und Diplomatinnen. Die Frauen der unteren Sozialschichten werden von dieser Entwicklung freilich kaum berührt. Und die praktische Zurücksetzung der Frau im gesellschaftlichen Leben auch der Oberschicht in manchen islamischen Ländern erstaunt den Europäer noch immer.

2. Für den *Christen* heißt dies, daß er sich auf moralische Überlegenheit in dieser Frage nicht allzuviel einbilden sollte. Denn es ist wissenschaftlich noch keineswegs ausreichend untersucht, wieweit – gemessen an der betreffenden Zeit – das Christentum sowohl in den ersten christlichen Jahrhunderten wie dann auch in unserem 20. Jahrhundert die Emanzipation der Frau beförderte und inwieweit es sie gehindert hat. Die Forschung – vor allem durch Frauen selbst – ist hier in vollem Gang.

Diese kontroverse Thematik darf freilich den Blick auf grundsätzliche theologische Übereinstimmungen, gerade in bezug auf Gottesbild und Menschenbild, nicht verstellen. Und diesen Konsens zwischen Islam und Christentum (und hier kann auch das Judentum mit eingeschlossen werden) gilt es nun herauszustellen.

Dies vorweg: kein einfach philologisch-historischer Vergleich der großen religiösen Urkunden, der Bibel und des Koran, ist hier angestrebt; worum es hier geht, ist die in jenen Texten grundgelegte Ur-Kunde, der *lebendige Glaube* von Juden, Christen und Muslimen an den einen Gott und sein Wirken in der Welt.

Was ist dieser »lebendige Glaube«? Verstandessache? Willensakt? Gemütsbewegung? Glaube ist für Christen, Juden und Muslime sicher nicht nur eine Sache des bloßen Verstandes. Glaube ist für sie weder nur ein Fürwahrhalten biblischer oder koranischer Texte noch gar die Zustimmung zu mehr oder weniger unwahrscheinlichen Behauptungen; Glaube wäre so ganz und gar intellektualistisch mißverstanden. – Andererseits: Glaube ist für Juden, Christen und Muslime auch nicht bloß das Produkt einer Willensanstrengung, ein blindes Wagnis, ein unbegründbarer Sprung, gar ein »credo quia absurdum«; so wäre Glaube voluntaristisch mißverstanden. – Glaube ist schließlich auch keine bloße subjektive Gemütsbewegung, kein Glaubensakt (»fides qua creditur«, »faith«) ohne Glaubensinhalt (»fides quae creditur«, »belief«), kein Fühlen, wo es mehr darauf ankommt, daß man glaubt, als was man glaubt; Glaube wäre so emotional mißverstanden.

Nein, Glaube meint für Juden und Christen wie für die Muslime ein *unbedingt vertrauendes Sicheinlassen und Sichverlassen des ganzen Menschen hier und jetzt* mit allen Kräften seines Geistes *auf Gott und sein Wort*. Dieser Glaube ist somit zugleich ein Akt des Erkennens, Wollens und Fühlens: ein *Vertrauen*, das ein Fürwahrhalten einschließt. Es geht um eine persönliche, gelebte, vertrauensvolle – einfache oder höchst differenzierte – Grundhaltung: eine gläubige Lebenseinstellung und Lebensart, aus der heraus Menschen leben und denken, handeln und leiden.

Weder die Bibel noch der Koran wollen Gott »beweisen«, freilich ständig und überall auf ihn »hinweisen«. Und daß es im Gottesglauben nicht unvernünftig zugeht, sondern daß es sich dabei (um es in meiner Begrifflichkeit zu sagen) um ein *höchst vernünftiges Vertrauen* (»reasonable trust«, nicht »rational proof«) handelt, betont man auch im Islam mit Nachdruck. Anders gesagt: *weil* es auch dem Koran so ganz und gar um den *Menschen* und seinen

Weg geht, geht es ihm so zentral um *Gott*; über 2500mal wird allein der Name »Allah« im Koran genannt. Worin also besteht die Gemeinsamkeit konkret?

- Die grundlegende Gemeinsamkeit zwischen Juden, Christen und Muslimen besteht im Glauben an den *einen und einzigen Gott,* der allem Sinn und Leben gibt. Dieser Ein-Gott-Glaube ist für den Islam eine schon mit Adam gegebene Urwahrheit; im einen Gott ist die Einheit des Menschengeschlechts und die Gleichheit aller Menschen vor Gott begründet. Und was immer von der christlichen Trinitätslehre zu sagen sein wird: Auch diese will den Glauben an den einen und einzigen Gott ja nicht in Frage stellen, sondern explizieren. Das heißt: in der Frontstellung gegen den heidnischen Polytheismus sind Judentum, Christentum und Islam sich ebenso eins wie gegen moderne Götter aller Art, die den Menschen zu versklaven drohen. Ja, Judentum und dann auch Christentum haben schon längst vor dem Islam die alten Götter des Pantheon gestürzt.
- Einig sind sich Juden, Christen und Muslime im Glauben an den *geschichtlichen Gott*: an jenen Gott, der nicht nur in der Art der Griechen die »Arché«, das erste Prinzip der Natur, ist, der Urgrund von allem, sondern der als Schöpfer der Welt und des Menschen in der Geschichte tätig ist: der eine Gott Abrahams, der spricht durch die Propheten und sich seinem Volk offenbart, wenngleich sein Handeln immer wieder neu ein unerforschliches Geheimnis bleibt. Gott ist der Geschichte gewiß transzendent, aber doch auch immanent: dem Menschen näher als seine eigene Halsschlagader, wie es im Koran so plastisch heißt.
- Einig sind sich Juden, Christen und Muslime im Glauben an den einen Gott, der für sie – obwohl unsichtbar alles umgreifend und durchwaltend – ein *ansprechbares Gegenüber* ist; anredbar in Gebet und Meditation, zu loben in Freude und Dankbarkeit, anzuklagen in Not und Verzweiflung: ein Gott, vor dem der Mensch »aus Scheu ins Knie fallen«, »beten und opfern«, »musizieren und tanzen kann«, um hier ein zukunftsbezogenes berühmtes Wort von Martin Heidegger aufzugreifen.
- Einig sind sich Juden, Christen und Muslime schließlich auch

im Glauben an den *barmherzigen, gnädigen Gott*: an einen Gott, der sich der Menschen annimmt. Die Menschen werden im Koran wie in der Bibel »Knechte Gottes« genannt, womit keine Versklavung unter einen Despoten, sondern die elementare menschliche Kreatürlichkeit gegenüber dem einen Herrn zum Ausdruck gebracht ist. Das arabische ar-Rahmān, der »Erbarmer«, hängt etymologisch zusammen mit dem hebräischen »rahamim«, welches zusammen mit »hen« und »hesed« das Wortfeld für das neutestamentliche »charis« und unser Wort »Gnade« darstellt. Gott kann nach einzelnen Sätzen der Bibel oder des Koran als Willkürgott erscheinen, aber nach dem Gesamtzeugnis der Bibel und des Koran ist Gott entscheidend ein Gott der Gnade und Barmherzigkeit.

Judentum, Christentum und Islam repräsentieren also gemeinsam in der Welt den Glauben an den einen Gott, haben allesamt teil an der einen großen monotheistischen Weltbewegung. Diese Gemeinsamkeit im Glauben an den einen Gott sollte man auch weltpolitisch nicht unterschätzen, sondern zum Bewußtsein bringen. So wie dieser Glaube etwa beim Abkommen von Camp David eine Rolle gespielt hat, so könnte er auch für den weiteren Friedensprozeß im Nahen Osten von Bedeutung sein. – Wenn also das Wirken Gottes in der Geschichte gemeinsame Glaubensüberzeugung ist, wie ist dann dieses Wirken theologisch zu denken?

Gottes Handeln und des Menschen Freiheit

Gottes Wille soll nicht nur geschehen, Gottes Wille – sagt der Islam – geschieht! Bricht nicht doch eine trennende »Differenz« auf zwischen den drei Religionen, wenn der Islam *jedes Geschehen* auf Gott und seinen Willen zurückführt und *in jedem Augenblick als durch Gott bestimmt* ansieht? Nun ist zweifellos besonders die spätmittelalterliche islamische Theologie stark prädeterministisch geprägt, und dies hat sich bis in die Gegenwart hinein ausgewirkt. Aber im heutigen Islam hat man sich wieder darauf besonnen: »Islam« meint nicht die resignativ-passive Hinnahme, die sich mit dem Willen Gottes einfach abfindet, sondern meint die aktive

Hingabe, die Bereitwilligkeit, sich auf Gottes Willen einzulassen. Der Mensch ist *keineswegs eines willkürlichen Gottes willenloses Werkzeug*; denn, auch im Koran

wird die Verantwortlichkeit des Menschen für seine Taten deutlich betont;

bestimmt der Mensch selber durch seine Entscheidungen das Maß von Lohn und Strafe;

kann deshalb von einer Determiniertheit des menschlichen Handelns keine Rede sein;

ist der sogenannte »Fatalismus« der Muslime somit eindeutig als ein westliches Vorurteil (und das »Kismet« als ein Fündlein des Karl May) anzusehen.

Wie im Alten Testament (wo »Freiheit«, das Schlagwort der griechischen Welt, nur einmal vorkommt!), so meint auch im Koran das Wort »Freiheit« nicht »Wahlfreiheit«, sondern den sozialen Stand des Freien gegenüber dem Sklaven. Aber wie im Alten Testament, so ist der Mensch auch im Koran durchaus *selbst Handelnder und Entscheidender.*

Ich möchte dies für philosophisch und theologisch Interessierte noch etwas verdeutlichen: Weder im Hinblick auf den Menschen noch im Hinblick auf die unbelebte Natur, scheint mir, sollte man in bezug auf den Islam von einem *»Okkasionalismus«* reden. Unter »Okkasionalismus« versteht man jene durch den Oratorianer augustinisch-kartesianischer Provenienz Nicole Malebranche entwickelte Theorie vom Wirken Gottes in der Welt, derzufolge das Einwirken der Dinge aufeinander bloßer Schein ist, während in Wahrheit allein Gott der Handelnde bleibt: als ob die Menschen für das göttliche Handeln nur »occasio«, nur »Anlaß« (causes occasionelles = gelegentliche Ursachen) wären. Schon Leibniz hatte diese Vorstellung im Sinne einer durch Gott bewirkten andauernden Korrespondenz, einer prästabilierten Harmonie, modifiziert.

Die Kontingenz alles Seienden und die bleibende Abhängigkeit von Gott sind wie für Judentum und Christentum so auch für den Islam eine Grundvoraussetzung; Gott hat, betont der Koran immer wieder, alles »ausgemessen«. Nicht nur für die jüdische und christliche, sondern auch für die islamische Theologie ist die Natur zweifellos weder das am Anfang geschaffene, dann aber selbständig laufende »Uhrwerk« im Sinne deistischer Aufklärer, noch ist sie die inbrünstig verehrte »Mutter Natur« empfindsamer Romantiker. Nein, sie ist Gottes zu nutzende, aber auch zu pflegende, zu schonende, zu schützende Schöpfung – nach dem Urbild des Gartens Eden. Mit all ihren Gesetzen besitzt sie keine Autarkie, wohl aber eine in der Theonomie begründete Autonomie. Sie funktioniert notwendig nach bestimmten Gesetzen, aber ihre Gesetze sind gottgegeben.

Ob man deshalb nicht auch bezüglich des Islam besser vom »Concursus divinus (generalis)« reden sollte: von einer für alles geschöpfliche Wirken ständig notwendigen, allgemeinen »göttlichen Mitwirkung«? Dies ist eine klassische Theorie christlicher Theologie; nach ihr hat Gott nicht nur alles am Anfang geschaffen (»creatio«), erhält er auch nicht nur alles fortwährend im Dasein (»conservatio«), sondern verursacht er auch alles geschöpfliche Tun als Erstursache mit (»concursus«). »Alle unsere Taten hast du für uns vollbracht«, wird dafür zitiert aus Jesaja (26,12), und: »in ihm leben wir, bewegen wir uns und sind wir« aus der (griechisch beeinflußten) Aussage der Apostelgeschichte (17,28). Was wäre dann der Unterschied zum Okkasionalismus? Daß sowohl Gott wie den Menschen eine eigene volle Ursächlichkeit zugesprochen wird. Die thomistische Schule der Dominikaner hat dabei immer mehr die Allursächlichkeit Gottes betont, die molinistische der Jesuiten mehr (neuzeitlich) die menschliche Freiheit. Übereinstimmung aber besteht zwischen beiden Richtungen darin, und darin könnte sie meines Erachtens auch zwischen jüdisch-christlicher und der islamischen Theologie bestehen:

- Nicht der blinde Zufall, nicht ein dunkles Schicksal regiert die Welt, sondern der gnädige und barmherzige Gott. Schöpfung und Erhaltung, Geleit und Gericht sind Ausdruck seines freien Erbarmens.
- Gottes absolute Freiheit bedroht nicht die relative Freiheit des Menschen, sondern ermöglicht und ermächtigt sie: insofern nämlich das Unendliche nicht die Grenze des Endlichen, sondern Ermöglichung und Erfüllung des Endlichen darstellt.

Eine *ähnlich grundsätzliche Übereinstimmung* (bei allen Differenzen und einseitigen Aussagen im Detail) zwischen Islam und Christentum ließe sich vermutlich auch *bezüglich anderer Lehrpunkte* feststellen. Ohne dies hier bis in alle Details durchführen zu können, sei zunächst nur auf zwei besonders wichtige Themen hingewiesen:

a) die *Prädestination,* die ewige Vorherbestimmung der Menschen zu Heil oder Unheil. Unverkennbar ist, daß die islamische Theologie in ihrem Gesamtduktus ungefähr auf der Linie so großer christlicher Theologen wie Augustin, Luther und Calvin liegen dürfte. Haben doch diese Theologen allesamt das göttliche Gnadenwirken immer wieder stark (und Calvin mit der doppelten Prädestination sogar extrem) betont, ohne jedoch im Blick auf Heil oder Unheil des Menschen Verantwortlichkeit und somit Freiheit völlig auszuschließen. Ja, auch für das Christentum gilt, daß Gottes Vorherwissen nicht unbedingt vorherbestimmenden, determinierenden Charakter hat. Die Freiheit des Menschen ist schließlich keine Gott prometheisch abgetrotzte Superbia, Anmaßung. Sie ist eine von Gott gewollte, bejahte, ermöglichte große Chance des Menschen.

Wie das Axiom »Extra Ecclesiam nulla salus«, so bedarf freilich auch das Axiom »Extra ›Ummam‹ nulla salus« (»Außerhalb des Islam kein Heil«) der Korrektur; Muslime schicken Nichtmuslime noch immer gerne allesamt in die Hölle. Und der Korrektur bedarf in diesem Zusammenhang schließlich die nicht nur unkoranische, sondern auch unbiblische Idee einer durch den Geschlechtsakt übertragenen *»Erb-Sünde«,* die in dieser Form auf Augustin und nicht auf das Alte oder Neue Testament zurückgeht. Sünde, darin stimmen Koran und Bibel überein, gibt es – bei aller kollektiven Verflechtung – nur bei voller Verantwortung des Menschen. Nein, Gott will die Sünde nicht; er will freilich auch nicht nicht, sondern – so die klassisch gewordene Antwortformel, sowohl in der jüdisch-christlichen wie in der islamischen Tradition – er läßt sie zu, läßt sie, des Menschen Tat, geschehen (»permittit«). Warum? Das Böse – ein nur in Gottes Gnade geborgenes und vom Menschen nicht aufzuschlüsselndes dunkles Geheimnis!

b) Die *Unsterblichkeit der Seele* ist weder eine islamische noch eine spezifisch jüdische oder christliche Idee, wiewohl sie schon vor dem mittelalterlichen arabischen Philosophen al-Ghazzālī auch Eingang in die islamische Orthodoxie fand. Sie stammt bekanntlich von Platon und den Platonikern, die an eine von unseren leiblichen Funktionen unabhängige, immateriell-einfache und deshalb unzerstörbare Geist-Seele glaubten, die sich im Tod aus dem Gefängnis des sterblichen Leibes befreie. Anders im Neuen Testament (und auch in einigen späteren griechischen Schriften des alttestamentlichen Kanons): Hier glaubt man wie im Koran nicht an eine Abspaltung der Seele vom Leib im Tod. Man glaubt nicht an eine Erlösung des Menschen *aus* seiner Leiblichkeit, sondern *in* und *mit* seiner Leiblichkeit. Eine Neuschöpfung also: die Verwandlung des ganzen Menschen mit seiner ganzen Lebensgeschichte – nicht die gleichen Moleküle, sondern die gleiche Person – durch Gott, durch (und davon muß später noch die Rede sein) Gottes lebenschaffenden Geist.

Es geht also nach christlicher Auffassung in der Vollendung um eine transformierte, verklärte, *vergeistigte Leiblichkeit* in einer ganz anderen, in Gottes Dimension jenseits von Raum und Zeit. Und insofern erschienen den Christen nun freilich jene koranischen Schilderungen der Paradiesesfreuden mit viel Speise, Wein und großäugigen, großbusigen Huris schon immer etwas sehr irdisch, allzusehr krude Projektion von vordergründigen Sinnenfreuden nach Schlaraffenlandvorbild. Was freilich jene blutleeren christlichen Himmelsbeschreibungen, wie etwa die des Supplementum zur »Summa« des Thomas, noch keineswegs befriedigender macht, wonach die Menschen im Himmel angeblich weder essen noch trinken und sich ohne Fauna, Flora und selbst Metalle allein mit der Gottesschau und dem eigenen Glorienschein begnügen. Insofern müssen wir nun doch auf das Verhältnis von Eros und Agape zu sprechen kommen, wo es nicht wenige Mißverständnisse zwischen Christentum und Islam gibt.

Eros und Agape

Der Gott des Koran, der Allerbarmer, ist gewiß nicht lieb-los. Aber das Wort Liebe, insofern es *Eros* meint, so hörten wir, wird im Koran nicht auf Gott übertragen: Liebe wird nicht Gottesprädikat, Gott ist nicht Liebe. Hier zeigt sich in der Bibel mindestens insofern eine Parallele, als das Wort Eros sich im Neuen Testament überhaupt nicht findet und im griechischen Alten Testament nur zweimal – negativ – im Buch der Sprüche (7,18, 30,16 LXX). Warum? Offensichtlich war es kompromittiert: durch das, was sich mit ihm im Griechentum an morbider Erotik und rein triebhafter Sexualität bis in die Kulte hinein verbunden hatte.

Dies ist nun in der Tat richtig: Im Gegensatz zu den Muslimen haben sich die *Christen schon am Anfang ein eigenes Wort für Liebe* geschaffen, das sich ohne Schwierigkeiten auf Gott anwenden ließ. Das Hauptwort *»agape«* (Liebe) kommt in der profanen griechischen Literatur kaum vor und das Verb »agapān« (lieben) nur am Rande. Einzelne christliche Theologen – und besonders der schwedische Lutheraner Anders Nygren – konnten von daher nicht genug den Unterschied zwischen dem begehrenden Eros der Griechen und der schenkenden Agape im Sinne Jesu betonen Freilich: die Rückfrage muß hier gerade angesichts der islamischen Kritik an der Leib- und Sexualfeindlichkeit des späteren Christentums, die viele Wurzeln hat (Gnosis, Manichäismus, Augustins Verdrängungen und Sublimierungen), erlaubt sein: Ist das Christentum von seinem Ursprung her, so ganz anders als der Islam, tatsächlich auf eine erosdistanzierte, gar erosfeindliche Agape festgelegt?

Eines, meine ich, müßte man im Islam – und möglicherweise nicht nur im Gesetzesislam, sondern auch in der Mystik der Bruderschaften und Orden – mehr bedenken: den Unterschied zwischen einer *begehrenden Liebe,* die allein das Eigene sucht, und einer *schenkenden Liebe,* die sucht, was des Anderen ist, den Unterschied also zwischen einer besitzergreifenden Liebe und einer echten Liebe – wie sie von Jesus von Nazaret her aufleuchtet! Doch: würde man nicht gerade ihn mißverstehen, wenn der Unterschied zwischen egoistischer und wahrer Liebe identisch wäre mit dem Unterschied zwischen Eros und Agape?

Es ist ja nun keineswegs so, daß nur die Agape und nicht *auch der Eros wahre Liebe* sein könnte! Warum denn sollte der, der einen anderen Menschen begehrt, sich ihm nicht zugleich schenken können? Und warum sollte umgekehrt der, der sich dem anderen schenkt, diesen nicht begehren dürfen? Insofern gibt es nun im Alten Testament und in der aramäischen Ursprache Jesu doch nur *ein* Wort für Liebe, und der Gott des Alten Testaments begehrt denn auch leidenschaftlich, »eifersüchtig« sein Volk Israel, nach dem Bild der Propheten wie der Mann seine treulose Frau. Der Bund Gottes mit seinem Volk wird durchaus in Symbolen des Eros als Ehe und der Abfall des Volkes als Ehebruch dargestellt. Und dann findet sich ja im alttestamentlichen Kanon erstaunlicherweise jenes Hohelied, das eine Sammlung sehr sinnlicher Liebeslieder darstellt, die man erst in späterer, christlicher Zeit spiritualisiert und versymbolisiert hat. Dabei hat doch auch die Liebe Gottes im Neuen Testament sehr menschliche Züge: die Liebe des Vaters, die den verlorenen Sohn zurückbegehrt, ja, die (anders als im Koran) weniger den »Rechtschaffenen« (dem daheimgebliebenen, selbstgerechten Sohn) als den »Verlorenen« (den Sündern aller Art) gilt.

Um nochmals auf die Terminologie hinzuweisen: Ganz selbstverständlich spricht das Alte Testament vom »agapan« des Mannes zur Frau und der Eltern zu ihren Kindern. Und Jesus selber gebraucht nach dem griechischen Neuen Testament dasselbe Wort sowohl für die Gottesliebe wie für die Freundes- und Feindesliebe. Auch Jesus fordert für seine Jünger keineswegs die Ehelosigkeit, er ist kein Mönch und kein Asket; er wird vielmehr, weil unbekümmert an Gastmählern teilnehmend, Fresser und Weinsäufer gescholten. Ja, Jesus erscheint ganz und gar authentisch in seiner Menschlichkeit, die Kinder umarmend, von Frauen sich salben lassend, in »Liebe« verbunden insbesondere mit Lazarus und seinen Schwestern, was offensichtlich Eros nicht ausschließt. Seine Jünger nennt Jesus »Freunde«, und die ihn (gegen allen Usus) begleitenden und umsorgenden Frauen fliehen als einzige nicht, sie harren aus unter dem Kreuz ...

Das alles heißt: Von der Liebe Gottes und der Menschen wird auch im Neuen Testament erfreulich menschlich gesprochen und die elementare menschliche Liebe in keiner Weise schlecht gemacht. Wo immer aber im späteren Christentum zwischen Eros und Agape nicht nur ein Unterschied gesehen, sondern ein ausschließlicher *Gegensatz* konstruiert wurde, da ging dies *auf Kosten sowohl des Eros wie der Agape.* Da wurde der Eros abgewertet und verteufelt: Das leidenschaftliche Lieben, das den anderen für sich begehrt, wurde auf den Sexus beschränkt, und damit wurden Erotik und Sexualität abqualifiziert. Da wurde aber zugleich auch in einem Prozeß der Entsinnlichung und Spiritualisierung die Agape überhöht und entmenschlicht: Christliche Caritas war oft so wenig überzeugend, weil sie so wenig menschlich war.

Und doch haben wir mit all dem das Entscheidende noch nicht gesichtet. Das eigentlich Herausfordernde des Verständnisses der Liebe im Sinne Jesu im Vergleich zur Liebe bei Muhammad tritt in der Tat erst hervor, wenn diese Liebe, in der alles Menschliche aufgehoben sein soll, in ihrer ganzen Radikalität gesehen wird, die sich in ihrer Nüchternheit, ihrem Realismus und ihrem Alltagsbezug sehr wohl von ideologisierten Radikalismen unterscheidet und die trotzdem nicht nur für den individuellen, sondern auch für den gesellschaftlichen Bereich von größter Bedeutung ist.

Die Radikalität der christlichen Liebe

Ich kann nicht beurteilen, wieweit es dafür im Koran oder in der islamischen Theologie im einzelnen Ansätze geben mag, aber es ist unbestreitbar: Nach allem, was wir von Muhammad hörten, kann ich einfach von der Tatsache nicht absehen, daß für *Jesus* aufs Ganze gesehen – allem zufolge, was wir wissen – etwas anderes entscheidend war als etwa die skrupelhafte Beachtung von Reinheitsvorschriften oder das Verbot von Weingenuß. Was ist für ihn charakteristisch? Das auszusprechen ist zugleich radikale Kritik auch an einer christlichen Praxis (im individuellen wie im gesellschaftlichen Bereich), die gerade hier die Botschaft ihres Meisters immer wieder verraten hat.

Charakteristisch für ihn ist doch vor allem die *Vergebungsbereitschaft ohne Grenzen*: Nicht siebenmal, sondern siebenundsiebzigmal – also immer wieder, endlos! Und jedem, ohne Ausnahme! Also nicht nur keine Blutrache und kein »Aug um Auge«, sondern auch kein Blut- und Lösegeld, was das Wort »Vergebung« im Koran bisweilen meinen kann. Freilich: die Forderung Jesu nach Vergebung ist nun wiederum nicht legalistisch zu interpretieren. Jesus meinte nicht ein Gesetz, 77mal soll man vergeben, aber beim 78. Mal nicht. Sondern Jesus verweist auf etwas, das sich gerade aller Verrechtlichung entzieht; er appelliert an die Liebe des Menschen: von vornherein und immer wieder neu zu vergeben.

Charakteristisch für Jesus ist zugleich der uneigennützige *Dienst ohne Rangordnung*. Also nicht nur der schon in der frühislamischen Tradition so stark betonte Gehorsam gegenüber der Obrigkeit, sondern der gegenseitige Dienst aller. Wiederum: dies ist nicht zu verstehen als ein Gesetz, nach dem es keine Über- und Unterordnung geben dürfte, wohl aber als ein entschiedener Appell zum Dienst auch der Übergeordneten an den Untergeordneten.

Charakteristisch für Jesus ist schließlich der freiwillige *Verzicht ohne Gegenleistung*. Im Gegensatz also zu allem Machtdenken im individuellen wie sozialen Bereich der Verzicht auf *Rechte* zugunsten des Anderen (mit dem zwei Meilen gehen, der mich gezwungen hat, eine mit ihm zu gehen), Verzicht auf *Macht* auf eigene Kosten (dem auch noch den Mantel geben, der mir den Rock abgenommen hat), Verzicht auf *Gegengewalt* (dem die linke Backe hinhalten, der mich auf die rechte geschlagen hat). Alles erneut nicht gesetzlich zu verstehen: als ob nur dies und immer wieder dies geboten wäre. Verzicht auf Gegengewalt meint von vornherein nicht Verzicht auf jeden Widerstand in Notwehr. Jesus selber hat nach den Evangelien bei einem Schlag auf die Wange vor Gericht keineswegs die andere Wange hingehalten, sondern aufbegehrt. Verzicht darf nicht mit Schwäche verwechselt werden. Es geht bei den Forderungen Jesu nicht um ethische oder gar asketische Leistungen, die aus sich selbst einen Sinn hätten. Es geht um drastische Appelle zur radikalen Erfüllung des Willens Gottes von Fall zu Fall zugunsten des Mitmenschen! Aller Verzicht ist nur die negative Seite einer neuen positiven Praxis. Wie es Augustin dann zugespitzt formuliert hat: »Ama, et fac quod vis« – »Liebe, und tue, was du willst!«

Gewiß, in der Geschichte des Christentums ist mit dieser Botschaft des gekreuzigten Nazareners Schindluder getrieben worden, man braucht nur an die vielzitierte Frauen- und Sklavenfrage zu denken. Aber ich kann nicht davon absehen, daß dieser Jesus von Nazaret in der Geschichte des Christentums gerade in Sachen Gewalt – Gewaltlosigkeit, Barmherzigkeit – Unbarmherzigkeit, Frieden – Friedlosigkeit immer *auch* als kritisches Korrektiv, ja, als glaubwürdige Appellationsinstanz fungiert hat.

Meine Rückfrage an den islamischen Gesprächspartner ist nun, ob dies auch in gleicher Weise für Muhammad gilt. Kann er in dieser Frage in gleicher Weise zu einem kritischen Korrektiv, zur Appellationsinstanz, werden? Oder ist es nicht so, daß ein Muslim auch bei der gewaltsamen Durchsetzung seiner religiös-politischen Ziele im Kleinen wie im Großen sich auf Muhammad berufen kann, so wie Marxisten-Leninisten sich bei allen blutig-gewaltsamen Revolutionen eben auf Marx und Lenin berufen können? Mindestens insofern hat Friedrich Dürrenmatt wohl recht mit der Bemerkung in seinem lesenswerten Essay zum Verhältnis Judentum – Christentum – Islam: »Mit Jesus hat Muhammad freilich nichts Gemeinsames ... Wohl läßt sich aber Muhammad mit Paulus und mit Karl Marx vergleichen« (Werkausgabe Bd. 29, S. 54 f.). Ein wichtiges Problem taucht hier auf, über das gesprochen werden müßte: Christen können sich für Gewalt, Haß, Töten und Krieg ehrlicherweise nie auf Jesus von Nazaret berufen – auch wenn dies für die Friedfertigen Leidensdruck erzeugt, Leiderfahrung impliziert. Der Grund dafür liegt tiefer und ist theologischer Natur. Er hat mit Jesus selber und seinem Gottesverständnis zu tun.

In sinnlosem Leiden ein Sinn-Angebot

Sowohl Muhammad wie Jesus waren in ihrem Wirken mit dem Problem des Leidens konfrontiert: Beide haben in ihrer Botschaft harten Widerstand gefunden, bei dem es auf Leben und Tod ging; beide haben dabei ungewöhnliches Durchhaltevermögen bewiesen und Leiden in bewundernswerter Weise bewältigt. Aber dabei hat sich nun bei Jesus doch noch eine andere Tiefendimension eröffnet; denn in ganz anderer Weise als Muhammad hat Jesus das

Leid *in exemplarischer Weise vorgelebt*: und zwar das Leid des *Unschuldigen* und des *Menschen- und Gottverlassenen.* Jesus ist so als Grundfigur des *sinnlos* Leidenden, als der *Leidende schlechthin* in die Geschichte eingegangen.

Christliche Theologie sah sich deshalb von Anfang an gezwungen, das Leid dieses Unschuldigen zum Ort theologischer Reflexion zu machen, »theologia crucis« zu sein: Gibt es einen verborgenen »Sinn« in diesem Leiden des Unschuldigen, ist das Leid des Gottverlassenen auf seiten Gottes von einer letzten Solidarität getragen? Ich sehe dafür bei Muhammad kaum Ansatzpunkte. Gewiß ist christliche Theologie von einer »theologia crucis« auch immer wieder zu einer »theologia gloriae« vorgestoßen. Aber bei Muhammad war eine solche »theologia gloriae« schon von Anfang an gegeben, da Gott seine Auserwählten nicht nur aus aller Schmach befreien wird, sondern in der Gestalt des erfolgreichen Propheten, Feldherrn und Staatsmannes Muhammad auch tatsächlich schon befreit hat (wie er ja auch – nach Auffassung des Koran gegen alle historische Evidenz – Jesus am Kreuz nicht letztlich hat sterben lassen).

Das heißt: eine neue Einstellung zum Leiden, zum Mißerfolg, zum Scheitern wie zum Negativen überhaupt zeichnet sich im Wirken, Leiden und im ganzen Geschick Jesu ab, für die ich zumindest im sunnitischen Islam kaum eine Parallele sehe (und in der Schia ist das Leiden oft Anlaß zur Ankündigung der Rache). Die Grundfrage, was denn das für *ein unbegreiflich-transzendenter* Gott sei, der, bei aller barmherzigen Sorge *erhaben über allem Leid,* Menschen in unermeßlichem Elend und so oft sinnlosem und endlosem Leid sitzen, kämpfen, protestieren oder einfach resignieren und schließlich sterben läßt? Diese Grundfrage: ist sie, wie im Islam nun doch wohl gefordert, damit beantwortet, daß wir in Gottvertrauen verstummen vor Gottes unerforschlichem Plan, der ein undurchschaubares Mysterium bleibt? Oder kann die Frage auch umgekehrt werden: Ist Gott wirklich so erhaben, nur Herr und Lenker, über allem sinnlosen Leid, wie wir ihn uns menschlich vorstellen und bei allen unseren Protesten voraussetzen?

Christen glauben, daß *in Jesu sinnlosem Leiden und Sterben* über alle Unbegreiflichkeit Gottes hinaus, wie sie im Koran so stark betont wird und im Alten Testament beispielhaft von Ijob so schmerzlich erfahren wurde, eine *definitive Erlösung vom Leid* durch den unverfügbaren Gott offenbar geworden ist, der Leid und Tod zum ewigen Leben und zur Erfüllung aller Sehnsucht wandelt. Gewiß: das Faktum des Leidens kann auch von Jesus her nicht rückgängig gemacht werden; es bleibt immer ein Rest von Zweifel möglich. Nur das eine, allerdings Entscheidende, läßt sich vom Leben und Leiden dieses Einen schon jetzt den anscheinend sinnlos Lebenden und Leidenden sagen: Selbst manifest sinnloses menschliches Leben und Leiden *kann* einen *Sinn* haben, kann einen Sinn *bekommen*!

Einen *verborgenen* Sinn: keine automatische Sinn-Gebung, aber ein frei-bleibendes *Sinn-Angebot*, das meine Entscheidung herausfordert. Gewiß, ich kann diesen – verborgenen – Sinn ablehnen: in Trotz, Zynismus oder Verzweiflung. Aber, ich kann ihn auch annehmen: in glaubendem Vertrauen auf ihn, der dem sinnlosen Leiden und Sterben Jesu Sinn verliehen hat.

Der Gott der Liebe

Hat das Christentum die Ideale zu hoch geschraubt? Ist der Islam realistischer, macht er es dem Menschen leichter? Die Botschaft von dem, dessen »Joch sanft und Bürde leicht« ist, will – realistisch bis hinein in Mißerfolg und Scheitern! – Menschen ein Sinnangebot machen, das heißt: Nicht nur im Licht und in der Freude, auch im Dunkel, in der Trauer, im Schmerz, in der Melancholie, in der Sinnlosigkeit *kann* ich Ihm begegnen, kann ich Liebe und nicht nur Haß und Rache finden. Was von Leibniz nur behauptet und von Dostojewski dunkel erspürt, das wird dem Ijob und auch Muhammad bestätigt und vom Gekreuzigten her (als dem wahren Sieger) schon jetzt definitiv offenbar und gewiß: Auch mein Leiden und Sterben ist von *Gott* umfangen, auch mein Leiden und Sterben kann bei aller Gottverlassenheit Ort der Gottesbegegnung *werden*. Nein, der Christ bleibt Realist: Er weiß keinen Weg an Leid und Tod vorbei, aber er weiß einen Weg hindurch – in aktiver Indifferenz letztlich gelassen gegenüber dem Leid und gerade so zum Kampf gegen das Leid und seine Ursachen bereit, bis hin zum Tod.

Ganz anders als in Leben und Botschaft Muhammads wird so, scheint mir, in Jesu Leben und Wirken, Leiden und Sterben deutlich, daß dieser Gott ein *menschenfreundlicher, mit-leidender Gott* ist, »mit uns unten«. Kein allzu männlicher, oft willkürlicher Gesetzesgott hat sich in Jesus manifestiert, wie man ihn noch im Alten Testament und auch im Koran finden kann. Sondern ein Gott, der Liebe nicht nur fordert, sondern (auch Versagern) schenkt und der deshalb »Vater« (und wohl auch »Mutter«) genannt werden darf. Darum sind Christen mit dem Neuen Testament, im Unterschied zum Koran, der Überzeugung, daß Gott Liebe *hat*, ja mehr noch, daß Gott ganz Liebe *ist*: »Denn«, so heißt es im Ersten Johannesbrief, »Gott ist Liebe. Darin ist die Liebe Gottes zu uns offenbar geworden, daß Gott seinen einzigen Sohn in die Welt gesandt hat, damit wir durch ihn leben« (4,8 f.).

Über Gottes »einzigen Sohn« wird noch zu reden sein. Aber Gott als Quelle der Liebe ist ein Gedanke, der zwar nicht im Gesetzesislam, wohl jedoch im mystischen Islam eine nicht geringe Rolle gespielt hat. Als ein schönes Zeugnis unter vielen – ein Echo auf jene in der Exposition zitierte Mystikerin aus dem Basra des 8. Jahrhunderts – sei ein Wort des Mystikers Abū Yazīd al-Bistāmī angeführt: »Im Anfang bildete ich mir ein, daß ich es war, der an Gott dachte, der Ihn kannte und liebte. Als ich zum Ende kam, sah ich, daß Er an mich gedacht hatte, ehe ich an Ihn dachte, daß Er mich gekannt hatte, ehe ich Ihn kannte, daß Seine Liebe zu mir meiner Liebe zu Ihm vorausging, daß Er mich zuerst gesucht hat, so daß ich Ihn suchen konnte« (Tor Andrae, »Islamische Mystiker«, S. 130).

Ob hier ein Ansatz für eine weitere Diskussion zwischen Islam und Christentum gegeben wäre? Möglicherweise, denn eine Polarität zwischen Mystik und Gesetz, Erleben und Ordnen, Innen und Außen durchzieht als Grundspannung sowohl das Christentum wie den Islam. Auch im *Christentum* ist Platz für eine Mystik, wenn sie nicht pantheistische Einheit mit der Gottheit, wohl aber die alles umfassende, alles durchdringende göttliche Liebe meint. Und auch im *Islam* schließen sich – wie man seit dem großen Versöhner von Orthodoxie und Mystik al-Ghazzālī im 12. Jahrhundert erkannt hat – das Verstandesmäßige, Ordnungsmäßige und Gesellschaftsbezogene des *Gesetzesislam* (der Religionsgelehrten oder Mollas) und das Emotionale, Erlebnishafte, Innerliche des *Islam des Herzens* (der Mystiker oder Sufis) keineswegs aus; sie können sich, wie viele Muslime auch heute überzeugt sind, gegenseitig bereichern.

Gott als Quelle der Liebe: hier wäre der Ansatzpunkt, auf die Fragen der Christologie vorzustoßen. Dazu möchte ich in der nächsten Vorlesung Stellung nehmen und dabei auch auf die islamischen Einwände gegen die christliche Trinitätslehre antworten.

IV. Der Islam und die anderen Religionen. Jesus im Koran

1. Josef van Ess: Islamische Perspektiven

Zur Dialogbereitschaft im Islam

Solange das Christentum noch eine Macht darstellte und Europa sich seiner Überlegenheit sicher war, kamen einem Christen kaum Zweifel daran, daß seine Religion im Vergleich zu den anderen die bessere, die weiter fortgeschrittene, die wahre sei; seine Haltung zu den anderen Bekenntnissen war missionarisch. Jetzt, wo diese Voraussetzungen nicht mehr gegeben sind, ist seine Haltung eher dialogisch. Beides läßt sich, zeitgebunden, wie es ist, recht hübsch an der islamistischen Fachliteratur über den Koran ablesen. Bis in die dreißiger Jahre dieses Jahrhunderts hinein interessierte man sich vor allem dafür, was Muhammad aus dem Judentum oder dem Christentum übernommen habe; wenn christliche Theologen das Thema in die Hand nahmen, so sprachen sie meist von »christlichen Glaubenswahrheiten« im Islam. Gemeinsam war beiden Ansätzen, dem historischen und dem theologischen, daß die Originalität des Propheten übersehen oder gar geleugnet wurde; der Koran wurde interpretiert als ein Sammelsurium von Theologoumena, unter denen sich zwar einige Goldkörner befinden mochten, die aber alle ihren Wert nur aus ihrer Quelle bezogen.

Heute ist diese Sicht bei Islamisten und selbst bei Theologen zurückgetreten; Wilfred Cantwell Smith, Religionswissenschaftler und lange Zeit als protestantischer Missionar in Pakistan tätig, hat den Grundsatz aufgestellt, daß »keine Aussage über Religion (gemeint ist wohl: über das Selbstverständnis einer Religion) gültig ist, solange sie nicht von den Anhängern dieser Religion selber anerkannt werden kann«. Bei den Islamisten hat dies allerdings dazu geführt, daß, zumindest in der jüngeren Generation, das Interesse am Koran spürbar nachgelassen hat; es ist gar nicht leicht, die Smithsche Forderung zu erfüllen, und wenn man historisch an den Koran herangeht, ist die Gefahr, mit Muslimen aneinanderzugeraten, größer als je zuvor. Denn den Muslimen ist durchaus noch nicht so dialogisch zumute; sie haben ja immer noch das Gefühl, einer »religio triumphans« anzugehören. Man sollte dies im Auge behalten, wenn wir jetzt davon reden wollen, welche Gestalt christliche Theologoumena im Koran angenommen haben. Ich will mich dabei auf die zentralen Punkte beschränken: die Aussagen über Jesus und über den Heiligen Geist.

Jesus im Koran

Was wir über Jesus erfahren, fügt sich recht gut zu einem einheitlichen Bild zusammen. Muhammad hat immer wieder von ihm gesprochen; er sah in ihm einen interessanten Parallelfall zu sich selber. Was uns interessiert, sind die Akzentverschiebungen, zu denen es dabei kam. Der Koran läßt keinen Zweifel daran, daß Jesus die Wahrheit predigte; aber die Sprache, die er ihm dabei in den Mund legt, ist ganz anders als die der Evangelien, und er läßt Jesus explizit betonen, daß auch er nur ein Mensch sei: »und als Jesus mit den klaren Beweisen (zu den Juden) kam, sagte er: Ich bin mit der Weisheit zu euch gekommen, und um euch einiges von dem, worüber ihr uneins seid, klarzumachen. Daher fürchtet Gott und gehorchet mir! *Gott ist mein und euer Herr.* Dienet ihm! Das ist ein gerader Weg« (Sure 43,63 f.). In einer solchen Predigt hat Jesus nach koranischer Aussage auch das Kommen Muhammads angekündigt (61,6).

Seine Wunder werden ausdrücklich anerkannt; aber er tut diese Wunder nicht als Gottes Sohn, sondern »mit Gottes Erlaubnis« (Sure 3,49 und 5,110). Er gehörte zu den Rechtschaffenen und zu denen, die Gott nahestehen (3,45 f.). Auf Befehl Gottes verrichtet er das Gebet und gibt die Almosensteuer, wie auch Muslime dies tun, und verhält sich pietätvoll gegenüber seiner Mutter (19,32). Dennoch wird seine Botschaft von seinen Zeitgenossen als »offensichtliche Zauberei« zurückgewiesen (61,6, 5,110); nur seine

Jünger halten zu ihm (61,14). Die Juden versuchen, Jesus zu töten, und rühmen sich, dies auch wirklich getan zu haben; aber »sie haben ihn (in Wirklichkeit) nicht getötet und (auch) nicht gekreuzigt. Vielmehr erschien ihnen (ein anderer) ähnlich«. Gott hat ihn, ohne daß sie ihn hätten töten können, zu sich in den Himmel erhoben (4,157 f.).

Dieser letzte Passus bringt für den Christen die eigentliche Überraschung: Jesus ist so stark nach dem Bilde Muhammads gezeichnet, daß die Kreuzigung geleugnet wird. Den Juden »erschien ein anderer ähnlich«, wie es etwas dunkel im koranischen Text heißt; sie haben sich in der Person geirrt und einen anderen an Jesu Statt hingerichtet, Judas vielleicht, wie die spätere Exegese sagt. Das ist die doketistische These, wie sie sich auch in der Gnosis, bei Basilides zum Beispiel, findet. Hier fügt sie sich ganz logisch ein: Alle Propheten haben wie Muhammad Erfolg; sie werden angefeindet, ihre Botschaft wird als »Zauberei« denunziert (wie auch Muhammad immer fürchtete, mit den Zauberern und Wahrsagern gleichgesetzt zu werden), aber sie dürfen nicht scheitern. In der Tat war die Passion ja theologisch nur sinnvoll, wenn sie als Erlösung verstanden wurde; das aber ist eine Kategorie, die der Islam nicht kennt. Ohne Erlösung wäre die Passion tragisch; das aber ist eine Denkform, die nur die Griechen recht beherrschten. An die Stelle des Tragischen setzt der Muslim das Absurde; und was wäre absurder, als daß die Wahrheit, rational erschließbar zudem wie der Monotheismus, sich nicht durchsetzte?

Man mag diese Typisierung Jesu, die dem Bild der Evangelien so gar nicht entspricht, dem Koran zum Vorwurf machen. Man sollte allerdings nicht vergessen, daß die Evangelien ähnlich typisierend verfahren sind mit einem Mann, in dem sie ihrerseits einen Vorläufer Jesu sahen: mit Johannes dem Täufer. Auch sie haben da von der historischen Wirklichkeit und, schlimmer noch, vom Selbstverständnis dieses Gottesboten – der nach muslimischem Verständnis ebenso ein Prophet war wie Jesus – nicht viel übriggelassen.

Was nun den koranischen Jesus angeht, so hat christliche Analyse oder Polemik manchmal zwei Punkte zu finden gemeint, wo sich die perspektivische Verkürzung gewissermaßen verrät und die ursprüngliche »Wahrheit« noch durchschimmert: Der Koran akzeptiert trotz seines »reduzierten« Jesusbildes die Jungfrauengeburt, und er spricht von Jesus als dem »Wort« Gottes. Aber dieser Schluß geht in die Irre; der Christ hört hier Dinge heraus, die nicht gemeint sind. Die Jungfrauengeburt ist im Koran kein Beweis für die Gottheit Christi, sondern ein bloßes Zeichen der Allmacht Gottes (Sure 19,21); und wenn Jesus als »Wort« bezeichnet wird, so geht das zwar historisch zweifelsohne auf den Logos zurück, hat aber für Muhammad nicht mehr die bei uns oder bei den Griechen mit diesem Begriff verbundenen Implikationen. Für die spätere Theologie und für das Selbstverständnis des Islam haben beide Dinge keine Rolle gespielt. Ein Dialog sollte hier also erst gar nicht ansetzen, und Mission würde nur auf Unverständnis stoßen.

Jesus hat, so hörten wir, nach koranischer Vorstellung das Kommen Muhammads vorhergesagt – auch das ein Denkmuster, das sich bereits in den Evangelien findet und von der frühen christlichen Theologie breit ausgewalzt worden war (dort natürlich mit Bezug auf die alttestamentlichen Propheten). Der Vers lautet im Koran: ». . . Jesus, der Sohn der Maria, sagte: Ihr Kinder Israels! Ich bin von Gott zu euch gesandt, um zu bestätigen, was vor mir da war, nämlich die Tora, und einen Gesandten mit einem hochlöblichen Namen zu verkünden, der nach mir kommen wird« (Sure 61,6). Die Deutung der Stelle ist bis heute umstritten. Statt »mit einem hochlöblichen Namen« kann man auch übersetzen: »dessen Namen Ahmad ist«; so verstehen es die Muslime. Denn Ahmad, später tatsächlich ein weitverbreiteter Eigenname, ist von derselben Wortwurzel gebildet wie Muhammad. Die Arabistik hat seit Marraccis Koranübersetzung vom Ende des 17. Jahrhunderts hinter »hochlöblich«, also der Wortbedeutung des späteren Eigennamens Ahmad, immer wieder einmal das griechische »períklytos«, »berühmt«, entdecken wollen, das dann seinerseits mißverstanden wäre aus »parákletos«, dem Parakleten von Johannes 14,16 und 14,26. Dann wäre also der Paraklet, der nach christlicher Vorstellung zu Pfingsten herabgekommen ist, nach muslimischem Glauben in der Gestalt Muhammads erschienen.

Jedoch bleibt diese Erklärung völlig spekulativ. Nachweisen läßt sich nur, daß die muslimischen Apologeten später, wenn sie nach dem Ansatz dieser Koranstelle in den Evangelien gefragt wurden, häufig auf den Parakleten verwiesen. Daß dieser nach christlicher Ansicht schon anderweitig vergeben war, störte sie nicht. Es hatte ja auch Mani nicht gestört, der seinerseits schon den Parakleten auf sich bezogen hatte. Von daher mag man mit dem Gedanken spielen, daß Muhammad einfach ein manichäisches Modell übernommen hat; Mani hatte sich immerhin auch, wie Muhammad nach ihm, als »Siegel der Propheten« betrachtet. Die Apologeten hätten dann also gar nicht so unrecht gehabt. Aber das Geflecht der historischen Abhängigkeiten wird damit noch komplizierter. Sicher ist auch, daß Muhammad sich nicht als der Heilige Geist sah, mit dem der Paraklet in Johannes 14,26 gleichgesetzt wird.

Was nun allerdings mit dem Geist im Koran los ist, läßt sich nur schwer sagen. Die Verkündigung Muhammads setzt in diesem Punkt Assoziationen voraus, die sich kaum noch rekonstruieren lassen und schon den frühen Exegeten nicht mehr geläufig waren. Manchmal hat der Geist die Funktion des Lebensodems – so etwa auch bei der Empfängnis Mariens (Sure 21,91) –, manchmal wirkt er wie ein Engelbote. Es scheint, daß Muhammad ihn mit Gabriel gleichsetzte; an einigen Stellen, die sich durch besondere Rätselhaftigkeit auszeichnen, mag er auch zu einer Logoshypostase in Beziehung treten (vgl. Sure 17,85). Sicher ist, daß er immer nur als Instrument Gottes verstanden wird; selbst die islamische Mystik oder die vom Neuplatonismus beeinflußte Philosophie, die beide sich gelegentlich auf diese Stellen berufen haben, haben nie auch nur die geringste trinitarische Implikation herausgehört.

Judentum und Christentum in der Sicht islamischer Heilsgeschichte

Die Muslime haben sich kaum je dafür interessiert, ob das, was im Koran gesagt wird, durch die früheren Offenbarungsschriften bestätigt wird oder nicht; ihr Verhältnis zu den Evangelien und zur Tora ist ganz anders als das des Christen zum Alten Testament. Ich komme damit auf etwas zurück, das ich zu Anfang, bei der Besprechung von Muhammads geistiger Entwicklung, bereits betonte: Nach christlichem Verständnis setzt der Neue Bund den Alten voraus und baut auf ihm auf; nach islamischer Vorstellung dagegen greift der Koran hinter Tora und Evangelium zurück. In ihm wird die Religion Abrahams wiederaufgenommen. Die Exegese hat das später weiter ausgebaut. „Bin ich nicht Euer Herr?«, so hatte Gott nach Sure 7,172 die Nachkommenschaft Adams, noch bevor sie geboren war, gefragt, und indem sie mit Ja antwortete, hatte sie den Islam von Ewigkeit her angenommen. Selbst Abraham war also nicht der erste Muslim; der Islam war vielmehr das erste Bekenntnis des Menschen vor aller Zeit, und wenn ein Muslim seine Glaubensformel, die Shahāda, spricht, so wiederholt er im Grunde nur ein »Zeugnis«, das er bereits in der Präexistenz abgelegt hat.

Jeder Mensch wird, so sagt ein berühmtes und gewiß sehr altes Prophetenwort, in der islamischen Urreligion geboren; erst seine Eltern – wir würden sagen: die Umwelt – machen ihn zu einem Juden, einem Christen oder einem Zoroastrier. Er hat, um Tertullian zu paraphrasieren, eine »anima naturaliter moslemica«. Was sich vor der Schöpfung für alle Menschen vollzogen hat, prägt somit jeden einzelnen bei seiner Geburt; die Shahāda wird dem Neugeborenen ins Ohr geflüstert. Christen und Juden sind demnach nicht Ungläubige, weil sie es nicht besser wissen, sondern weil sie es nicht anders wollen; und wenn sie behaupten, das, was die Muslime ihnen sagen, läse sich in ihren Schriften anders, so können sie diese nur entstellt oder die wahren Belege unterschlagen haben. So hatte schon Muhammad gegen die Juden von Medina argumentiert, und so hielten es auch die muslimischen Theologen – wenngleich sie merkten, daß sie damit im Grunde auch positive Zeugnisse wie den »Parakleten« entwerteten.

Das war die theologische Beurteilung. Nun müssen wir aber auch von der praktischen Behandlung der Nichtmuslime in der islamischen Welt reden. Wir kommen damit zwar nach christlichem Verständnis von der Religion weg, hin zu gesellschaftlichen und politischen Fragen; aber wir sahen ja, daß diese Grenze im Islam nicht besteht: Das religiöse Gesetz mußte zu dem Problem Stellung nehmen, und schon der Koran hat dies getan.

Die Äußerungen des Koran sind allerdings nicht einheitlich; sie spiegeln, wie auch sonst, die Situation, in der sich Muhammad jeweils befand. Da nun begegneten ihm Juden und Christen in verschiedener Weise; die Juden waren als geschlossene Gruppe seine politischen Gegner, Christen dagegen kannte er lange Zeit nur als Einzelindividuen. Darum werden im Koran »die Juden wegen ihrer Unbotmäßigkeit und aus anderem Grunde *moralisch* verurteilt«, während die Christen »mehr wegen gewisser *dogmatischer* Behauptungen und Fehlschlüsse« gerügt werden (Rudi Paret, »Mohammad und der Koran«, S. 141). Dogmatische Kritik am Judentum findet sich kaum, und das praktische Verhalten der Christen wird im Vergleich zu dem der Juden manchmal geradezu gelobt: »Du wirst sicher finden«, so sagt Gott zu Muhammad, »daß diejenigen Menschen, die sich den Gläubigen gegenüber am meisten feindlich zeigen, die Juden und die Heiden sind. Und du wirst sicher finden, daß diejenigen, die den Gläubigen in Liebe am nächsten stehen, die sind, welche sagen: ›Wir sind *Naṣārā* (das heißt Christen).‹ Dies deshalb, weil es unter ihnen Priester und Mönche gibt, und weil sie nicht hochmütig sind« (Sure 5,82).

Muhammad ist also durchaus nicht antiklerikal; bis heute bringen die Muslime den christlichen Geistlichen, obwohl sie selbst ein ganz anderes Lebensideal vertreten, Achtung entgegen. Als Muhammad gegen Ende seines Wirkens mit teilweise christianisierten Stämmen Verträge schloß, mußten nur die Heiden den Islam annehmen, während den Christen ihre Gotteshäuser und ihre Priester belassen wurden. Selbst mit den Juden hatte es übrigens vertragliche Regelungen gegeben. Zwar war, wie wir uns erinnern, auf dem Höhepunkt der Krise ein medinensischer Stamm nahezu ausgerottet worden. Aber später hat Muhammad nach kriegerischen Auseinandersetzungen mit ihnen auch die Juden weder umgebracht noch sie gezwungen, auszuwandern oder ihrem Glauben abzuschwören; sie mußten sich nur zu einer dauernden Naturalleistung, einem Tribut also, verpflichten.

Diese Bestimmungen sind zum Teil in den Koran eingegangen. Daneben allerdings ebenso die allgemeinen Aufrufe, gegen die »Schriftbesitzer« und überhaupt gegen alle Nichtmuslime Krieg zu führen: »Kämpft gegen diejenigen, die nicht an Gott und den Jüngsten Tag glauben und nicht für verboten erklären, was Gott und sein Gesandter verboten haben, und nicht der wahren Religion angehören – von denen, die die Schrift erhalten haben – (kämpft gegen sie), bis sie kleinlaut aus der Hand (?) Tribut entrichten«; und bald darauf: »Sie tun es denen gleich, die früher ungläubig waren. Diese gottverfluchten Leute! Wie können sie nur so verschroben sein! Sie haben sich ihre Gelehrten und Mönche sowie Christus, den Sohn der Maria, an Gottes Statt zu Herren genommen. Dabei ist ihnen doch nichts anderes befohlen worden, als einem einzigen Gott zu dienen, außer dem es keinen Gott gibt ...« (Sure 9,29–31). Da wird zum Schluß also klar, wogegen der Passus (der im übrigen vermutlich nicht ganz einheitlich ist) gemünzt war, und nun kommen auch die Mönche nicht mehr gut weg.

Das islamische Recht hat diese historisch gebundenen Feststellungen zu einem *System* kombiniert. Da gibt es dann einerseits die Verpflichtung zum Jihād, dem, was wir im allgemeinen den Heiligen Krieg nennen und vielleicht eher, da es sich um eine Individualpflicht handelt, als Heiligen Kampf bezeichnen sollten. Der Jihād dient dabei nicht etwa, wie häufig angenommen wird, der Ausbreitung des Islam, sondern der Ausbreitung muslimischer Herrschaft; Mission verbindet sich mit ihm nur insofern, als die direkten Heiden, also alle diejenigen, welche nicht »Schriftbesitzer« sind, nach der Eroberung ihres Gebietes allein die Wahl zwischen Tod und Bekehrung haben. Juden und Christen dagegen – denen man bald, aus politischer Notwendigkeit, als weitere »Schriftbesitzer« auch die Zoroastrier zugesellte – müssen nur Tribut entrichten. Dieser Tribut wurde, als man Ordnung in das Ganze brachte, in Form einer Kopfsteuer eingezogen – eine alte Einrichtung, die die Araber aus dem Sasanidenreich kannten.

Man hat sie bis in späte osmanische Zeit damit gerechtfertigt, daß Nichtmuslime keinen Wehrdienst zu leisten brauchten.

So verstanden, galt der Jihād als permanente Pflicht der Muslime, solange noch irgendein Teil der Erde nicht der muslimischen Oberhoheit unterworfen ist. Ein Friedensschluß mit nichtmuslimischen Staaten war darum grundsätzlich nicht möglich; eine islamische Regierung konnte sich immer nur zu einem zeitlich begrenzten Waffenstillstand bereitfinden. Allerdings waren nicht alle Muslime zum Wehrdienst verpflichtet; es mußte immer nur eine ausreichende Zahl im Felde sein.

Erst wenn islamisches Gebiet von einer nichtmuslimischen Macht angegriffen wird, in einem Verteidigungskrieg also, müssen alle Muslime zu den Waffen greifen. Noch zu Beginn des Ersten Weltkrieges hat der Shaikh al-Islām in Istanbul einen solchen Aufruf erlassen. Der Widerhall hielt sich damals allerdings in Grenzen; die betroffenen westlichen Kolonialmächte, England vor allem, aber auch das neutrale Holland (das ja in seinem Kolonialreich Insulinde eine Menge Muslime bei der Stange halten mußte) haben sich ganz unnütz darüber aufgeregt. Ähnlich verhält es sich ja auch, wenn heute so etwas geschieht; das fährt nur den Journalisten ins Gebein.

Mittlerweile sind viele Bestimmungen des islamischen Kriegsrechts, vor allem soweit sie nicht direkt im Koran gründeten, von den islamischen Regierungen selbst außer Kraft gesetzt worden. Manche Juristen gehen soweit, Jihād schon von der Grundbedeutung her ganz anders zu interpretieren. Denn das Wort heißt nur »sich abmühen«, mit dem üblichen Zusatz »auf dem Wege Gottes«; dies aber muß sich nicht auf kriegerische Aktivitäten beziehen und ist in der Tat schon früh auch auf den Kampf mit sich selbst, die Askese, bezogen worden. Dieser Sinn von Jihād wird heutzutage häufig in den Vordergrund gestellt, um die Friedensbereitschaft des Islam zu betonen. Allerdings ist dies im Grunde wieder nur ein Beweis dafür, daß Exegese zu allem fähig ist. In diesem Fall paßt sie sich dem modernen Staatsrecht an, wo es natürlich Friedensschlüsse und friedliche Beziehungen zwischen islamischen und nichtislamischen Völkern gibt, und zwar auch mit solchen, mit denen man eine gemeinsame Grenze hat; die klassische Theorie dagegen ging vom Begriff der islamischen Ökumene aus, die, als Sitz der endgültigen Wahrheit, nach weiterer Ausdehnung geradezu verlangt.

Die praktische Behandlung der »Schriftbesitzer«

Die Stellung der »Schriftbesitzer«, der Christen und Juden, war somit innerhalb und außerhalb der Ökumene verschieden. Außerhalb ihrer waren sie Feinde, wie etwa die Byzantiner, mit denen der Islam erst 1453 durch die Eroberung von Konstantinopel fertig wurde, oder die Chazaren, die im Kaukasusgebiet Nachbarn der Muslime waren und zur Zeit Hārūn ar-Rashīds zum Judentum übertraten. Innerhalb der Ökumene aber waren sie geduldet, mehr noch: Sie hatten fest umrissene Rechte, welche man aus eben jenen Verträgen ableitete, die der Prophet mit Juden und Christen geschlossen hatte.

Dabei scheint es, daß die Muslime bei der Systematisierung dieser Präzedenzfälle sich an ein Modell religiöser Autonomie anlehnten, das sich bereits im späten Sasanidenreich herausgebildet hatte. Denn Autonomie wurde in der Tat in gewissem Maße zugestanden: die »Schriftbesitzer« waren nicht nur, wie man sagte, »Schutzbefohlene«; die islamische Obrigkeit verpflichtete sich nicht nur, Schaden von ihnen fernzuhalten und ihnen Leben, Eigentum und Religionsausübung zu garantieren, sie gewährte ihnen auch eigene Jurisdiktion in Fragen des Personenstandsrechts und des Erbrechts. Oberhaupt dieser selbständigen Gemeinschaften und ihr Repräsentant gegenüber der islamischen Obrigkeit war der jeweilige höchste religiöse Würdenträger: der Patriarch, der Katholikos, bei den Juden der Exilarch oder die Gaonim, bei den Zoroastriern – solange sie noch eine Rolle spielten – der Obermobad.

Autonomie bedeutete hierbei nicht Segregation; es gab in der islamischen Welt bis in die Neuzeit hinein keine Ghettos. Zwar mögen Angehörige der gleichen Religionsgemeinschaft häufig im selben Viertel gewohnt haben, schon wegen ihrer familiären Zusammengehörigkeit; aber sie waren nicht prinzipiell und vorsätzlich von den Muslimen abgesondert. Vor allem: sie waren nicht unrein; man konnte sie zu Tische laden. Der Islam ist da viel großzügiger als das Judentum. Christen und Juden waren in der islamischen Welt keine Fremden; immerhin waren sie, historisch gesehen, Alteingesessene, wesentlich länger in diesen Gegenden heimisch als die Muslime. Mit ihnen sprachen sie die gleiche Sprache, und mit ihnen hatten sie teil an derselben Kultur.

Die Möglichkeiten sozialen Aufstiegs waren groß; wir begegnen Christen und Juden in der Position des Wesirs. Im mittelalterlichen Ägypten war der Beamtenapparat ganz von den Kopten beherrscht; auch die Ärzte waren in der Mehrzahl Christen oder Juden. Besonders geeignet waren Nichtmuslime für Berufe, in denen Kontakt zur nichtmuslimischen Welt eine Rolle spielte: im Fernhandel, im Bankwesen, in der Spionage. Sie bewahrten sich ihren autonomen Status, indem sie gewisse Vorschriften einhielten: eine besondere Abgabe, die bereits genannte Kopfsteuer, zahlten, Muslimen mit Ehrerbietung gegenübertraten, keine Musliminnen zur Frau nahmen. Das System spielte im Osmanenreich eine große Rolle, und in mancher Beziehung lebt es bis heute fort: Der Libanon zum Beispiel, bis zu seiner Zerstörung das klassische Land religiösen Pluralismus, kennt keine Ziviltrauung; ein Christ, der sich scheiden lassen will, erreicht dies häufig nicht anders als durch den Übertritt zu einer anderen Konfession. Er untersteht eben in diesem Bereich ganz der Jurisdiktion seiner Religionsgemeinschaft; der Staat redet da nicht hinein.

»Toleranz« nach außen und nach innen

Das ist, was heutige Muslime mit berechtigtem Stolz die »Toleranz« des Islam nennen. In der Tat: Christen und Juden konnten in der mittelalterlichen islamischen Welt ihre Religion gewiß freier praktizieren als in vielen totalitären Staaten der Gegenwart. Und der Unterschied zum christlichen Mittelalter ist eklatant. Pogrome waren verhältnismaßig selten, und man konnte sich nur schlecht bei ihnen im Recht fühlen. Denn sie waren ja nicht nur moralisch verwerflich, sondern auch juristisch gesehen Unrecht; und da das Gesetz, gegen das man verstieß, ein göttliches Gesetz war, waren sie auch Sünde.

Allerdings muß man, wenn man sich schon dem (heutigen) islamischen Sprachgebrauch anschließt, auch wissen, wovon man redet. Nicht gemeint ist mit dieser »Toleranz« Religionsfreiheit im modernen allgemeinen Sinne; denn all diese Privilegien galten ja nur für die »Schriftbesitzer«. Manichäer, Buddhisten oder Hindus fielen nicht unter sie, ebensowenig auch – und das ist für den heutigen Islam sehr viel wichtiger – Angehörige von Religionen, die sich aus dem Islam selbst entwickelt haben: die Bahāi zum Beispiel und, bis zu einem gewissen Grade, die Ahmadiyya. Mögen diese auch ihren Glauben als eigenständige Religion betrachten (etwa so, wie die Mormonen dies im Verhältnis zum Christentum tun), für die Muslime sind sie nur Ketzer, und dies, weil sie gewissermaßen die Sünde wider den Heiligen Geist begangen haben, nämlich glauben, daß nach Muhammad innerhalb der muslimischen Ökumene in Gestalt ihres Gründers ein neuer Prophet erstanden sei: Mīrzā Ghulām Ahmad, der Begründer der Ahmadiyya (gest. 1908) in Indien, und Bahā'ullāh, der Stifter der Bahāi (gest. 1892) in Iran, beide bezeichnenderweise Gestalten aus einer Zeit, in der der Islam seine politische Macht weitgehend verloren hatte.

Darum ist, seitdem die neue iranische Verfassung unter Khomainī wieder ganz auf das islamische Gesetz zurückgreift, die Lage der Bahāi viel prekärer als die der Juden und der Christen. Ihnen hilft da auch nicht ein Schriftzitat, das heutige Muslime an sich häufig im Munde führen und meist mit »Es gibt keinen Zwang in der Religion« wiedergeben (Sure 2,256). Denn diese Aussage läßt sich nicht nur so interpretieren, daß man in religiösen Dingen niemanden zwingen *dürfe*, sondern auch so, daß man niemanden zwingen *könne*, weil manche nämlich viel zu verstockt sind, um die Wahrheit zu erkennen. Dies ist vermutlich sogar die ursprüngliche Bedeutung gewesen.

Eine zweite Einschränkung müssen wir machen: Diese »Toleranz« schließt nicht jene staatsbürgerlichen Rechte ein, die wir meist mit ihr assoziieren. Im Abendland hat der Toleranzbegriff säkulare Wurzeln; im Islam dagegen ging es um ein religiöses Zugeständnis, von dem das Bewußtsein der eigenen Überlegenheit und des eigenen Vorrangs nicht tangiert wurde. Die Nichtmuslime hatten gewissermaßen Gastrecht; sie waren auf selbstverständliche Weise präsent und aus der Gesellschaft kaum wegzudenken. Aber sie waren deswegen noch lange nicht gleichberechtigt; auch die Sklaven und die Frauen, ebenso omnipräsent wie sie, waren dies ja nicht. Der Islam war, wie wir sahen, in gewissem Sinne egalitärer als andere Religionen. Aber wie jede Offenbarungsreligion war er überzeugt, die absolute Wahrheit zu besitzen – und absolute Wahrheit wird erst dann tolerant, wenn man nicht mehr ganz an sie glaubt. Gleichberechtigung mochte sich unter günstigen Umständen ergeben, und die Umstände waren den Angehörigen fremder Religionen generell günstiger als im Christentum; aber Gleichberechtigung war kein Ideal und sie zu schaffen kein Verdienst. Die islamische Toleranz verhinderte Verfolgungen, aber sie verhinderte nicht die Diskrimination.

Auch diese Diskriminationen waren nicht permanent; aus den Quellen gewinnt man den Eindruck, daß sie über Jahrzehnte, mancherorts über Jahrhunderte hinweg nicht praktiziert wurden und jedesmal von neuem durchgesetzt werden mußten. Aber sie waren ebenso wie die Privilegien juristisch abgesichert; ein Herrscher oder ein Jurist, der sich in ihrer Anwendung hervortat, konnte sicher sein, den Willen Gottes zu erfüllen. Im Grunde hatten sie nur symbolischen Charakter; aber sie betrafen Dinge des alltäglichen Lebens und waren deswegen besonders schmerzhaft: Nichtmuslime durften ihre Häuser nicht so hoch bauen wie Muslime, sie sollten einen Esel reiten statt eines Pferdes, sie sollten bestimmte Kleidung tragen oder sich durch ein Abzeichen kenntlich machen.

Letzteres klingt uns besonders vertraut. Dennoch müssen wir uns wieder hüten, anachronistisch zu denken. Daß Menschen sich durch ihre Kleidung unterscheiden, war im Mittelalter ein selbstverständlicher Gedanke; erst seit dem 19. Jahrhundert tragen wir alle einen schwarzen Anzug oder kleiden uns alle in Jeans. Anfangs lief diese »Diskrimination« in der islamischen Welt sogar andersherum: Wir hören, daß auch die Muslime einst besondere Kleidung tragen mußten, aus Sicherheitsgründen nämlich; sie waren ja in den ersten Jahrhunderten an vielen Orten die Minderheit. Sicherheitsgründe mögen auch später noch eine Zeitlang eine Rolle gespielt haben; aber was sich dann in diesen Symbolen primär ausdrückte, war das, was überall dort im Vordergrund steht, wo Überlegenheitsgefühl Bürger zweiter Klasse schafft: Geringschätzung.

Nun ist Geringschätzung immer noch nicht so schlimm wie der Haß, mit dem die Christen im Mittelalter den Juden begegneten. Die Muslime wurden, wie wir sahen, häufig durch die Umstände, manchmal vielleicht auch durch eigene Einsicht daran gehindert, dies offen zu zeigen; sie bedurften ja der »Schutzbefohlenen« in den verschiedensten Bereichen, und in manchen Gegenden waren die Nichtmuslime zudem, vor allem die Christen, keineswegs eine Minorität. Aber wir erhalten damit doch eine Erklärung dafür, warum aus ihnen im Laufe der Zeit eine Minorität *geworden ist.* Interessant ist dabei, daß die Juden sich viel besser gehalten haben als die Christen; im Maghrib, der Heimat Augustins, leben Juden bis heute – soweit sie nicht nach Israel ausgewandert sind –, während von den Christen schon bald keine Spur mehr blieb. Die Juden waren Verachtung seit Jahrhunderten gewöhnt; ihre Lage hat sich mit dem Aufkommen des Islam nur verbessert. Die Christen dagegen hatten bis dahin selbst geherrscht, und sie verwanden es nicht, nun plötzlich zurückgestuft zu werden.

Der Islam hat sich also nicht durch Mission in unserem Sinne durchgesetzt; vom System her ist er gar nicht darauf ausgerichtet. Im Gegenteil: manche Herrscher haben Konversionen von Juden und Christen direkt verboten; denn diese bezahlten als »Schutzbefohlene« ja mehr Steuern, und man schlachtet nicht die Gans, die goldene Eier legt, nicht einmal um jenseitigen Lohnes willen. Aber der Islam übte, vielleicht ohne es immer zu merken, sozialen Druck aus, und das ist auf die Dauer stärker als religiöse Überzeugung. Der Islam hat die Christen nicht durch »Feuer und Schwert« bekehrt; sie sind ihm vielmehr in einem jahrhundertelangen Korrosionsprozeß durch ihre eigene, ganz menschliche Schwäche anheimgefallen.

Anders sah es natürlich dort aus, wo der Islam sich gegen die Heiden ausdehnte: in Indien zum Beispiel, wo Mahmūd von Ghazna um das Jahr 1000 Massaker unter den Hindus veranstaltete und die Tempel plünderte und zerstörte, in gewissem Sinne auch in Afrika. Aber selbst da sind die großen missionarischen Erfolge eher durch friedliche Infiltration erzielt worden: von den Kaufleuten, die gleichzeitig ihren Glauben predigten, manchmal auch von mystischen Bruderschaften, in Indonesien, in China und bis heute in Schwarzafrika. Auch der Kaufmann nutzt hier vor allem sein soziales Prestige; er ist reicher, und er vertritt die höhere Kultur. Und ein Kaufmann verlangt nie etwas Unmögliches. Der Islam verbreitet sich hier durch das Laienapostolat. Er ist in dieser Hinsicht dem Christentum vermutlich überlegen; denn letzteres schafft es nur schwer, die Diskrepanz zwischen der Botschaft seiner Missionare und dem Verhalten seiner Laien zu erklären – selbst wenn wir einmal von der grundsätzlichen Belastung durch den Kolonialismus absehen.

Zusammenfassung: Stärke und Schwäche des Islam

Das bringt mich dazu, zum Schluß noch einmal, nun aber nicht im einzelnen, sondern generell die beiden Religionen miteinander zu vergleichen. Wenn man einen Muslim nach den Vorzügen des Islam fragt, so wird er vermutlich zwei Dinge hervorheben: in der Lehre die absolute Rationalität, in der Praxis eine gewisse Freizügigkeit, das was er den goldenen Mittelweg nennt. Über beides läßt sich vermutlich streiten; aber sicher ist, daß das Christentum sich so nicht definieren würde. Das führt dann im Detail zu Unterschieden der Bewertung: Die Trinität ist für den Christen ein Mysterium, für den Muslim dagegen logischer Unsinn; Ehelosigkeit für einen Christen Freiheit von der Welt, für den Muslim asketische Übertreibung. *Wir* würden in dem Reglement einer Gesetzesreligion Einengung sehen; uns fallen immer gleich die Pharisäer ein. Für einen Muslim ist dies eher die selbstverständliche Ordnung seines Lebens; er verwirklicht darin seinen Gehorsam gegenüber Gott.

Worin aber liegt die Schwäche des Islam? Diese Frage wird ein Muslim natürlich kaum je beantworten. Aber auch unsere Antwort kann nur subjektiv ausfallen. Mir scheint, die Schwäche des Islam liegt dort, wo auch seine Stärke liegt: in seinem Erfolg. Das Bewußtsein der eigenen Rechtgläubigkeit verbindet sich darum mit der Erwartung innerweltlicher Größe; »Kirche unter dem Kreuz« ist in muslimischen Kategorien kaum denkbar. Nur die Schia hat dem Leiden und dem Scheitern einen Platz in ihrem

Denken eingeräumt; aber wie wir heute sehen, fühlt auch sie sich im Erfolg ganz wohl. Wesentlich ist dabei, daß der Erfolg schon der Urgemeinde zuteil wurde; damit ist er in die Leitbilder eingegangen. Je mehr aber die Wirklichkeit von dieser Erwartung abweicht, um so mehr wendet man sich zu diesen Leitbildern zurück; gerade in Zeiten der Krise und der Unsicherheit sieht man sein Heil in der Rückschau. Diese Haltung ist wohl allgemein menschlich; typisch islamisch aber ist, daß die »gute alte Zeit« von Gott durch sein Gesetz bis ins Letzte geformt war. Daraus entsteht das, was wir heute Fundamentalismus nennen. Daß diese Wiederverwirklichung der idealen Urzeit nur Selbsttäuschung ist, daß man dennoch in einem ganz anderen historischen Augenblick lebt, wird von den Protagonisten dieser Bewegung meist nicht gesehen. Denn es setzt eine Anerkennung historischen Wandels voraus; dieser aber wird um der ewigen Wahrheit der Offenbarung willen gerade hier geleugnet. Eine historisch-kritische Analyse des Koran oder des Lebens des Propheten ist bisher in der muslimischen Welt kaum geleistet worden, und sie wird auch, zumindest im Augenblick, nicht angestrebt.

Nun müßte man zum Ausgleich auch von der Schwäche des Christentums reden. Aber das überlasse ich Ihnen, die Sie mir zugehört haben. Vielleicht hilft der Islam, diese Schwäche leichter zu erkennen. In diesem Sinne ist er – falls Ihnen das etwas sagt – echt alternativ.

2. Hans Küng: Eine christliche Antwort

Was die Thematik der *Toleranz und das Verhältnis zu den anderen Religionen* angeht, so habe ich schon in der ersten Antwort vom christlichen Standpunkt aus eine grundlegende Korrektur des weit über tausendjährigen christlichen Islambildes gefordert und nicht nur für bürgerliche Toleranz, sondern für eine neue Grundeinstellung zum Islam plädiert; auf der Linie besonders des Vatikanum II soll der frühere Heilsexklusivismus vermieden und eine konsequente und konsistente Neubewertung des Islam als Heilsweg, Muhammads als Propheten und des Koran als Wort Gottes vorgenommen werden. Umgekehrt aber (und dies hängt mit der in meiner zweiten Antwort angesprochenen Säkularisierungsproblematik zusammen) muß heute auch vom Islam eine universale Toleranz und Religionsfreiheit gefordert werden (auch für die Nicht-»Schriftbesitzer« und die eigenen »Ketzer« wie die Ahmadiyya und die grausam verfolgten Bahāi), die alle staatsbürgerlichen Rechte einschließt. Kurz, es muß von den islamischen Staaten die volle Respektierung der Menschenrechtserklärung der Vereinten Nationen in bezug auf die Nichtmuslime gefordert werden (die »Allgemeine Islamische Menschenrechtserklärung« 1981 gebraucht in der englischen und französischen Version das Wort »Mensch«, wo im arabischen Original das Wort »Muslim« steht; nach der Sharī'a besitzt, wie wir hörten, nur der Muslim Bürgerrechte, Christen und Juden haben lediglich den Status eines »geduldeten Gastes« = dhimmī). In meiner dritten Antwort habe ich schließlich, wo immer möglich, theologische Gemeinsamkeiten herauszuarbeiten versucht, und dies ohne die alte Polemik oder eine oberflächliche Irenik. Der Weg zur zentralen Streitfrage war lang. Sie ist nun nicht mehr länger zu umgehen.

Der Koran, wir hörten es in der Exposition, spricht öfters und stets auf sympathische Weise von Jesus von Nazaret. Untersucht man die »christlich-relevanten Texte des Koran«, die der katholische Exeget Claus Schedl unter dem Titel »Muhammad und Jesus« (1978) neu herausgegeben, aber wohl allzu »christlich« übersetzt und erklärt hat, so ergibt sich: Alles Material, was sich im Koran über Jesus findet, ist *völlig kohärent in die theologische Gesamtkonzeption des Koran* integriert. Aus welchen Traditionen auch immer die Kunde von Jesus stammen mag, alles ist unübersehbar durch Muhammads intensive prophetische Erfahrung von dem einen Gott hindurchgegangen. Muhammad brauchte von daher Jesus in keiner Weise zu widersprechen: Jesu Predigt ist auch die seine, und Jungfrauengeburt sowie Wundertaten werden neidlos zugestanden. Außer dem einen: Jesus dürfe nicht zum Gott gemacht, dürfe nicht als ein zweiter Gott neben den einen Gott gestellt werden – für den Koran der Greuel schlechthin.

Die Stellung Jesu im Koran ist so eindeutig, daß es für den Dialog in der Tat nicht hilfreich ist, wenn gutmeinende Christen noch heute theologisch mehr aus dem Koran herausinterpretieren, als er hergibt: Jesus ist im Koran *»Wort« Gottes*. Aber gerade nicht im Sinne des Johannesprologs, wo der präexistente göttliche Logos Fleisch wird. Und Jesu *Jungfrauengeburt*? Sie ist nach dem Koran ein Zeichen für Gottes Allmacht, aber gerade nicht für Jesu Gottheit. Und da hilft es auch wenig, wenn man mit Psychologie der Theologie zu Hilfe kommt und koranische Aussagen über Maria und das Jesuskind unter Absehen vom historischen Kontext des Koran tiefenpsychologisch von Carl Gustav Jung her als Archetypus interpretiert, wie dies *Paul Schwarzenau* mit besten Intentionen in seiner »Korankunde für Christen« (1982) tut: »Der Jungfrauensohn ... repräsentiert das ungestörte Glück der Mutter-Sohn-Bindung, das durch keinen dazwischentretenden Vater unterbrochen wird, die Utopie einer Wunschglückwelt des Paradieses, das beständig spendet und nährt ohne Arbeit und Kampf« (S. 100)!?

Über den Koran reflektieren und spekulieren ist eine Sache, den Koran interpretieren eine andere. Ex-egese, die heraus-lesen soll, darf nie zur Eis-egese werden, die hinein-liest. Den Koran darf man nur *vom Koran her interpretieren,* und nicht vom Neuen Testament, nicht vom Konzil von Nikaia und auch nicht von der Jungschen Psychologie her. Jesus ist für den Koran ein Prophet, ein großer Prophet wie nur noch Abraham, Noah und Mose – aber mehr ist er nun einmal nicht. Und wie im Neuen Testament Johannes der Vorläufer Jesu ist, so im Koran Jesus der Vorläufer – und das zweifellos sehr ermutigende Beispiel – für Muhammad. Gewiß ist Jesus dem Koran zufolge (im Unterschied selbst zum Propheten) als zweiter Adam direkt von Gott geschaffen (dies meint hier Jungfrauengeburt), ist aber deshalb Gottes ausgezeichnetes Geschöpf.

Nein, wir Christen sollten weder Muhammad noch die Muslime als »anonyme Christen« vereinnahmen wollen, wie das gutmeinende christliche Theologen – gegen alles Selbstverständnis der Muslime – immer wieder versuchen. Freilich stellt sich dann sofort auch die umgekehrte Frage, ob die Muslime aus dem Christus einen »anonymen Muslim« machen dürfen. Wenn wir uns auf christlicher Seite um eine Neubewertung Muhammads aufgrund islamischer Quellen, des Koran insbesondere, bemühen, so machen wir uns Hoffnung, daß man sich auf islamischer Seite mit der Zeit vielleicht doch bereit finden wird, eine *Neubewertung dieses Jesus von Nazaret aufgrund historischer Quellen* (und die sind nun einmal die Evangelien) anzusteuern, wie dies im Judentum bereits viele tun. Allzu einlinig, so hörten wir, allzu konturen-, ja weithin inhaltslos ist nun doch – wenn wir vom Monotheismus, der Bekehrungsaufforderung angesichts des Gerichts und einigen Wundergeschichten absehen – das Porträt Jesu im Koran. Sehr verschieden jedenfalls vom Jesus der Geschichte, der nun nicht, wie im Koran vermerkt, das Gesetz bestätigt, der (wie wir schon in den vorausgegangenen Antworten aufgrund der Evangelien kriteriologisch argumentieren mußten) aller Gesetzlichkeit entgegensteht mit seiner radikalen (auch den Feind einschließenden) Liebe und der deshalb hingerichtet wurde. Doch gerade dies, scheint es, will der Koran gegen alle historische Evidenz nicht wahrhaben.

»Warum dann, muß gefragt werden, verneint der Koran die Kreuzigung Christi angesichts einer anscheinend überwältigenden Evidenz?«, fragt der islamische Gelehrte Mahmoud M. Ayoub (»The Muslim World«, LXX, 1980, S. 116), nachdem er alle die gequälten muslimischen Interpretationen jenes umstrittenen Koranverses einer Prüfung unterzogen hatte. Er selber scheint den Kreuzestod für eine Realität zu halten und versucht, die Aussagen des Koran nicht als historische, sondern als theologische Aussagen zu verstehen: »Muslimische Kommentatoren waren nicht fähig, die Kreuzigung überzeugend zu widerlegen ... Kommentatoren haben den Vers als ein historisches Statement genommen. Dieses Statement, wie alle anderen Statements bezüglich Jesus im Koran, gehört aber nicht zur Geschichte, sondern zur Theologie im weitesten Sinn.« Was also ist der theologische Sinn dieses Koranverses, den Ayoub im Rahmen eines »authentischen islamischen Verständnisses Christi«, einer »islamischen Christologie« zu erheben versucht? Die Antwort Ayoubs – er hatte schon 1978 dem »erlösenden Leiden« im Islam eine gewichtige Studie gewidmet (»Redemptive Suffering in Islam«) – ist nur zu verstehen im Kontext der vom Koran an derselben Stelle bejahten Erhöhung Christi zum neuen Leben bei Gott: »Deshalb ist die Leugnung des Todes Jesu eine Leugnung der Macht von Menschen, das göttliche Wort zu bezwingen und zu zerstören, das ewig siegreich ist« (S. 117). Es dürfte interessant sein, die weitere Diskussion um die Interpretation dieses Verses im Kontext einer mehr historisch-kritischen Koraninterpretation zu verfolgen.

Daß bezüglich der Frage von Gewalt und Gewaltlosigkeit, Feindeshaß und Feindesliebe, von Erfolg und Erfolglosigkeit der Mann von Nazaret eine Herausforderung gegenüber dem Islam darstellt, habe ich schon in meiner dritten »Antwort« dargelegt. Und doch liegt die entscheidende theologische Schwierigkeit für eine Verständigung wohl nicht hier.

Trinität – unüberwindliches Hindernis?

Für Jesus selber war die zentrale Problematik: angesichts des kommenden Gottesreiches Überwindung der Gesetzlichkeit durch Erfüllung des Willens Gottes in Liebe. Für die christliche Kirche aber hat sich mit der Zeit die zentrale Problematik weithin auf die

Person Jesu und seine Beziehung zu Gott verlagert. Und die Kontroverse zwischen Christentum und Islam bleibt denn auch ganz auf diese Frage konzentriert. Dies war bisher immer der entscheidende christliche Einwand: Der Islam bestreitet die beiden miteinander zusammenhängenden Zentraldogmen des Christentums: *Dreieinigkeit* (Trinität) und *Menschwerdung Gottes* (Inkarnation). In der Tat werden die Christen im Koran wie folgt angeredet: »Ihr Leute der Schrift! Treibt es in eurer Religion nicht zu weit und sagt gegen Gott nichts aus als die Wahrheit! Christus Jesus, der Sohn der Maria, ist nur der Gesandte Gottes und sein Wort, das er der Maria entboten hat, und Geist von ihm. Darum glaubt an Gott und seine Gesandten und sagt nicht (von Gott, daß er in einem) drei (sei)! Hört auf (so etwas zu sagen)! Das ist besser für euch. Gott ist nur ein einziger Gott. Gepriesen sei er! (Er ist darüber erhaben) ein Kind zu haben« (Sure 4,171).

Ob wir da in unserem Dialog bei aller Sichtung von Gemeinsamkeiten im Gottes- und Menschenverständnis nicht schließlich doch an einem *toten Punkt* angelangt sind? Ähnlich wie die neueste Erklärung der deutschen katholischen Bischöfe »Über das Verhältnis der Kirche zum Judentum« (1980), wo zwar festgestellt wird, der christliche Glaube an den »wesensgleichen Sohn Gottes« erscheine »vielen Juden als etwas dem strengen Monotheismus ... absolut Widersprechendes, wenn nicht gar Blasphemie«. Aber auf diese auch für die Muslime zentrale Schwierigkeit haben die Bischöfe statt einer Antwort nur die leicht resignative Empfehlung: »Dafür muß der Christ Verständnis haben, auch wenn er selbst in der Lehre von der Gottessohnschaft Jesu keinen Widerspruch zum Monotheismus sieht« (S. 21 f.). Doch: was nützt es hier, wird man sich fragen, für Juden und Muslime »Verständnis« zu haben, wenn man nicht gleichzeitig bereit ist, sein eigenes christliches »Selbst-Verständnis« ernsthaft befragen zu lassen? Ähnliches gilt auch von den in vielem hilfreichen »Orientations pour un dialogue entre Chrétiens et Musulmans« des römischen Sekretariats für die Nichtglaubenden (1969), die deshalb auch von katholischer Seite scharf kritisiert wurden (vgl. Y. Moubarac, »L'Islam et le dialogue islamo-chrétien«, Beirut 1972/73; in der Neubearbeitung der »Orientations« 1981 leider nicht zur Kenntnis genommen).

Dabei stimmt es keineswegs, was christliche Apologeten oft behaupten, die muslimischen Theologen hätten die christliche Trinitätslehre (Dreieinigkeitslehre) samt und sonders als Tritheismus (Dreigötterlehre) mißverstanden (im Koran findet sich freilich das möglicherweise auf bestimmten apokryphen Überlieferungen basierende Mißverständnis, die Dreiheit bestünde aus Gott Vater, Maria, der Mutter Gottes, und Jesus, dem Sohn Gottes). Nein, gerade informierten Muslimen leuchtet einfach schlechterdings nicht ein, was bislang auch den Juden nie eingeleuchtet hat: warum der – von Abraham vertretene und sowohl von Mose wie von Jesus wie schließlich von Muhammad entschieden festgehaltene – Ein-Gott-Glaube nicht aufgegeben wird, wenn mit der einen Gottheit, der einen göttlichen Natur, zugleich drei Personen in Gott angenommen werden. Warum überhaupt eine Unterscheidung zwischen Natur und Person in Gott?

Es ist offenkundig, daß die für die christliche Trinitätslehre gebrauchten *Distinktionen* zwischen eins und drei einen Muslim nicht befriedigen, daß ihn alle diese aus dem Syrischen, Griechischen, Lateinischen herkommenden Begriffe eher verwirren als erhellen. Ein Wort- und Begriffsspiel. Was soll, sagt der Muslim, in dem einen und einzigen Gott das Konglomerat von drei Hypostasen, Personen, Prosopa, zwei Prozessionen und vier Relationen? Was sollen hier alle die dialektischen Kunstgriffe: Ist Gott nicht schlechterdings einfach, weder so noch so zusammengesetzt? Was soll also eine reale Differenz in Gott zwischen Vater, Sohn und Geist, die doch die reale Einheit Gottes nicht aufheben soll? Was andererseits eine logische Differenz zwischen Vater und Gottes Natur, die doch ein reales Fundament in der Sache haben soll? Warum zur Einheit und Einzigkeit überhaupt noch etwas hinzufügen wollen, was doch den Begriff der Einheit und Einzigkeit wieder nur verwässern oder aufheben kann?

So heißt es im Koran: »Ungläubig sind diejenigen, die sagen: ›Gott ist einer von dreien‹ (oder: dreifältig in Dreiheit)!« Diese für Muhammad völlig undiskutable Position wird rundweg abgewiesen mit dem Satz: »Es gibt keinen Gott außer einem einzigen Gott« (Sure 5,73).

Schon früh gab es eine islamisch-christliche Kontroversliteratur. So etwa in jenem 10. Jahrhundert, das für Rom (damals eine heruntergekommene Provinzstadt) und für die Christenheit das Saeculum obscurum war, für den Islam aber – mit den Abbasiden im Irak und den Fāṭimiden im Maghrib und in Ägypten – ein Jahrhundert glanzvoller Kultur und Wissenschaft: Damals verfaßte ein *Hasan ibn Aiyūb* an seinen Bruder ein langes Schreiben, in dem er begründete, warum er, der Christ gewesen sei, nach zwanzig Jahren Zweifeln, insbesondere an Trinitäts- und Inkarnationslehre, schließlich doch zum Muslim geworden sei und damit einen Bruch der Familienbande und ein ungesichertes Leben in Kauf genommen habe. Hört man, was damals (und oft auch noch heute) alles an Argumenten zur Verteidigung des Trinitätsdogmas bemüht wurde, wundert man sich weniger über einen solchen Schritt. Recht pointiert bemerkt dieser Konvertit denn gerade zur matteischen Taufformel (»im Namen des Vaters und des Sohnes und des Heiligen Geistes«): Die Nennung der drei Namen Vater, Sohn und Geist bedeute noch keineswegs die Gleichartigkeit und Gleichrangigkeit der Träger der drei Namen. Wie man denn überhaupt sagen könne, Jesus habe mit der Nennung von Sohn und Geist zwei andere Personen gemeint, die dann auch noch beide Gott seien?

Die von scharfsinniger muslimischer Polemik angefochtenen Christen sind vermutlich kaum bestärkt worden von Argumenten der Art, wie sie uns zum Beispiel von *Paulus ar-Rāhib,* »dem Mönch«, im 13. Jahrhundert Bischof von Sidon, überliefert wurden. In seiner »Darlegung der christlichen Glaubenslehre« spricht er zunächst, für Muslime durchaus verständlich, vom Glauben an den einen Gott, um dann aber ziemlich abrupt zu bemerken, daß alle diese Aussagen von dem einen Gott gelten, der eine einzige Substanz in drei Personen sei. In seinem »Sendschreiben an einen Muslim« versucht er dann, dies auch mit scheinbar einleuchtenden Argumenten zu begründen: daß Gott nämlich ein Wesen sei (= der Vater), das doch Vernunft besitze (= der Logos, der Sohn) und Leben habe (= der Geist). Also: drei Personen und doch ein einziger Gott, der immer lebend und vernünftig war, ist und sein wird. Der Sohn ginge aus dem Vater hervor, würde gezeugt: aber nicht etwa durch eine körperliche, sondern durch eine andere, feinere Zeugung, ohne daß man ein Frühersein des Vaters oder Spätersein des Sohnes annehmen dürfte. So wie eben die Sonne zugleich als Scheibe, Licht und Wärme unterschieden werde und doch eine und dieselbe sei. Und dieser Bischof von Sidon meinte, dies alles nicht nur aus dem Neuen Testament, sondern auch schon aus dem Alten, ja sogar aus dem Koran selbst herauslesen zu können.

Die Widerlegung erfolgte prompt und Satz für Satz: durch den gelehrten Muslim *al-Qarāfī* (gest. 1285) in seinen »trefflichen Antworten auf schändliche Fragen«. Sie wurde für den Islam zur Standardwiderlegung des Christentums, die in der Folgezeit immer wieder benutzt wurde. Al-Qarāfī vermochte ohne große Schwierigkeiten zu zeigen, daß Vernunft (Logos) und Leben zweifellos göttliche Prädikate seien, daß aber nicht der geringste Grund dafür bestünde, aus diesen göttlichen Eigenschaften göttliche Personen zu machen. Durch solche Hypostasierung könnte man ja auch jede andere Eigenschaft Gottes zur Person erklären und so auf vier, fünf oder noch mehr Personen in Gott kommen. Was die von christlicher Seite zur Stützung ihrer Trinitätslehre angeführte Eingangsformel der Suren des Koran »Im Namen Gottes, des Barmherzigen, des Allerbarmers« anginge, so werde diese ins glatte Gegenteil verkehrt, wenn man aus den beiden Prädikaten, wie dies der Bischof tue, zwei Personen machen würde. Solches im Koran, der ständig die Einzigkeit Gottes betone, zu finden sei unmöglich. Die christlichen Schriften aber, die Evangelien, hätten die Offenbarung Gottes von vornherein verfälscht. Mit diesem letzten Gegenargument freilich machte sich al-Qarāfī die Sache doch etwas zu einfach. Bevor wir jedoch unsere Antwort auf die Frage nach dem Verhältnis von Vater, Sohn und Geist im Neuen Testament geben, müssen wir hier eine für die Beziehungen zwischen Islam und Christentum nicht unwichtige Zwischenbetrachtung einschalten:

Die Sucht zu definieren

Mit Verwunderung haben Historiker schon immer vermerkt, wie wenig innere Widerstandskraft das Christentum – auch im Vergleich mit dem ungleich schwächeren Judentum – dem Islam gegenüber gezeigt hat. Sehen wir hier von der militärisch-politisch-organisatorischen Potenz des Islam einmal ab, so scheint eine Hauptursache dieses Mankos gerade in der *unzulänglichen Begründetheit des christlichen »Zentraldogmas«* (der Trinität und dabei einbegriffen der Inkarnation) gelegen zu haben. Der katholische Theologe *Hermann Stieglecker*, der in seinem Buch »Die Glaubenslehren des Islam« (1960) über jene theologischen Kontroversen zwischen Christen und Muslimen vorzüglich berichtet, hält zu Recht diesen Mangel für eine der schwerwiegendsten Ursachen, die den Zusammenbruch der Christenheit gerade in ihren Stammländern, in Vorderasien und Afrika, herbeigeführt hätten. Hinzu kämen freilich die beklagenswerte innere Zerrissenheit der Christenheit und die Angst und Schockwirkung, welche die vorwärtsstürmenden Kriegsscharen der Muslime überall verursachten.

Doch gerade diese »*innere Zerrissenheit* der Christenheit« hat ja ebenfalls mit jenem christlichen »Zentraldogma« zu tun: Hier liegt neben der unzulänglichen Begründetheit offensichtlich ein zweiter theologischer Grund für die mangelnde innere Widerstandskraft der Christenheit, in der sich sowohl West- wie Ostrom durch dogmatische Suprematiegelüste und Unduldsamkeit, insbesondere gegenüber den Kirchen im Nahen Osten und in Nordafrika, auszeichneten. Wir haben gehört, daß der Islam – wie ja auch das Judentum – den unglückseligen *Drang, auch im Glaubensverständnis alles möglichst genau zu »de-finieren«*, abzugrenzen, nicht kannte. Wenn wir später auch noch die anderen beiden großen Weltreligionen, Hinduismus und Buddhismus, kennengelernt haben werden, dürfte es noch deutlicher werden: Diese Sucht, im Glauben möglichst viel zu »dogmatisieren«, das heißt gesetzlich zu dekretieren, ist eine »christliche«, genauer eine griechisch-römische Spezialität. *Griechisch* ist der Sinn für Philosophie und Ästhetik, für geschliffene Sprache und harmonische Ausgestaltung der Lehre; griechisch aber auch die im Dogmatisieren zum Ausdruck kommende Intellektualisierung des Glaubens in oft verstiegener Spekulation und unfruchtbarer Begriffsmystik. *Römisch* ist der Sinn für Form, Gesetz und Organisation, für Tradition und Einheit, das Nützliche und Praktische; römisch sind aber auch effiziente Machtpolitik und autoritäre Führungsmethoden bis ins Religiöse hinein, römisch der gerade im Definieren immer wieder durchbrechende Traditionalismus, Juridismus und Triumphalismus. Noch im Vatikanum II haben Bischöfe gegen all das protestiert, und Johannes XXIII. hatte schon in der Vorbereitungszeit dem Konzil jegliches Dogmatisieren verboten, so ganz anders als sein Vorgänger Pius XII., der in der Definition eines Mariendogmas den Höhepunkt seines Pontifikats sah.

Der *Islam* betrachtet solche Theologie als eher periphere, kaum notwendige Religionsphilosophie. Er hat das Definieren und Dogmatisieren auf die Rechtssphäre beschränkt. Statt auf Orthodoxie hat er sich auf *Orthopraxie* konzentriert, wobei die Präponderanz des Rechts im Islam freilich kaum weniger problematisch ist als die Präponderanz der Theologie im Christentum. Aber jedenfalls hat der Islam, so hörten wir, die Einheit – trotz der großen Spaltung in Sunniten und Schiiten, die andere Gründe hatte – sehr viel besser bewahrt. Die Christenheit preist ihre großen christologisch-trinitarischen Konzilien, vergißt dabei aber meist, daß mit den Namen Nikaia, Ephesos, Chalkedon und Konstantinopel nicht nur nachher weitergehende Streitigkeiten, sondern auch große Kirchenspaltungen verbunden waren, die sich trotz tödlicher Bedrohung durch den Islam in Ägypten und im Nahen Osten bis auf den heutigen Tag durchgehalten haben.

Nein, von *Toleranz* war auch in der offiziellen Christenheit bis zur Aufklärung, die von der christlichen Orthodoxie aller Konfessionen bis heute bekämpft wird, wenig zu spüren. Und dabei war der, auf den sich das Christentum beruft, der Christus Jesus, wie kein Gesetzesfanatiker so auch kein eifernder Definierer von Glaubenssätzen! Nur wenn wir hier über den Koran auf das Neue Testament zurückgehen, wie es immerhin auch manche islamische Theologen (freilich mit polemischer Zielsetzung) versucht haben, können wir im Dialog weiterkommen.

Was heißt: Gott hat einen Sohn?

Wie das Judentum überhaupt, so war auch Jesus von Nazaret offenkundig nicht auf Formeln und Dogmen festgelegt. Er übte weder tiefsinnige Spekulationen wie griechische Philosophen oder Mystiker noch freilich auch gelehrte Gesetzeskasuistik wie Rabbinen oder 'Ulamā'. In allgemein verständlichen, eingängigen Spruchworten, Kurzgeschichten, Gleichnissen aus dem jedermann zugänglichen, ungeschminkten Alltag stellt er jedoch auch nicht seine eigene Person, Rolle, Würde in die Mitte seiner Verkündigung, sondern *Gott: Gottes* Reich, *Gottes* Name, *Gottes* Wille, den der Mensch im Dienst an seinem Mitmenschen erfüllen soll. Keine geheimen Offenbarungen, keine tiefsinnigen Allegoresen mit mehreren Unbekannten. Niemand wird von ihm nach dem wahren Glauben, nach dem orthodoxen Bekenntnis abgefragt. Keine theoretische Reflexion wird erwartet, sondern die sich aufdrängende praktische Entscheidung: Orthopraxie.

Solche Verkündigung wäre für Muslime bestimmt nicht von vornherein inakzeptabel. Aber wie soll man nun Muslimen einigermaßen einleuchtend (und darauf wird man Gewicht legen) machen, daß dieser Verkünder des Gottesreiches auch der *Gottessohn*, gar *Gott* zu nennen sei? Ist es unter diesen Umständen verwunderlich, daß Jesus auch nicht in der Art späterer Theologie redete und als großes »Geheimnis« verkündete: Gott ist eine Natur, aber in drei Personen, und ich bin eine Person, aber in zwei Naturen? Nur an einer Stelle im ganzen Neuen Testament wird klar bejaht, daß Vater, Sohn (Wort) und Geist »eins« sind (vgl. 1 Jo 5,7 f.), und gerade diese Stelle findet sich in den alten Handschriften des Neuen Testaments nicht; sie ist nämlich – wiewohl in ihrer Authentizität von der römischen Glaubenskongregation (Sanctum Officium Sanctissimae Inquisitionis) noch um die Jahrhundertwende verteidigt – heute allgemein als Fälschung erkannt: entstanden im 3. oder 4. Jahrhundert in Nordafrika oder Spanien. Wie ist dann aber Jesu Verhältnis zu Gott zu sehen? Dies ist die ursprüngliche christologische (und im Keim auch die trinitarische) Frage.

Was in der Diskussion immer wieder vergessen wird: *Jesus selber war Jude* und einem heutigen palästinensischen Araber schon phänotypisch sehr viel ähnlicher als allen unseren byzantinischen, italienischen, spanischen oder deutschen Jesusbildern. Dieser jüdische Jesus dachte sowenig wie heute ein Muslim daran, den Glauben an den einen Gott – das erste Gebot! – aufzulockern. »Was nennst du mich gut? Niemand ist gut außer Gott allein«, war seine Reaktion auf die Anrede »Guter Meister« (Mk 10,17 f.).

Zweifellos: er selber hat aus einer letztlich unerklärlichen Gotteserfahrung, Gottesgegenwart, Gottesgewißheit, ja, aus einer Einheit mit Gott als seinem Vater heraus geredet, gebetet, gekämpft und gelitten. Den Titel Gottessohn hat er – darin stimmt heute historisch-kritische Exegese überein – für sich nicht gebraucht. Doch ging *sein Anspruch faktisch über den eines Propheten hinaus*: insofern er Gottes Autorität (besonders bezüglich des Gesetzes und der Sündenvergebung) für sich in Anspruch nahm. Hier, in ihm, war in der Tat »mehr als Mose«, mehr als die Propheten sichtbar geworden. Er hat die Sündenvergebung, die Infragestellung aller geheiligten Traditionen und Ordnungen, die Aufsprengung aller Grenzen zwischen rein und unrein, Gerechten und Ungerechten nicht nur gepredigt, sondern praktiziert. Und dies alles nicht für »einst« und »künftig«, sondern – unter eschatologischen Vorzeichen – für »heute« und »jetzt« proklamiert. Kein Wunder, daß er deshalb der Gotteslästerung geziehen, verurteilt und – hier drängt sich, so sahen wir, die Korrektur am Jesusbild des Koran am meisten auf – *hingerichtet* wurde.

Erst *nach* seinem Tod, als man aufgrund der Ostererfahrungen glauben durfte, daß er nicht in Leid und Tod geblieben, sondern in Gottes ewiges Leben aufgenommen, zu Gott, seinem Vater, »erhöht« worden war, hat die *glaubende Gemeinde angefangen, den Titel »Sohn« oder »Sohn Gottes« für ihn zu gebrauchen.* Warum? Der Gott seinen »Vater« nannte, wurde nicht ohne innere Logik und sachlichen Grund sein »Sohn« genannt. Gewiß, ich weiß um die Problematik des Vaternamens für Gott heute; ich kann jetzt nicht darauf eingehen, sondern muß mich zur Verdeutlichung des christologischen Sachverhalts an den biblischen Sprachgebrauch halten.

Der biblische Gebrauch ist der folgende: Wie Israels *König* durch die Thronbesteigung *zum »Sohn Jahwes« eingesetzt* wurde (Ps 2,7, 89,27 f.; vgl. 2 Sam 7,12–16), so der *Gekreuzigte* durch Auferweckung und Erhöhung. Von einer physisch-sexuellen (oder auch meta-physischen) Zeugung im Sinne der altarabischen Gottestöchter keine Spur!

In einem der ältesten, vorpaulinischen Glaubensbekenntnisse zur Einleitung des Römerbriefes heißt es: »eingesetzt zum Sohn Gottes in Macht seit der Auferstehung von den Toten« (Röm 1,3 f.). Oder – in Aufnahme eines Thronbesteigungspsalms – als Sohn »gezeugt«: »Er (Gott) sprach zu mir (zum König, zum Gesalbten, jetzt zu Jesus): ›Mein Sohn bist du; ich habe dich heute gezeugt‹« (Ps 2,7, Apg 13,33). »Gezeugt« als König, »gezeugt« als Gesalbter (= Messias, Christus), als Stellvertreter und Sohn, und dies »heute«: womit in der Apostelgeschichte eindeutig nicht etwa Weihnachten, sondern Ostern gemeint ist, nicht das Fest der Inkarnation, sondern das der Auferweckung und Erhöhung Jesu, wovon ja auch im Koran so deutlich die Rede ist.

Was also ist ursprünglich neutestamentlich mit der Gottessohnschaft gemeint? Hier ist ohne Frage nicht eine Abkunft, sondern die Einsetzung in eine Rechts- und Machtstellung *im alttestamentlichen Sinne* gemeint. Nicht eine physische Gottessohnschaft, wie im Islam stets angenommen und zu Recht verworfen (die Assoziationen an einen Beischlaf von Göttern mit einer Menschenfrau erwecken muß), sondern eine *Erwählung und Bevollmächtigung* Jesu durch Gott im Alten Testament. Gegen ein solches Verständnis von Gottessohn war vom jüdischen Ein-Gott-Glauben her kaum etwas Grundsätzliches einzuwenden; dies konnte die jüdische Urgemeinde durchaus vertreten. Dagegen bräuchte, scheint es, auch vom islamischen Monotheismus her kaum Grundsätzliches eingewendet zu werden. Aber die Entwicklung blieb bei diesem judenchristlichen Glauben nicht stehen.

Das spezifisch Christliche

Mit der Ausbreitung des Christentums in die Welt hellenistischen Denkens wurde Jesus nun immer mehr als Gottessohn *auf eine Seinsebene mit dem Vater gestellt,* was zu wachsenden Schwierigkeiten führen mußte. Denn je mehr man dieses Verhältnis zwischen Vater und Sohn in einer unvorstellbar komplexen Dogmengeschichte mit hellenistisch-naturhaften Kategorien zu definieren versuchte, um so mehr Schwierigkeiten hatte man, den Ein-Gott-Glauben und die Gottessohnschaft begrifflich zusammenzudenken und dabei die Unterscheidung des Gottessohnes von Gott und zugleich seine Einheit mit Gott auszusagen. Um so mehr wurde so das Verhältnis von Vater, Sohn und Geist zu einem »mysterium logicum«, in welchem die Widersprüchlichkeit – sieht man genau zu – zwischen Einheit und Dreiheit nur verbal, nur mit Begriffsdistinktionen (Natur – Person) überwunden schien. So war es kaum verwunderlich, daß es in der Folgezeit immer unmöglicher wurde, die Botschaft von diesem Gott (Israels) und seinem (jüdischen) Jesus, als dem Gesalbten, Messias, Christus, den Juden und später dann auch den Muslimen glaubhaft zu verkünden. Das völlige Scheitern der christlichen »Mission« zuerst unter den Juden, dann unter den Muslimen, die allesamt unbedingt am alten Ein-Gott-Glauben festhalten wollten, gibt davon ebenso beredt Zeugnis wie die Bekehrung zahlloser Christen (nicht Juden) zum Islam.

Aber vom neutestamentlichen Denken her ist es gerade nicht die Frage, die sich zwangsläufig stellt, wenn man in hellenistisch-naturhaften Kategorien zu denken versucht: Wie verhalten sich in Gott drei Personen in einer Natur oder in Christus zwei Naturen in einer Person zueinander? In der Sprache des Neuen Testaments lautet die Frage: Wie ist die Einheit von Gott und Jesus, Vater und Sohn (und dann auch dem Geist) zu denken und zu bekennen? Und zwar so, daß die Einheit und Einzigkeit Gottes ebenso gewahrt wird wie die Identität der Person Jesu Christi?

Was ist dann unter der *»Sendung«* des Gottessohnes oder *»Menschwerdung«* des Gotteswortes (vgl. Gal 4,4, 2 Kor 8,9, Röm 8,3, Jo 1) – also nicht Gottes, des Vaters! – zu verstehen? Noch im späten vierten Evangelium wird unverfänglich formuliert: »Das ist das ewige Leben: dich, den einzigen wahren Gott zu erkennen und Jesus Christus, den du gesandt hast« (Jo 17,3). Oder: »Ich gehe hinaus zu meinem Vater und zu eurem Vater, zu meinem Gott und eurem Gott« (Jo 20,17). »Menschwerdung« des Sohnes darf auf keinen Fall nur auf das »punctum mathematicum« oder »mysticum« der Empfängnis oder Geburt Jesu, sie muß vielmehr *auf das ganze Leben und Sterben und neue Leben Jesu* bezogen werden: In all seinem Reden, Verkündigen, Verhalten, Geschick, in seiner ganzen Person hat der Mensch Jesus Gottes Wort und Willen verkündet, manifestiert, geoffenbart, haben – anders gesagt – Gottes Wort und Wille menschliche Gestalt angenommen. Nur so wird es unzweideutig verstanden: Er, in dem sich Wort und Tat, Lehren und Leben, Sein und Handeln völlig decken, *ist* in menschlicher Gestalt Gottes »Wort«, »Wille«, »Sohn«. Um eine Einheit des Erkennens, des Wollens, des Handelns, des Offenbarens zwischen Gott und Jesus also geht es nach dem Neuen Testament.

Solche Aussagen müssen von vornherein gegen weitverbreitete islamische (und oft auch christliche) *Mißverständnisse* abgesichert werden: Auch nach dem Neuen Testament darf aus der Rede vom Vater und Sohn auf keinen Fall eine Zwei-Götter-Lehre (Bi-theismus und dann Tri-theismus) gemacht werden. Nein, Gott ist wie für Jesus so auch für Christen aller Zeiten immer der eine und einzige geblieben. Es gibt – auch in der Bibel – außer Gott keinen anderen Gott! Zwischen Monotheismus und Polytheismus gibt es nach dem Neuen Testament – allen theologischen Spekulationen zum Trotz – kein Drittes. Nach dem Neuen Testament gibt es freilich auch keine einfache Identität zwischen Gott und Jesus, wie dies in heterodoxen Strömungen der ersten Jahrhunderte (Monarchianismus, Modalismus) geschah: Der Sohn ist nicht Gott, der Vater, und Gott, der Vater, ist nicht der Sohn: »Sohn« ist nicht einfach ein Name (Modus) Gottes; Vergleiche der Trinität mit den 99 Namen (Qualitäten) Gottes im Islam sind deshalb abwegig.

Zwanzig Jahrhunderte Christentum und alle Kirchen sind sich darin einig: *Nicht ein heiliges Buch* oder Gesetz ist im Christentum Grund und Mitte des Glaubens; sondern dies ist die geschichtliche *Person Jesu Christi*, die für Gott steht, ihn manifestiert, ihn endgültig offenbart. Was also unterscheidet Christen und Muslime? Es ist dieses vertrauende Sich-Einlassen auf *Ihn* als den definitiven Maßstab christlichen Gottes- und Menschenverständnisses. Wo für die Muslime der Koran, da steht für die Christen nicht etwa die Bibel, sondern der Christus: Gottes Wort manifestiert in Menschengestalt.

Doch hier soll das Gespräch weitergehen. Die Botschaft des Koran könnte wesentlich bereichert werden durch das Ernstnehmen der Bibel. Umgekehrt könnte die Botschaft der Bibel von späteren Übermalungen und Übersteigerungen durch das Ernstnehmen der Mahnungen des Koran befreit werden. Dies eine jedenfalls muß dem Islam wie dem Judentum zugestanden werden: Das *Prinzip der Einheit* ist nach dem Neuen Testament nicht die eine, mehreren Größen gemeinsame göttliche Natur, sondern *der eine Gott* (*ho* theós = *der* Gott = der Vater), aus dem alles und auf den hin alles ist. Es geht somit nach dem Neuen Testament nicht um metaphysisch-ontologische Aussagen über Gott an sich und seine innerste Natur, über das statische, in sich ruhende Wesen eines dreieinigen Gottes. Es geht vielmehr um soteriologisch-christologische Aussagen über die Art und Weise der Offenbarung Gottes: um sein dynamisches Wirken in der Geschichte, um sein Verhältnis zum Menschen und um des Menschen Verhältnis zu ihm. Wie wäre, fragt man, die trinitarische Formel demnach für das Gespräch mit Judentum und Islam – ein Testfall für jede christliche Theologie – zu verstehen? Ich fasse knapp zusammen:

- An Gott, den Vater, glauben, heißt nach dem Neuen Testament, an den einen Gott glauben: Diesen Glauben an den einen Gott haben das Judentum, das Christentum und der Islam gemeinsam.

»Vater« wurde nicht nur im Islam, sondern auch im Christentum oft mißverstanden: »Vater« darf nicht wörtlich im Gegensatz zu »Mutter« verstanden werden, sondern symbolisch (analog): »Vater« ist patriarchales Symbol (mit matriarchalen Zügen) für eine transhumane, transsexuelle allerletzte-allererste Wirklichkeit. Es bedeutet – worüber man im Koran sehr viel lesen kann – Macht und zugleich Erbarmen, Schutz ebenso wie Fürsorge, Abhängigkeit wie Geborgenheit. Allerdings vermeidet der Koran verständlicherweise bei den 99 Namen Allahs den Namen »Vater«; er war durch die arabischen Stammesreligionen mit ihren Götterkindern für Muhammad gänzlich kompromittiert.

- An den Sohn Gottes glauben, heißt, an des einen Gottes Offenbarung im Menschen Jesus von Nazaret glauben.

Jesus Christus wird im Neuen Testament nicht primär als ewige innergöttliche Hypostase betrachtet, sondern als menschliche Person in dieser Geschichte, in ihrem realen Bezug zu Gott: des ewigen Gottes Gesandter, Messias und Wort in Menschengestalt.

- An den Heiligen Geist glauben, heißt, an Gottes wirksame Macht und Kraft in Mensch und Welt glauben.

Auch nach islamischem Verständnis ist Gott Lenker (Führer) und Beistand des Menschen. Gott ist dem Glaubenden und der Glaubensgemeinschaft nahe und gegenwärtig: unsichtbar und doch mächtig, nicht greifbar und doch lebensnotwendig wie die Luft, der Wind, der Hauch, der Lebensodem, der auf hebräisch »ruah«, auf arabisch »rūh« (bzw. »rīh«), auf griechisch aber »pneuma« und auf deutsch eben »Geist« heißt. Der transzendente Gott, so kann man von daher, meine ich, sinnvoll auch für den Muslim sagen, ist dem Menschen nahe (»näher als seine Halsschlagader«), gegenwärtig im Geist, durch den Geist, als Geist.

Vom unheiligen Geist des Menschen wird Gottes Geist in der Bibel unterschieden als der *Heilige Geist*. Von Gott selber aber ist Gottes Heiliger Geist nicht verschieden, er ist auch kein Drittes zwischen Gott und Mensch; nein, der Heilige Geist ist, biblisch gesehen, Gott selber, sofern er im Menschen wirksam ist als die ergreifende, aber nicht greifbare Macht und Kraft. Durch die Auferweckung und Erhöhung, so schon Paulus, wurde Gottes Geist auch der Geist des erhöhten Christus; ja, Christus wurde zum »lebenschaffenden Geist« (1 Kor 15,45). Der Koran liegt hier keineswegs einfach falsch. Das heißt: der zu Gott Erhöhte ist jetzt in der Existenz- und Wirkweise des Geistes; er handelt gegenwärtig durch den Geist, im Geist, als Geist. Wie Paulus sagt: »Der Herr ist Geist« (2 Kor 3,17). Deshalb geht es jetzt in der Begegnung mit Gott, mit Jesus Christus und dem Geist letztlich um die eine und selbe Begegnung, wie es Paulus in der Grußformel sagt: »Die Gnade des Herrn Jesus Christus und die Liebe Gottes und die Gemeinschaft des Heiligen Geistes sei mit euch allen!« (2 Kor 13,13).

Das *Kriterium für das Christsein* ist somit nicht die später herausgebildete kirchliche Trinitätslehre, sondern ist der Glaube an den einen und einzigen Gott, ist die praktische Nachfolge Jesu im Vertrauen auf die Kraft des Geistes Gottes, jenes Geistes, der auch im Dialog mit den Nichtchristen wirkt, *wo* er will, und uns führen wird, wohin *er* will.

Damit dürfte das *spezifisch Christliche* – Gottes Offenbarung in Jesus Christus durch den Geist – unzweideutig bezeichnet und vom Islam, der Jesus nur als einen der Propheten anerkennt, zweifellos abgesetzt sein. Aber, wird man fragen, ist mit diesem Versuch einer innerchristlichen Neubestimmung des Christlichen (auf der Grundlage des Neuen Testaments) dem Dialog mit dem Islam wirklich weitergeholfen – oder bleiben wir am entscheidenden Punkt nicht doch nach wie vor blockiert? Ich glaube es nicht und möchte dies in gebotener Kürze noch etwas verdeutlichen, durch einige *Denkanstöße*, die *für einen künftigen Dialog* mit dem Islam gerade über die theologische Zentraldifferenz hilfreich sein könnten.

Jesus als Gottesknecht

Was für die Trinitätslehre gilt, gilt auch für die Christologie: Wenn Christen und Muslime sich heute besser verstehen wollen, müssen sie – in differenzierender Kritik an allen Weiterentwicklungen – *zurück zu den Ursprüngen.* An den Ursprüngen sind wir uns näher, wir, Juden, Christen und Muslime.

Die neutestamentliche Wissenschaft hat nicht nur erkannt, wie groß der Abstand zwischen den ursprünglichen Aussagen über Vater, Sohn und Geist und der späteren dogmatischen kirchlichen Trinitätslehre ist, sondern wie verschieden auch schon im Neuen Testament die christologischen Konzeptionen sind: »Es ist heute klar für die neutestamentliche Wissenschaft«, sagt der Finne *Heikki Räisänen,* einer der wenigen Neutestamentler, die sich wissenschaftlich auch mit dem Koran beschäftigt haben, in seiner glänzenden Schrift »The Portrait of Jesus in the Qur'ān«, »daß es im Neuen Testament schwerlich etwas gibt, das auch nur entfernt der Trinitätslehre gleicht. Diese Einsicht mag in sich selber ein frischer Startpunkt sein für einen Dialog. Aber vielleicht noch interessanter ist die Tatsache, daß einige Stellen des Neuen Testaments eine auffällige Ähnlichkeit mit dem koranischen Porträt von Jesus haben« (S. 127).

Während etwa das späte, hellenistisch beeinflußte vierte Evangelium Jesus sprechen läßt von der Herrlichkeit, die er mit Gott hatte, bevor die Welt war (Jo 17,5), was auch konservative Exegeten nicht als Wort des historischen Jesus anerkennen, wissen die ersten drei Evangelien nichts von einer Präexistenz Jesu (das erste, Markus, auch nichts von einer Jungfrauengeburt). Und während das vierte Evangelium Jesus bis hinein in die Leidensgeschichte stark überhöht fast wie einen Gott (aber doch von Gott klar unterschieden!) auf Erden wandelnd präsentiert, ist er nach den synoptischen Evangelien noch ganz und gar der leidende Menschensohn, durch den Gott handelt. Insbesondere verweist Räisänen auf die Reden der Apostelgeschichte, wo Lukas altes Traditionsmaterial benutzt, das Jesus ganz Gott unterordnet: Es ist deutlich die Rede von Jesus als *Gottes* Knecht, *Gottes* Christus, *Gottes* Auserwähltem: Gott handelt durch ihn, Gott war mit ihm; er wurde getötet nach Gottes Plan, aber Gott hat ihn von den Toten erweckt, zum Herrn und Christus gemacht und – ich habe die wichtige Stelle bereits zitiert – zum Gottessohn eingesetzt. Haben alle diese (»adoptianisch« gefärbten) lukanischen Aussagen nicht durchaus noch Platz im Rahmen eines strengen jüdischen oder islamischen Ein-Gott-Glaubens? Und doch war dies der Glaube von Christen: von Judenchristen! Und vielleicht auch von Muslimen?

Es war ein Verhängnis sondergleichen, daß die werdende Kirche, vor allem nach der völligen Zerstörung Jerusalems unter Kaiser Hadrian im Jahre 132 und der Flucht aller Judenchristen nach Osten, fast völlig von ihrem jüdischen Mutterboden losgelöst wurde: Die Kirche aus *Juden*, die zu einer Kirche aus Juden *und* Heiden geworden war, wurde jetzt zu einer Kirche aus (hellenistischen) *Heiden*. Die wenigen *Judenchristen*, die die Entwicklung der hellenistischen Kirche und ihrer immer mehr überhöhten Christologie nicht mitmachten, wurden *als Häretiker abgestempelt*, wie etwa die Ebioniten, die nach dem Kirchengeschichtler Eusebios die Jungfrauengeburt Jesu annahmen, aber seine ewige Präexistenz ablehnten. Ganz wie – der Koran!

Es geht in unserer Fragestellung nicht darum, wieder einmal mehr den Islam aus Judentum oder Christentum »abzuleiten«, sondern ihn, den man seit den Tagen des Johannes Damascenus als »christliche Häresie« abqualifizierte, in einer gerade die Christen herausfordernden Weise neu ernst zu nehmen: Der Islam erinnert die Christen an ihre eigene Vergangenheit! Hier scheint ein höchst wichtiges Beispiel für die besonders von Wilfred Cantwell Smith betonte Interdependenz und Interaktion zwischen den verschiedenen religiösen Bewegungen in der Menschheit vorzuliegen. Und hier hat *Paul Schwarzenau* recht, wenn er sagt: »Es ist das jüdische Element der christlichen Botschaft, das der Koran entschieden zur Geltung bringt. Die geleugneten Judenchristen treten im Koran neu hervor« (S. 124). Und Schwarzenau beruft sich auf eine hellsichtige Analyse des großen protestantischen Exegeten *Adolf Schlatter*, der schon 1926 in seiner »Geschichte der ersten Christenheit« die Zusammenhänge zwischen Heidenchristentum, Judenchristentum und Islam klar analysiert hatte: »Ausgestorben war die jüdische Kirche jedoch nur in Palästina westlich vom Jordan. Christengemeinden mit der jüdischen Sitte bestanden dagegen in den östlichen Gegenden weiter, in der Dekapolis, in der Batanäa, bei den Nabatäern, am Rand der syrischen Wüste und nach Arabien hinein, völlig von der übrigen Christenheit gelöst und ohne Gemeinschaft mit ihr ... Der Jude war für den Christen nur noch ein Feind, und die griechische Stimmung, die über das Morden der Generäle Trajans und Hadrians als über das wohlverdiente Schicksal der boshaften und verächtlichen Juden hinwegsah, ging auch in die Kirche hinüber. Auch ihre führenden Männer, die in Cäsarea lebten und lehrten, wie Origenes und Eusebius, blieben über das Ende Jerusalems und seiner Kirche erstaunlich unwissend. Ebenso sind ihre Nachrichten über die fortbestehende jüdische Christenheit dürftig. Sie (sic!) waren, weil sie sich dem in der übrigen Christenheit geltenden Gesetz nicht unterwarfen, Häretiker und deshalb von ihr geschieden. Keiner von den Führern der Reichskirche ahnte, daß dieser von ihnen verachteten Christenheit noch einmal ein Tag kommen werde, an dem sie die Welt erschüttern und einen großen Teil des von ihnen aufgebauten Kirchentums zertrümmern werde; er kam damals, als Mohammed den von den jüdischen Christen bewahrten Besitz, ihr Gottesbewußtsein, ihre den Gerichtstag verkündende Eschatologie, ihre Sitte und ihre Legende, übernahm und als ›der von Gott Gesandte‹ ein neues Apostolat aufrichtete« (S. 367 f.).

Muhammad also nach Schlatter so etwas wie ein »judenchristlicher Apostel« in arabischem Gewand!? Das ist eine erstaunliche Einsicht, die Schlatter übrigens schon 1918 in einem Aufsatz über »Die Entwicklung des jüdischen Christentums zum Islam« (»Evangelisches Missionsmagazin«, S. 251–264) ausführlich begründet hatte. Aber es ist kaum bekannt: Schon vierzig Jahre vor Schlatter sah *Adolf von Harnack* im Islam das Judenchristentum weiterwirken, genauer das gnostische Judenchristentum, und hier besonders die Sekte der Elkesaiten, die neben anderem einen strengen Monotheismus vertrat und eine kirchliche Hypostasen- und Sohngotteslehre ablehnte. In seiner Dogmengeschichte, wo er eine eigene Arbeit von 1877 aufnimmt, kommt Harnack dann zusammenfassend zu dem Ergebnis: »Der Islam ist eine Umbildung der von dem gnostischen Judenchristentum selbst schon umgebildeten jüdischen Religion auf dem Boden des Arabertums durch einen großen Propheten ... Durch die strenge Betonung der Einzigkeit Gottes und die Ablehnung des Bilderdienstes, überhaupt durch die Einfachheit, in der die geistige Religion wieder erschien, war der Islam jenem Christentum mit seiner Trinitätslehre, die nur sublime Gelehrte als Monotheismus zu verstehen vermochten, und seinem Zauberkultus samt Zubehör entschieden überlegen. Bei der befreienden Reduktion des Monotheismus auf einige entscheidende Momente nahmen nicht wenige Christen den neuen Propheten in den Kauf, zumal da sie fortfahren durften, Abraham, Moses und Christus zu verehren« (^{4}1909, S. 537).

Freilich: nach der gegenwärtigen Forschungslage dürfte quellenmäßig eine direkte Abhängigkeit des Islam von einem (wie immer gearteten) Judenchristentum noch länger umstritten bleiben; wir wissen einfach zuwenig über die arabische Halbinsel in jenen Jahrhunderten vor Muhammad. Aber die Analogien sind und bleiben verblüffend: Selbst wenn man historisch keinen genetischen Zusammenhang verifizieren könnte, so sind doch traditionsgeschichtliche Parallelen unabweisbar. Und wie will man erklären, warum Muhammad – obwohl er die orthodoxe (bzw. monophysitische) Christologie ablehnte – dennoch stets sympathisch von Jesus als dem großen »Boten« (rasūl) Gottes, ja von ihm als »Messias« (masīh), der das Evangelium brachte, sprach? *Hans-Joachim Schoeps* kommt in seiner »Theologie und Geschichte des Judenchristentums« (Tübingen 1949), die Forschungen Harnacks und Schlatters aufgreifend und sie durch Arbeiten von C. Clemen, T. Andrae und H. H. Schaeder ergänzend, von seinem traditionsgeschichtlichen Ansatz her mit zahlreichen Argumenten zu folgendem Schluß: »Mag auch der exakte Nachweis des Zusammenhanges nicht durchzuführen sein, so ist die indirekte Abhängigkeit Muhammeds vom sektiererischen Judenchristentum doch über jeden Zweifel erhaben. Und somit ergibt sich als Paradox wahrhaft weltgeschichtlichen Ausmaßes die Tatsache, daß das Judenchristentum zwar in der christlichen Kirche untergegangen ist, aber im Islam sich konserviert hat und in einigen seiner treibenden Impulse bis in unsere Tage hineinreicht« (S. 342).

Merkwürdigerweise sind diese historischen Einsichten in der christlichen Theologie bisher kaum bekannt, geschweige denn ernst genommen worden. Vieles bleibt hier zu untersuchen, etwa die Geschichte jenes angeheirateten und hebräisch sprechenden Vetters Waraqa, der als Christ (wohl kaum hellenistischer Prägung) Muhammad schon zu einem frühen Zeitpunkt auf die Verwandtschaft seines Offenbarungserlebnisses mit dem des Mose aufmerksam gemacht hat. Wie immer: wer könnte übersehen, daß sich hier ungeahnte Möglichkeiten für den so notwendigen trilateralen Dialog (den »Trialog« zwischen Juden, Christen und Muslimen) eröffnen! Denn wie immer die Frage der genetischen Abhängigkeit zu entscheiden ist: in *Muhammads* Jesusverständnis kommen Überlieferungen der in der hellenistischen Kirche verdrängten, verachteten, vergessenen *Judenchristenheit* wieder an das Licht der Geschichte! Und diese Judenchristenheit hatte ihrerseits zentrale jüdische Anliegen in der jungen Christenheit wachgehalten.

Und dabei vergesse man nicht: Muhammad konnte in seinem Abwehrkampf gegen die altarabische Vielgötterei (alle möglichen Kinder Allāhs) gar nicht anders, als den heidnisch vorbelasteten Begriff »Sohn Gottes« abzulehnen. Doch zugleich rezipierte Muhammad die Jesusgeschichte, wie sie in Arabien damals im Umlauf war, und deutete sie auf seine Weise. Denn was innerhalb der Bibel so oft geschehen ist, geschieht nun auch im Koran: Eine ältere Überlieferung wird nicht schlicht rezipiert, sondern im Lichte gegenwärtiger Erfahrungen aktualisierend neu interpretiert. Und wie die Christen viele anders gemeinte Worte (»Prophezeiungen«) des Alten Testaments auf Jesus hindeuten, so Muhammad vieles, was er von Jesus gehört hat, auf seine eigene Gegenwart hin. Ja, Jesu ganze Größe besteht für ihn darin, daß durch ihn und in ihm als dem Knecht und Gesandten Gottes Gott selbst gewirkt hat, so daß Muhammads »Christologie« von der Christologie der judenchristlichen Kirche nicht allzu weit entfernt gewesen sein mag.

In diesem Punkt dürfte *Claus Schedls* Analyse der christologisch relevanten Texte des Koran recht haben:

»Den Entwurf einer Knecht-Gottes-Christologie, wie er fragmentarisch in der Apostelgeschichte erhalten ist, hat zwar die hellenistische Kirche des Westens nicht weiter ausgebaut, für die syrisch-semitische Christenheit des Ostens scheint aber die Bezeichnung Jesu als Knecht ʿabd die dominierende christologische Bekenntnisformel gewesen zu sein. Wenn daher Muhammad den Knechts-Titel in das Zentrum seiner Verkündigung über ʿĪsā (= Jesus) stellt, nimmt er damit einen urchristlichen Entwurf auf, reinigt ihn von zeitgenössischen Mißdeutungen, vermeidet aber – was man vom hellenistisch-westlichen Denken her erwarten würde – genaue ontologische Präzisierungen.

Trotz dieser Offenheit der koranischen Aussagen steht unzweifelhaft fest, daß dem Gottesknecht ʿĪsā unter den anderen Knechten Gottes eine Sonderstellung zukommt. Am Beginn und am Ende seines Lebens wird die wirkende Macht Allahs offenbar. ʿĪsā trat nur durch das schöpferische Wort Allahs ins Dasein, und am Kreuz wurde er zu Allah entrückt und erhöht. Er wirkte in seinem Leben nicht bloß Wunder, er wurde vielmehr selbst als das zeichenhafte Wunder Gottes inmitten der ganzen Menschheit aufgerichtet.

Man sollte daher aufhören zu sagen, Muhammad habe nur eine mangelhafte Kenntnis des Christentums gehabt; sicher setzt er sich im Koran nicht mit den Lehrentscheidungen der Konzilien der Westkirche auseinander; das Gesamtbild, das wir aus unseren

Untersuchungen gewonnen haben, dürfte aber zeigen, daß er die Grundstruktur der syrisch-semitischen Christologie sehr wohl gekannt und eigenständig weiterentwickelt hat. Soll ein muslimisch-christlicher Dialog fruchtbar werden, muß von diesen Grundgegebenheiten ausgegangen werden« (S. 565 f.).

Worüber man reden sollte

Was folgt aus all diesen neuen Erkenntnissen? Wir stehen vor einem außerordentlich folgenreichen Problem, dessen Auswirkungen noch nicht abzusehen sind. Wenn der hier dargelegte exegetische Befund stimmt und sich weiter klären läßt, so fordert dies beide Seiten heraus, nicht mehr wie früher in Alternativen: Jesus *oder* Muhammad, sondern – bei allen Einschränkungen und Unterschieden – doch stärker in Synthesen zu denken: Jesus *und* Muhammad: insofern ja Muhammad selber als Zeuge für Jesus auftritt, für einen Jesus, wie ihn freilich nicht hellenistische Heidenchristen, sondern Jesu erste Jünger, die Juden waren, verstanden haben könnten.

Denn auch die Juden erinnert Muhammad mit seiner Jesus-Überlieferung daran, daß Jesus in die Kontinuität der *jüdischen Heilsgeschichte* gehört. Das Schweigen der jüdischen Rabbinen in den ersten Jahrhunderten über Jesus, das Resultat seiner Verfluchung in der Synagoge war, macht Muhammad auffälligerweise nicht mit. Seine Wertung der Person Jesu auf jüdischem Hintergrund ist somit schon deshalb aller Wahrscheinlichkeit nach nicht jüdisch, sondern judenchristlich beeinflußt. Denn nicht jüdisch, sondern judenchristlich ist die Ablösung eines alten Gesetzes durch ein neues, ist die Verinnerlichung des Gesetzes zu einem Glaubensgesetz, sind die Betonung eines letzten Gerichtes und die Bedeutung des Offenbarungsträgers selbst (Jesus wird im christlichen Glaubensbekenntnis genannt, Muhammad im islamischen, nicht aber Mose im jüdischen) – alles Züge, die das Christentum eher mit dem Islam als mit dem Judentum gemeinsam hat. Paßt in diesen Zusammenhang nicht auch, daß die spätere Tradition das Bild Muhammads so ausgestaltet hat, daß geradezu ein Gegenbild zum Christusbild entstand: Auch Muhammad wird eine wunderbare Geburt und werden Wunder zugeschrieben, Sündelosigkeit und eine Himmelfahrt?

Doch: müssen wir Jesus und Muhammad überhaupt vergleichen? An sich, vom eigenen Glauben her gesehen, müssen wir es nicht, aber wir können es tun. Und vor dem neuen Zeithorizont und um des Friedens zwischen den Religionen willen sollten wir es tun. Wir haben vom Vergleich nichts zu fürchten, wohl aber, wie wir gesehen haben, viel zu lernen.

Um indessen in dieser für Muslime wie Christen delikaten Fragestellung als Christ nicht von vornherein mißverstanden zu werden, sei bemerkt: Als europäischer Heidenchrist kann ich die hellenistische Entwicklung der Christologie durchaus verstehen, kann ich die Wahrheit der großen christologischen Konzilien von Nikaia bis Chalkedon akzeptieren; ihre großen Intentionen und Inhalte können im Lichte des Neuen Testaments durchaus bejaht werden. Ich meine also nicht, daß man als Christ heute naiv wieder bei Null ansetzen könnte, sozusagen Judenchrist werden sollte.

Aber im *ökumenischen* Zusammenhang (im Hinblick auf Muslime und Juden) bedrängt mich die Frage: Wie kann ich einem Muslim (oder Juden) verständlich machen, warum Christen an diesen Jesus als den Christus, die Offenbarung Gottes, glauben? Und mit dieser Intention habe ich durchaus das Recht, auf die an den Rand gedrängte und verschüttete, aber doch durchaus legitime, ja ursprüngliche christologische Option aufmerksam zu machen, von der die Jünger Jesu und die älteste jüdisch-christliche Gemeinde ausgegangen sind, die noch jahrhundertelang von den zerstreuten judenchristlichen Gemeinden im Ostjordanland wohl bis nach Arabien hinein weitertradiert und die so schließlich auch Muhammad überliefert wurde. Und ich frage mich, ob hier möglicherweise nicht doch Kategorien bereitstehen, die diesen Jesus als die Offenbarung Gottes Juden und Muslimen verständlicher machen als die hellenistische Zwei-Naturen-Lehre.

Muhammad – »nichts als ein deutlicher Warner«

Wie also könnte unter diesem ökumenischen Blickwinkel ein Muslim Jesus zu sehen versuchen; und wie die Christen Muham-

mad? Nur wenige Andeutungen kann ich mir beim gegenwärtigen Diskussionsstand erlauben und dabei dreierlei voraussetzen:
1. Christen und Muslime glauben an einen einzigen Gott und von daher an eine einzige Heilsgeschichte: Wie die Christen deshalb schon Adam, Noah, Abraham und alle Väter Israels als »Christen« vor Christus betrachten, so anerkennen die Muslime dieselben Väter (wie immer es historisch um die nicht verifizierbare Abstammung von Ismael stehen mag) und auch Jesus als »Muslime« vor Muhammad;
2. für Christen ist dieser Muhammad (der für Jesus zeugte) nicht gleichgültig und kann nicht mehr als Pseudoprophet abgetan werden, als ob es nach Christus keine Propheten mehr gäbe;
3. für Muslime hat dieser Jesus (für den auch Muhammad zeugte) etwas bleibend Wichtiges zu sagen.

Christentum und Islam lassen sich also nicht als total geschiedene Religionen voneinander absetzen, sondern sie sind – wie auch Judentum und Christentum – als religiöse Bewegungen ineinander verwoben. Wie könnten also Muslime Jesus und wie Christen Muhammad sehen?

Wie könnten *Muslime Jesus* sehen? Sie sehen ihn schon jetzt als den größten Propheten und Botschafter des einen Gottes, der als »Knecht Gottes« von Gott besonders ausgezeichnet wurde von seiner Geburt bis zu seiner Erhöhung zu Gott und der mit dem, was er verkündete, für Muhammad eine bleibende Bedeutung hat.
Gewiß: für Muslime wird nach wie vor Muhammad und der von ihm gebrachte Koran entscheidende Richtlinie für Glauben und Handeln, Leben und Sterben sein; Muslime sollten also zur Vermeidung aller Begriffsverwirrung auch nicht im weiten (wörtlichen) Sinn als »Christen« bezeichnet werden, wie es etwa Wilfred Cantwell Smith tut.
Aber: wenn Jesus im Koran schon »Wort« Gottes und Träger des »Evangeliums« genannt wird, müßten Muslime dann dieses Evangelium nicht umfassender zu verstehen suchen? Müßten sie nicht ernst nehmen:
daß von Jesu Botschaft und Praxis her das oft so bedrückende islamische Gesetz um Gottes und des Menschen Willen relativiert

und der Mensch zwar nicht vom Gesetz, wohl aber von der Gesetzlichkeit (ähnlich wie bei den Judenchristen) befreit wäre;
daß von Leben, Sterben und neuem Leben Jesu her ein neues, vertieftes Verständnis Gottes als des liebenden und mitleidenden aufleuchtet;
daß von Jesu Tod her im Namen eben dieses Gottes auch dem äußerlich so sinnlosen Leiden und Scheitern gegenüber ein Sinnangebot gemacht ist?

Kommt nicht in den kühnen Sätzen des in Amerika lebenden muslimischen Theologen Mahmoud M. Ayoub hinsichtlich einer »islamischen Christologie« viel an ökumenischer Offenheit zum Ausdruck? Hier müßte man ansetzen und weiterdenken: »Wir sehen daher, daß – wie der Christus christlichen Glaubens und Hoffens – der Jesus des Korans und späterer muslimischer Frömmigkeit viel mehr ist als ein bloßes menschliches Wesen oder bloß einfach der Botschafter eines Buches. Während der Jesus des Islam nicht der Christus der Christenheit ist, spricht der Christus des Evangeliums oft durch den einfachen, menschlichen Jesus muslimischer Frömmigkeit. In der Tat: die freien Geister islamischer Mystik fanden im Menschen Jesus nicht nur das Beispiel von Frömmigkeit, Liebe und Weltentsagung, dem sie nachzueifern trachteten, sondern ebenso den Christus, der die erfüllte Menschlichkeit verkörpert, eine Menschlichkeit, die vom Lichte Gottes erleuchtet ist. Dieser Reflex des göttlichen Lichtes im Herzen und in der Seele des Menschen ist in der Sprache islamischer Mystik als tajallī bekannt: die Manifestation der göttlichen Schönheit und Majestät in und durch Menschen. In diesem Begriff von der göttlichen Manifestation konvergieren christliche und muslimische Jesusbilder in vielen Punkten« (»The Muslim World«, LXVI, 1976, S. 187).

Wie könnten *Christen Muhammad* sehen? Viele Christen sehen ihn bereits als den für viele Völker dieser Erde bedeutenden Propheten, der schon zu seinen Lebzeiten mit reichem Erfolg gesegnet war.
Gewiß: für Christen ist nach wie vor Jesus Christus und die von ihm verkündete frohe Botschaft entscheidender Maßstab für Glauben und Handeln, Leben und Sterben: definitives Wort Got-

tes (Hebr 1,1 f.). Es sollten also auch umgekehrt Christen nicht im weiten Sinn als »Muslime« bezeichnet werden, wie wiederum Smith vorschlägt. Christus ist und bleibt so das *entscheidende Regulativ* für die Christen um Gottes und der Menschen willen.

Aber: müßten Christen, die ja dem Neuen Testament zufolge weiterhin Propheten kennen, diesen Muhammad nicht ernster nehmen? Müßten sie die Mahnungen des Koran nicht ernst nehmen:
daß der eine unvergleichliche Gott ganz und gar im Zentrum des Glaubens zu stehen hat;
daß eine Beigesellung irgendwelcher Götter oder Göttinnen nicht in Frage kommt;
daß Glaube und Leben, Orthodoxie und Orthopraxie bis in die Politik hinein zusammengehören?

Muhammad wäre so immer wieder *prophetisches Korrektiv* für Christen im Namen des einen und gleichen Gottes, wäre ein *prophetischer Warner*: »Ich folge nur dem, was mir eingegeben wird, ich bin nichts als ein deutlicher Warner« (Sure 46,9).

Ob man jedoch die Anerkennung der hellenistischen Konzilien von Nikaia bis Chalkedon von einem Muslim oder Juden verlangen darf? Was hätte der Jude Jesus von Nazaret selbst getan? Die Frage hat nicht nur für ein arabisches, sondern auch für ein afrikanisches, indisches und indonesisches und schließlich auch für ein chinesisches und japanisches Christsein nicht geringe Bedeutung.

Letztlich geht es sowohl im Islam wie im Christentum um eine *Glaubensentscheidung*, die man aber vor sich selber und anderen vernünftig zu verantworten hat. Als Christ kann ich dabei der Überzeugung sein, daß ich, wenn ich für mein Leben und Sterben diesen Jesus als den Christus gewählt habe, seinen Nachfolger Muhammad, insofern er sich auf den einen und selben Gott und auf Jesus beruft, mitgewählt habe.

»In alledem geht es darum«, so meint die im Auftrag der Evangelischen Kirche in Deutschland erstellte hilfreiche Handreichung »Christen und Muslime im Gespräch« (hrsg. von J. Micksch und M. Mildenberger, 1982), die wenigstens kurz auf den möglichen Zusammenhang zwischen Islam und Judenchristentum aufmerksam macht, zu Recht, »daß Christen und Muslime in der gleichen Welt leben und ihren Glauben zu bewähren haben. Sie werden auf die Herausforderungen dieser Welt nicht immer gleich reagieren. Doch bei aller Verschiedenheit verpflichtet sie beide ihr Glaube zu einem verantwortlichen Leben vor Gott und zum Dienst an der menschlichen Gemeinschaft. Sie können – im vollen Respekt voreinander – das Zeugnis ihres Glaubens einander nicht schuldig bleiben« (S. 12 f.).

Nicht Missionierung im kolonialen Stil (der Muslime durch die Christen und jetzt der Christen durch die Muslime) ist heute angebracht, wohl *aber* dieses *Zeugnis vom eigenen Glauben* (der Muslime gegenüber den Christen und der Christen gegenüber den Muslimen): zur gegenseitigen Information, gegenseitigen Herausforderung und so schließlich gegenseitigen Transformation.

Das letzte Wort aber in diesem Versuch einer »christlichen Antwort«, die nicht Ende, sondern Anfang eines Gesprächs sein will, soll einem gläubigen muslimischen Gelehrten, dem bereits zitierten Mahmud Ayoub, gehören: »Diese letzte Phase in der langen Geschichte muslimisch-christlicher Beziehungen steckt noch ganz in den Anfängen. Wenn sie voll verwirklicht ist, wird sie, so hoffen wir, zum wahren Ökumenismus führen: einem Ökumenismus, der dem Islam seinen Platz einräumt nicht als einer Häresie wahren Christentums, sondern als authentischem Ausdruck der göttlichen, unwandelbaren Wahrheit. In diesem Geist gegenseitiger Anerkennung und Wertschätzung mag der Islam Christen etwas zu lehren haben, was ihren eigenen Glauben an die Wahrheit bestärkt, die Wahrheit, die größer ist als der jeweilige Ausdruck in irgendeiner religiösen Tradition, irgendeinem Individuum oder einer Gemeinschaft. Um dieses Ideal zu verwirklichen, müßten Muslime ebenfalls ihr eigenes Verständnis der wahren Bedeutung von Islam neu durchdenken: gerecht zu werden dem Ur-Bund zwischen Gott und allen Menschen sowie der göttlichen Bestätigung dieses Bundes in verschiedenen Ausdrucksformen gegenüber einer religiös pluralistischen Welt« (S. 165).

Grundlegende Literatur zum Islam

*Die mit * gekennzeichneten Titel sind in der Darstellung näher herangezogen worden.*

Allgemein

1. PIERRE RONDOT: *Der Islam und die Mohammedaner von heute.* (Franz. Original: Paris 1958) Stuttgart 1963
2. KENNETH CRAGG: *The Call of the Minaret.* New York 1964
3. FAZLUR RAHMAN: *Islam.* Chicago/London 1966, ²1979
4. *LOUIS GARDET: *Islam.* (Franz. Original: Paris 1967) Köln 1968
5. W. MONTGOMERY WATT: *What ist Islam?* London/Beirut 1968
6. CLAUDE CAHEN/G. E. VON GRUNEBAUM: *Der Islam,* I–II. Frankfurt a. M. 1968–71 (Fischer Weltgeschichte, Bd. 14–15)
7. *Das Vermächtnis des Islams.* 2 Bde. Zürich/München 1980/81. (Übersetzung aus dem Englischen: *The Legacy of Islam,* ed. J. Schacht und C. E. Bosworth. London 1974)
8. *EMMA BRUNNER-TRAUT: *Die fünf großen Weltreligionen.* Freiburg 1974, ¹¹1984
9. ADEL-THEODOR KHOURY: *Einführung in die Grundlagen des Islam.* Graz 1978
10. *MAXIME RODINSON: *La fascination de l'Islam.* Paris 1980
11. *WILFRED CANTWELL SMITH: *On understanding Islam.* Den Haag 1981
12. PETER ANTES: *Die Botschaft fremder Religionen: Buddhismus, Hinduismus, Islam.* Topos Taschenbücher 1981
13. GERHARD ENDRESS: *Einführung in die islamische Geschichte.* München 1982
14. WERNER ENDE/UDO STEINBACH (Hrsg.): *Der Islam in der Gegenwart.* München 1984

Zu I

1. *RUDI PARET: *Mohammed und der Koran.* Stuttgart ⁵1980
2. *RUDI PARET: *Der Koran. Übersetzung.* Stuttgart 1966
3. RUDI PARET: *Der Koran. Kommentar und Konkordanz.* Stuttgart 1971
4. FAZLUR RAHMAN: *Major Themes of the Qur'ān.* Chicago 1980
5. TILMAN NAGEL: *Der Koran. Einführung, Texte, Erläuterungen.* München 1983

6. Annemarie Schimmel: *Und Muhammed ist sein Prophet.* Düsseldorf/Köln 1981

Zu II:

1. Tilman Nagel: *Staat und Glaubensgemeinschaft im Islam. Geschichte der politischen Ordnungsvorstellungen der Muslime.* 2 Bde. Zürich/München 1981
2. W. Montgomery Watt/Alford T. Welch: *Der Islam,* I. Stuttgart 1980
3. Annemarie Schimmel: *Denn dein ist das Reich: Gebete aus dem Islam.* Freiburg/Basel/Wien 1978

Zu III:

1. Louis Gardet/Georges Anawati: *Introduction à la théologie musulmane.* Paris 1948
2. Hermann Stieglecker: *Die Glaubenslehren des Islam.* Paderborn 1956–62
3. Louis Gardet: *Dieu et la destinée de l'homme.* Paris 1967
4. Tor Andrae: *Islamische Mystiker.* (Stockholm 1947) Stuttgart 1960
5. Annemarie Schimmel: *Mystische Dimensionen des Islam.* Aalen 1979
6. Wiebke Walter: *Die Frau im Islam.* Stuttgart 1980

Zu IV:

1. Josef Henninger: *Spuren christlicher Glaubenswahrheiten im Koran.* Schönbeck/Beckenried 1951
2. Geoffrey Parrinder: *Jesus in the Qur'ān.* London 1965
3. *Heikki Räisänen: *Das koranische Jesusbild. Ein Beitrag zur Theologie des Islam.* Helsinki 1971
4. Heikki Räisänen: *The Portrait of Jesus in the Qur'ān: Reflections of a Biblical Scholar.* In: The Muslim World, (Hartford Seminary Foundation), 70, 1980, S. 122–133
5. Thomas O'Shaughnessy: *The Development of the Meaning of the Spirit in the Qur'ān.* Rom 1953
6. *Rudi Paret: *Toleranz und Intoleranz im Islam.* In: Saeculum 21, 1970, S. 344–365
7. Albrecht Noth: *Möglichkeiten und Grenzen islamischer Toleranz.* In: Saeculum 29, 1978, S. 190–204
8. Adel-Theodor Khoury: *Toleranz im Islam.* München 1980

9. *Bernard Lewis: *L'Islam et les non-musulmans.* In: Annales 1980, S. 784–800
10. Norman Stillman: *The Jews of Arab Lands.* Philadelphia 1979
11. Alain Ducellier: *Le miroir de l'Islam. Musulmans et chrétiens d'Orient au Moyen Age.* Paris 1971

Hans Küng
Kein Weltfrieden ohne Religionsfrieden! Schlußwort

Mehr als eine Zwischenbilanz sollte dieser Dialog nicht sein. Er war erklärtermaßen ein Versuch, ein gewagtes Experiment, über dessen Gelingen wir nicht zu urteilen haben.

Deutlich geworden sind Konvergenzen und Divergenzen zwischen den Religionen. Und wenn uns dabei die Klärung der einen Frage gelungen ist, worüber im interreligiösen Dialog heute nicht mehr und worüber erst recht gestritten werden muß, haben wir viel erreicht.

Kritik werden insbesondere die christlichen Antworten finden – von beiden Seiten her vermutlich. Für die einen werden sie immer noch zu »christlich«, für die anderen noch zu wenig »christlich« sein, für die einen zu offen, zu nachgiebig, zu pluralistisch, für andere zu eng, zu abgrenzend, zu selbstbewußt.

Angestrebt freilich wurden Antworten jenseits dieser Schemata, die sich zwar nicht vor jedem christlichen Dogmatikhandbuch der Normaltheologie, wohl aber vor einer historisch-kritischen Exegese- und Dogmengeschichte im Rahmen eines zeitgenössischen Paradigma von Theologie verantworten lassen. Und zugleich sollten diese Antworten auf so ganz verschiedene Religionen wie Islam, Hinduismus und Buddhismus kohärent gegeben werden, damit nicht dem einen zugestanden wird, was anderen gegenüber wieder zurückgenommen werden muß.

Warum muß der Dialog weitergehen? Zunächst einmal, um die anderen immer besser zu verstehen, die Zeitgenossen mit uns sind und mit denen wir ständig enger in Tuchfühlung leben. Aber auch um uns selbst besser zu verstehen, was nur auf dem Wege von Vergleich und Konfrontation geschehen kann: »Wer nur England kennt, kennt England nicht.« Und ein drittes: Der interreligiöse Dialog ist alles andere als eine private, persönliche, lokale oder regionale Angelegenheit. Die globalen Dimensionen sind offenkundig und damit die Auswirkungen für das nationale wie internationale Zusammenleben der Völker. Niemand wird heute ernsthaft bestreiten, wie sehr der Frieden in der Welt vom Frieden unter den Religionen abhängt. Und diese Seite des interreligiösen Dialogs ist im Zeitalter eines technisch machbaren atomaren Holocaust heute wichtiger als vieles an akademischer Akribie, theologischer Subtilität und intellektueller Spitzfindigkeit.

Es gibt also einen signifikanten Zusammenhang zwischen Ökumenismus und Weltfrieden. Wer sich der Ökumene verpflichtet weiß, wer die Zerbrechlichkeit menschlicher Ordnungen und alle Möglichkeiten menschlichen und technischen Versagens ernstnimmt, weiß, was hier auf dem Spiele steht: er weiß, daß Friedensbedrohung und Friedensregulierung längst die Dimension regionaler Einzelkonflikte gesprengt haben und zu Problemen globaler Weltinnenpolitik geworden sind, von der in Zukunft unser aller Überleben abhängt. *Frieden in der Ökumene oder Zerstörung der Ökumene selbst* – das ist heute die Alternative!

Was kann eine ökumenische Theologie zur Befriedung unserer friedlosen Welt beitragen? Sicher keine direkten Lösungen zu all den komplexen Fragen strategischer, militärindustrieller und abrüstungstechnischer Natur. Das ist auch nicht ihre ureigenste Aufgabe.

Ihr ureigenstes Reflexions- und Praxisfeld ist vielmehr – und auch Wissenschaftler und Politiker beginnen diese ethisch-religiöse Dimension wieder vermehrt zu beachten – das Ethos, die Moral, die Religion. Und *hier* kann ökumenische Theologie die Konflikte aufdecken und aufarbeiten helfen, deren Ursachen die Religionen, die Konfessionen oder Denominationen selbst sind. Und wieviel an konfessionellen und religiösen Konfliktherden auf unserer Erde gilt es abzubauen!

Wer wüßte nicht, wieviel Unheil die ökumenische *Zerrissenheit unter Christen* auf politischem Feld verursacht hat. Man muß gegenwärtig nur an den Nordirlandkonflikt erinnern, um zu begreifen, was gemeint ist. Und wer möchte ausschließen, daß auch der wahnsinnige Falklandkrieg mindestens unterschwellig von einem katholisch-protestantischen Antagonismus mitbestimmt war, wie ja auch das Superioritätsgefühl und das Hegemoniestreben des protestantischen Yankeetums im katholischen Süd- und Mittelamerika – und die Reaktionen darauf – schon immer kulturell-religiös geprägt waren.

Was haben die Kirchen dagegen getan? Gewiß, sie haben zumindest in neuester Zeit – und das ist schon viel – für den Frieden und nicht mehr für den Krieg *geredet*, meist freilich nur dort, wo es ohne Gefahr geschehen konnte. Aber haben sie auch genug für den Frieden *getan*: in Vietnam, im Libanon, in Argentinien, in Großbritannien, in Deutschland, in Europa und Amerika überhaupt, aber auch in Afrika und Asien? Um es noch einmal unmißverständlich zu sagen: Die Religionen, das Christentum, die Kirchen können nicht sämtliche Konflikte der Welt lösen oder auch nur verhindern, aber sie können das Maß an Feindschaft, Haß und Unversöhnlichkeit verringern. Indem sie erstens – wie dies etwa der Rat der Evangelischen Kirche in Deutschland beispielhaft in bezug auf das Verhältnis Deutschland–Polen getan hat – ganz konkret für die Verständigung und Versöhnung zwischen verfeindeten Völkern eintreten. Und indem sie zweitens wenigstens diejenigen Konflikte aus der Welt zu schaffen beginnen, deren Ursache sie selbst sind oder deren Brisanz sie mitverschuldet haben: ihre kirchentrennenden Lehrunterschiede ebenso wie die daraus entstehenden praktischen Differenzen.

Nein, von den Religionen und Kirchen ist nichts Menschenunmögliches verlangt, verlangt ist nur, daß sie ihren eigenen Programmen und Grundintentionen nachleben, daß sie ihre Friedensappelle nicht nur nach draußen richten (so wichtig das ist), sondern zugleich nach innen und so in ihrem ureigensten Bereich Taten der Versöhnung und Zeichen des Friedens setzen. Und man kann darauf vertrauen, daß diese Taten der Versöhnung, daß diese Zeichen des Friedens ihre Signalkraft und Ausstrahlung auf die Konfliktfelder »draußen« nicht verfehlen werden.

Wer könnte darüber hinaus leugnen, daß für die notorischen *Spannungsherde der Weltpolitik* nicht nur christliche Konfessionen oder zu Quasireligionen hochgeputschte Ideologien mitverant-

wortlich sind, sondern auch die großen *Religionen selbst.* Wer könnte übersehen – gleichsam von Fernost nach Nahost –:
daß schon im Vietnamkrieg religiöse Faktoren mitgespielt haben (der Antagonismus zwischen buddhistischen Mönchen und dem katholischen Regime);
daß der Konflikt Indien–Pakistan, eine territoriale Spaltung, die gegen den Willen Mahatma Gandhis zustande kam, bis heute von der Unversöhnlichkeit zwischen Hindus und Muslimen gespeist wird, die immer wieder zu neuen Massakern führt (von denen zwischen Hindus und Sikhs nicht zu reden);
daß der Krieg zwischen Iran und Irak mit der jahrhundertealten innermuslimischen Rivalität, ja Feindschaft von Sunniten und Schiiten zu tun hat?
Vom Nahost-Konflikt ganz zu schweigen, wo sich bekanntlich Muslime, Juden und Christen bis an die Zähne bewaffnet gegenüberstehen und sich im bereits fünften Krieg innerhalb von Jahrzehnten zerfleischt haben.

Die fanatischsten, grausamsten politischen Kämpfe sind die von Religionen eingefärbten, inspirierten, legitimierten politischen Kämpfe. Dies auszusprechen heißt nicht, die angesprochenen Konfliktherde auf Religionskämpfe zu reduzieren, sondern heißt, die religiös-ökumenische *Mit*verantwortung ernst zu nehmen für eine Befriedung unserer friedlos-zerrissenen Welt. Christen, Juden und Muslime, Hindus und Buddhisten sind hier gleichermaßen herausgefordert. Wieviel wäre den betroffenen Völkern und der übrigen Welt erspart geblieben, wenn die Religionen ihre Verantwortung für Frieden, Nächstenliebe und Gewaltlosigkeit, für Versöhnung und Vergebung früher erkannt hätten, wenn sie statt Konflikte mitgeschürt Konflikte mitgelöst hätten – nach dem Beispiel des Hindu Mahatma Gandhi, des Christen Dag Hammarskjöld, des Muslimen Anwar el-Sadat und des Buddhisten U Thant, die alle aus religiöser Grundüberzeugung Friedenspolitik betrieben.

Das Fazit: Interreligiöser ökumenischer Dialog ist heute alles andere als die Spezialität einiger weltfremder religiöser Ireniker, sondern hat heute zum erstenmal in der Geschichte den Charakter eines auch weltpolitisch vordringlichen Desiderats; er kann helfen: unsere Erde bewohnbarer, weil friedlicher und versöhnter, zu machen.

Kein Frieden unter den Völkern dieser Welt ohne einen Frieden unter den Weltreligionen!

Kein Frieden unter den Weltreligionen ohne einen Frieden unter den christlichen Kirchen!

Die Kirchenökumene ist integraler Teil der Weltökumene:

Der Ökumenismus ad intra, auf die Christenheit konzentriert, und der Ökumenismus ad extra, auf die gesamte bewohnte Erde ausgerichtet, sind interdependent!

Frieden ist unteilbar: er fängt im Inneren an!

Dankeswort

Das Erscheinen eines thematisch so weitgespannten Buches schon zum jetzigen Zeitpunkt war für mich nur möglich aufgrund zweier Voraussetzungen: Arbeitsteilung und Studien »vor Ort«.

1. Der christliche Theologe war davon entlastet, die Weltreligionen in ihrer komplexen Geschichte und Thematik selbst darstellen zu müssen. Er konnte sich auf die interdisziplinäre Arbeitsteilung zwischen Religionswissenschaft und Theologie verlassen. Ich bin meinen Tübinger Kollegen, den Professoren Josef van Ess und Heinrich von Stietencron, sowie Professor Heinz Bechert (Göttingen), der in der letzten Phase der Überarbeitung der Buddhismus-Manuskripte von Lic. phil. Alois Payer (wissenschaftlicher Assistent am Tübinger Lehrstuhl für Indologie) unterstützt wurde, von Herzen dankbar, daß sie sich mit mir auf dieses ungewöhnliche Dialogunternehmen eingelassen und mich in schwierigen Fragen ihrer jeweiligen Disziplin kritisch beraten haben.

2. Meine »christlichen Antworten« wären aber in sich nicht möglich gewesen ohne die vielfältige Unterstützung und Ermutigung, die ich seit meiner ersten Reise nach Asien vor zwanzig Jahren von zahlreichen Kolleginnen und Kollegen in aller Welt erfahren durfte. Viel gelernt habe ich besonders während meiner Gastsemester an der University of Chicago, an der University of Michigan in Ann Arbor und an wissenschaftlichen Symposien in Bombay, Peking, Tokio, Honolulu und Toronto. Wollte ich die Namen all derer nennen, von denen ich durch Gespräche und Publikationen lernen konnte, käme ich an kein Ende. Stellvertretend

seien hier nur einige wenige genannt, die für die Arbeit an diesem Manuskript von besonderer Bedeutung waren: in Nordamerika sind dies Julia Ching, Professor für Sinologie, und ihr Gatte Willard Oxtoby, Professor für Religionswissenschaft (beide jetzt an der University of Toronto), dann Professor Mircea Eliade, Religionswissenschaftler an der University of Chicago, ferner Professor Luis Gomez, Buddhologe an der University of Michigan in Ann Arbor, schließlich die beiden hervorragenden christlichen Buddhismus-Forscher Professor John Cobb (School of Theology in Claremont/California) und Professor David Chappell (University of Hawaii), der unschätzbare Verdienste hat durch die Organisation der East-West Religions Encounter Conference an der University of Hawaii, an der ich im Januar 1984 teilnehmen konnte. Für die Freunde in Tokio, Nagoya und Kioto seien Professor Hajime Nakamura von der Tokio Universität und Professor Heinrich Dumoulin von der Sophia Universität genannt; ihren grundlegenden Publikationen verdanke ich ebensoviel wie ihren persönlichen Anregungen. Zahlreiche wichtige Gesprächskontakte verschafften mir in Thailand Professor Seri Phongphit (Bangkok), in Birma Dr. Kyaw Than (Rangoon), in Nepal die Konsulin Annemarie Spahr, schließlich in Pakistan Professor Riffat Hassan, Islamologin an der University of Louisville (Kentucky/USA), die in ihrer Heimat neben privaten Gesprächen auch einige für mich wichtige öffentliche Dialoge mit Muslimen organisierte. Die erste Einladung nach Indien schon 1964 verdanke ich Professor Josef Neuner SJ (Poona), die erste Einladung in den Nahen Osten 1967 der American University in Beirut.

In Tübingen konnte ich mich für die technische Abwicklung der Arbeit auch dieses Mal wieder auf den bewährten Mitarbeiterstab des Instituts für ökumenische Forschung verlassen und im Lektorat des Piper Verlages auf die stets zuverlässige Arbeit von Frau Renate Böhme und Herrn Uwe Steffen, der auch das schwierige Personenregister erstellte. Besonders dankbar bin ich meinen Sekretärinnen Frau Eleonore Henn und Frau Hannelore Türke für die unendliche Geduld mit den ständigen Neufassungen des Manuskripts, Herrn Dipl. theol. Karl-Heinz Rauch für die Mühe der Zitatenkontrolle, der Bücherbeschaffung und der Druckfahnenkorrektur, an der sich auch Frau Dr. Anne Jensen beteiligte. Frau Marianne Saur hat dieses

Manuskript immer und immer wieder gelesen und mir mit Blick auf Verständlichkeit und Lesbarkeit viele wertvolle Anregungen gegeben. Am meisten aber verdanke ich auch für dieses Buch wieder Dr. Karl-Josef Kuschel, Akademischer Rat an unserem Institut, der in steter enger Zusammenarbeit mit mir zahllose inhaltliche und sprachliche Verbesserungen für das Manuskript beigetragen hat.

Fünf Jahre nach der uns aufgezwungenen Statusänderung unseres Instituts an der Universität Tübingen und nervenraubenden Auseinandersetzungen bin ich voll Dankbarkeit, daß es uns gelungen ist, das Terrain unserer wissenschaftlichen Arbeit zu behaupten, ja, daß wir die Kraft gefunden haben, theologisch auch zu neuen Ufern aufzubrechen. In diesem Sinn möchte ich auch öffentlich meinen herzlichen Dank allen Freunden in Tübingen und anderswo aussprechen, die uns in vielfacher Weise ihre Unterstützung immer wieder haben spüren lassen. Es liegt mir daran, dies zu bekunden in einem Jahr, in dem das Institut für ökumenische Forschung 20 Jahre alt geworden ist.

Tübingen, Ende Juli 1984 Hans Küng

Personenregister

Hans Küng

Christ sein
11. Aufl., 133. Tsd. 1984. 676 Seiten. Geb.

Ewiges Leben?
5. Aufl., 86. Tsd. 1985. 327 Seiten. Serie Piper 364

Existiert Gott?
Antwort auf die Gottesfrage der Neuzeit
2. Aufl., 73. Tsd. 1984. 878 Seiten. Geb.

Die Kirche
3. Aufl., 19. Tsd. 1985. 605 Seiten. Serie Piper 161

Rechtfertigung
Die Lehre Karl Barths und eine katholische Besinnung
Geleitbrief von Karl Barth. 1986. 393 Seiten. Serie Piper 674

Theologie im Aufbruch
Eine ökumenische Grundlegung
(Erscheint im Frühjahr 1987)

24 Thesen zur Gottesfrage
3. Aufl., 35. Tsd. 1980. 134 Seiten. Serie Piper 171

20 Thesen zum Christsein
6. Aufl., 100. Tsd. 1980. 75 Seiten. Serie Piper 100

Hans Küng/Josef van Ess/ Heinrich von Stietencron/Heinz Bechert Christentum und Weltreligionen
Hinführung zum Dialog mit Islam, Hinduismus und Buddhismus
1984. 631 Seiten. Geb.

GTB Weltreligionen

Udo Tworuschka
Die vielen Namen Gottes
Weltreligionen heute. 254 Seiten. (GTB 776)
Welche religiösen Vorstellungen bestimmen das Leben von Menschen anderer Religionen? Was glauben die Parsen, die Jainas oder die Sikhs? Neun große sowie zahlreiche kleinere religiöse Traditionen werden in diesem Band anschaulich und unter Berücksichtigung ihrer gegenwärtigen Situation vorgestellt.

Rüdiger Hauth
Tempelkult und Totentaufe
Die geheimen Rituale der Mormonen. 176 Seiten. (GTB 777)
Wer sind die Mormonen? Welche Funktion hat der Tempel für sie? In diesem Band werden erstmalig die streng geheimgehaltenen Tempelrituale der Mormonen, die Totentaufe, das »Endowment«, die Siegelungen der Tempelehe und die Siegelungen der Kinder an die Eltern, als Quellenmaterial dokumentiert und kommentiert.

Joyce Hannover
Gelebter Glaube
Die Feste des jüdischen Jahres. Mit Bildern von Hartmut R. Berlinicke und einem Vorwort von Schalom Ben-Chorin. Aus dem Amerikanischen übertragen von C. Elischeva Voll. Ein NES AMMIM Buch. 125 Seiten mit zahlr. Fotos. Deutsche Erstausgabe. (GTB 788)
Reich ist der Festkalender des jüdischen Jahres. Die Feiertage, an ihrer Spitze der Sabbat, sind Kulminationspunkte des gelebten jüdischen Glaubens. Sie bringen die jüdischen Leitgedanken in lebendiger Form ins Bewußtsein, verschaffen nichtjüdischen Lesern einen Zugang zum Judentum und seinem Erbe.

Reinhart Hummel
Gurus in Ost und West
Hintergründe – Erfahrungen – Kriterien. 176 Seiten. (GTB 782)
Der durch langjährigen Indienaufenthalt erfahrene Autor arbeitet die vielschichtigen Erfahrungen mit Gurus und der hinduistischen Religion auf. Er führt die unterschiedlichsten Erscheinungsformen von jugendlicher Subkultur und demagogisch mißbrauchter Religiosität, hinduistischem Sendungsbewußtsein und östlicher Spiritualität vor.

Monika Tworuschka
Allah ist groß
Religion, Politik und Gesellschaft im Islam. 112 Seiten. (GTB 1079)
In diesem Band werden die Entstehung und die Geschichte, die Glaubensgrundlagen und die religiöse Praxis des Islam allgemeinverständlich dargestellt. Er erschließt in anschaulicher Weise die islamische Lebenswelt sowie die Antwort des Islam auf aktuelle Fragen unserer Zeit.

86-39

Gütersloher Verlagshaus Gerd Mohn

Texte zur Meditation

Die Mitte des Lebens: Jesus von Nazareth

Herausgegeben von Manfred Baumotte. 80 Seiten mit zahlreichen Fotos. Originalausgabe. (GTB 480)

Jesus von Nazareth ist der durch die Schriften des Neuen Testaments historisch bezeugte Stifter des Christentums. Wer war er? Was wollte er? Was brachte er? Zentrale Texte aus den vier Evangelien zeigen Gestalt und Botschaft Jesu im Zusammenhang seiner Zeit – als Herausforderung für unsere Zeit. Die meditativen Fotos sind eine Ergänzung zu den informativen Texten.

Der Prophet Gottes: Mohammed

Mit einer Einführung herausgegeben von Monika Tworuschka. 64 Seiten mit zahlreichen Fotos. Originalausgabe. (GTB 481)

Die Texte dieses Bandes geben einen Einblick in das Leben Mohammeds und die wesentlichen Inhalte der islamischen Glaubenslehre, wie sie in der heiligen Schrift des Islam, dem Koran und der Prophetenüberlieferung, enthalten sind.

Der Weg zum Heil: Buddha

Mit einer Einführung herausgegeben von Udo Tworuschka. 64 Seiten mit zahlreichen Fotos. Originalausgabe. (GTB 482)

Die Texte geben Einblick in das Leben und die Legende Buddhas sowie in die wesentlichen Inhalte seiner Erlösungslehre. Sie stellen Buddha, »den Erwachten und Erleuchteten« vor und beschreiben, wo und wie er gelebt und gewirkt hat.

86-40

Gütersloher Verlagshaus Gerd Mohn